ZDTh

Zeitschrift für Dialektische Theologie

Heft 83 · Jahrgang 42 · Nummer 1/2026

Die dialektische Welle

Zur Barth-Rezeption in den Niederlanden

EVANGELISCHE VERLAGSANSTALT
Leipzig

Zeitschrift für Dialektische Theologie **ISSN 0169-7536**
Journal of Dialectical Theology

Redaktionsanschrift
Universität Siegen
Prof. Dr. Georg Plasger
57068 Siegen
zdth@uni-siegen.de

Abonnementskosten:
Preise inkl. MwSt.: Einzelheft & Einzelheft zur Fortsetzung: € 25,00, Rabatt für Mitglieder der Karl Barth-Gesellschaft e.V. & für Studierende: 25 %, jeweils zzgl. Versandkosten (Nachweis erforderlich). Die Fortsetzung läuft immer unbefristet, ist aber jederzeit kündbar.

Bestellservice: LKG - eine Marke der Agorando Technologies GmbH
An der Südspitze 1-12, 04571 Rötha
Tel. +49 34206 65-282. E-Mail: carola.knoth@agorando.com

Das Buch wurde auf alterungsbeständigem Papier gedruckt.

Bei Fragen zur Produktsicherheit wenden Sie sich bitte an info@eva-leipzig.de.

Cover: Kai-Michael Gustmann, Leipzig
Satz: Anna Lena Schwarz, Siegen
Drucken und Binden: Beltz Grafische Betriebe GmbH, Bad Langensalza
ISBN 978-3-374-08001-4
www.eva-leipzig.de

Inhalt / Content

Vorwort

Dialektische Theologie ist nicht dasselbe wie die Theologie Karl Barths. Es ist allgemein bekannt, dass Barth selbst mit der Existenz des Adjektivs „barthianisch" oder der Bezeichnung „Barthianer" absolut nicht einverstanden war. In unserer Zeitschrift ist es deshalb auch nicht das Ziel, sich nur mit den Gedanken eines einzigen Mannes zu beschäftigen – und schon gar nicht kann es das Ziel sein, diesem Mann immer recht zu geben.

Aber viele in der Dialektischen Theologie denkende und arbeitende Theologen und Theologinnen haben sich mit der Theologie von Karl Barth auseinandergesetzt, und ein großer Teil der Dialektischen Theologie hat auch die Form einer Aufarbeitung von Barths Theologie. So war es in den Niederlanden auf jeden Fall von Anfang an: Der entscheidende Impuls für den Aufbruch einer neuen, dialektischen Bewegung ging von der Veröffentlichung der zweiten Auflage des Römerbriefs aus, der in den Niederlanden eifrig gelesen wurde, vor allem unter Studierenden, aber anschließend auch von Theologen und Theologinnen aller Couleur. Eine Geschichte der Dialektischen Theologie in den Niederlanden nimmt deshalb zum Teil auch den Charakter einer Geschichte der Barth-Rezeption an.

In dieser Ausgabe unserer Zeitschrift bieten wir Ihnen daher einen Querschnitt dieser Geschichte. Im Jahr 2022 erschien nach einem Symposium zu Susanne Henneckes „Karl Barth in den Niederlanden"[1] ein Sammelband mit Aufsätzen über verschiedene Theologen und ihre Reaktion auf die Einführung der dialektischen Theologie in den Niederlanden: Georg Harinck und Dirk van Keulen (Hrsg.), Die Rezeption von Karl Barth in den Niederlanden.[2] Aus diesem Werk finden Sie in dieser Zeitschriftenausgabe eine Reihe von Artikeln über die international bekanntesten Theologen, die ins Deutsche übersetzt wurden. Für alle diese Theologen gilt, dass Barth ihnen geholfen hat, einen ganz eigenen theologischen Weg zu finden. Dabei war es für die einen ein eindeutig dialektischer Weg, wohingegen andere letztendlich doch andere Wege einschlugen.

Ganz eigene Akzente setzte, das ist allgemein bekannt, Kornelis Heiko Miskotte. Rinse Reeling Brouwer legt dar, wie das Denken Barths dabei in dessen eigenen Suchwegen mitschwang. Miskotte war in vielerlei Hinsicht

1 Susanne Hennecke, Karl Barth in den Niederlanden, Göttingen 2014.

2 Georg Harinck / Dirk van Keulen (Hrsg.), Die Rezeption von Karl Barth in den Niederlanden (ADChartा-Reihe 35), Amersfoort 2022.

von der niederländischen „erfahrungsbezogenen“ Tradition geprägt, worüber Niels van Driel anschließend einen Beitrag verfasst: Wie hat man in dieser kleinen Welt auf das Aufkommen der einerseits so vertraut klingenden und doch manchmal so befremdlichen Sprache der Dialektischen Theologie reagiert? Auch Jan Koopmans stammte aus diesem Umfeld: Niels den Hertog erzählt, wie dieser vielversprechende, im Krieg tragisch ums Leben gekommene Widerstandstheologe mit dem Theologieprofessor in Basel in Kontakt stand.

Anfangs war der bekannte Utrechter Professor A.A. van Ruler von Barths Theologie sehr begeistert; doch bei ihm macht sich zunehmend eine Entfremdung gegenüber der dialektischen Theologie breit. Dirk van Keulen skizziert den eigenwilligen und originellen Weg Van Rulers. Van Keulen betreut in den Niederlanden die Herausgabe von Van Rulers gesammelten Werken; zuvor hatte er sich mit der Theologie von G.C. Berkouwer befasst, dem Verfasser des bekannten Werks „De triomf van de genade in de theologie van Karl Barth“ (1954), einem Buch, das auch von Barth selbst mit nachdenklicher Aufmerksamkeit aufgenommen wurde. Van Keulen skizziert in seinem zweiten Artikel auch die Entwicklung, die Berkouwer in dieser Hinsicht durchlaufen hat.

In der Zwischenzeit entstand in den Niederlanden, in der Nachfolge Miskottes, eine ganz eigene Form der dialektischen biblischen Theologie: die sogenannte Amsterdamer Schule. Der große Name dieser Schule ist Frans Breukelman. Breukelman war ein dankbarer Leser von Barths „Kirchlicher Dogmatik“. Gerard van Zanden skizziert, wie Breukelman damit seinen eigenen Weg eingeschlagen hat.

Nach all diesen historischen Stimmen ist es Zeit für einige neue Artikel. Die Barth-Rezeption hält nach wie vor an. Rein den Hertog, der in dieser Ausgabe zum ersten Mal in unserer Zeitschrift veröffentlicht, hat die ekklesiologischen Abschnitte in Barths Versöhnungslehre (KD IV/1-3) gründlich gelesen, und zwar mit Fragestellungen, die derzeit in den niederländischen (und anderen) Kirchen aktuell sind. Es scheint, dass man bei Barth noch immer sehr viel lernen kann.

Was die Niederlande betrifft, schließen wir den Kreis mit einem weiteren Beitrag über Miskotte. Seine Theologie wird derzeit in der englischsprachigen Welt mit wachsendem Interesse gelesen. Kürzlich ist eine englische Übersetzung des „Bijbels ABC“ erschienen, und die Aktualität dieses Textes wird von vielen wahrgenommen. Auch Jan Martijn Abrahamse findet in Miskottes Ansatz neue und spannende Antworten, beispielsweise wenn es um die Bedeutung von Gottes Heiligkeit in der Schrift geht und um die Frage, die diese Heiligkeit an die Menschen stellt. Sein spannender englischsprachiger Artikel leistet einen Beitrag zur fortlaufenden Miskotte-Rezeption; er inspiriert vielleicht den einen oder anderen dazu, sich ebenfalls einmal mit diesem originellen dialektischen Theologen auseinanderzusetzen.

Mit dem früheren Wuppertaler Neutestamentler Georg Eichholz beschäftigt sich ein Aufsatz von Johannes von Lüpke, dem früheren Wuppertaler systematischen Theologen. Eichholz ist einerseits Schüler Karl Barths, andererseits bezieht er, wie von Lüpke aufzeigt, mit Hilfe metaphysikkritischer Reflexionen Exegese und Systematische Theologie eng aufeinander: Beide lassen sich (hoffentlich) immer wieder von der Bibel selbst in Frage stellen.

Diese Ausgabe unserer Zeitschrift wurde durch die tatkräftige Unterstützung der Studierenden Corneli Vinke (Utrecht), die die Übersetzungen aus dem Niederländischen angefertigt hat, und Florian Theis (Siegen) ermöglicht. Schließlich gebührt ganz, ganz herzlicher Dank Anna Lena Schwarz aus Siegen. Sie hat in den letzten Jahren unermüdlich, sehr gründlich und äußerst zuverlässig viele Korrekturarbeiten und vor allem auch den Satz unserer Zeitschrift erledigt und wird jetzt aus dem universitären in den kirchlichen Dienst wechseln.

Und wie immer freuen wir uns über neue Beiträge, die sich mit dem Gebiet der dialektischen Theologie befassen. Es zeigt sich einmal mehr: Diese müssen sich nicht ausschließlich mit Karl Barth befassen!

Wir wünschen Ihnen im Namen der Redaktion viel Lesevergnügen,

Georg Plasger und Edward van ’t Slot

Rinse Reeling Brouwer

K.H. Miskotte, „Der Visionär und Dichter unter meinen Freunden“[1]

In diesem Beitrag werden vier Aspekte der Beziehung zwischen Kornelis Heiko Miskotte und Karl Barth behandelt. Zunächst geht es um sein öffentliches Auftreten als Verfechter der Theologie Barths. Anschließend werden anhand von Auszügen aus Tagebüchern und Briefen einige Fragen an Barth behandelt, die ihn auf jeden Fall bis 1940 beschäftigten. Es folgen einige Bemerkungen über die persönliche Beziehung zu Barth als Freund und Mit-Theologen. Abschließend wird kurz auf die nur teilweise ausgesprochenen und ausgearbeiteten Spannungen zwischen den theologischen Programmen beider eingegangen.

1. Fürsprecher

In den Augen seiner Zeitgenossen trat K.H. Miskotte (1894–1976) in Bezug auf Karl Barth vor allem als unermüdlicher Erklärer, Verteidiger und Fürsprecher dessen theologischen Engagements und dessen Werkes in den Niederlanden auf. Wer Band 2 der *Verzameld Werk* (Gesammelte Werke) aufschlägt, der ausschließlich Barth gewidmet ist, findet dort in den ersten sieben von neun Rubriken Texte, die sich unter diese Begriffe einordnen lassen.[2]

Der Band beginnt mit lobenden Einführungen zu den meisten Bänden der *Kirchlichen Dogmatik* für ein breiteres Publikum, die unmittelbar nach ihrem Erscheinen verfasst wurden (der erste Teilband und die beiden Bände,

1 Ursprünglich unter dem Titel „K.H. Miskotte, ‚de ziener en dichter onder mijn vrienden“ auf niederländisch erschienen in: George Harnick/Dirk van Keulen (Hg.), *De receptie van Karl Barth in Nederland* (Ad Chartas-Reeks 35), Amersfoort 2022, 153–168. Die Übersetzung fertigte Corneli Vinke an.

2 Kornelis Heiko Miskotte, *Verzameld Werk*, Deel 2: *Karl Barth. Inspiratie en vertolking: inleidingen, essays, briefwisseling*, hg. von A. Geense und H. Stoevesandt, Kampen 1987 (Im Folgenden abgekürzt als: VW2).

die während oder kurz nach der Besatzungszeit erschienen sind, fallen nicht in diese Reihe). Bezeichnend für den hier angeschlagenen Ton ist der Seufzer am Ende der Ankündigung von Band II/1 (am 12. Januar 1940), dem Kapitel über die Wirklichkeit Gottes:

> „Wir haben diese Seiten in einer Reihe von vereinzelten, aber sehr gesegneten Tages- oder Nachtstunden in einer ersten Lektüre verschlungen und müssen gestehen: nie haben wir ein Buch gefunden, das bei so erhabener Intelligenz so durch und durch erbaulich ist, bei so unermüdlicher Akribie so weitreichend, bei so tiefer Ernsthaftigkeit so fröhlich, bei so strenger Wissenschaftlichkeit so pastoral und liebevoll, bei allem Drang zur Enträtselung so zu hymnischer Ehrfurcht und stiller Verzückung erhoben. Wie schön muss Gott sein!“[3]

Auch einige andere Werke von Barth erhalten eine ähnliche Würdigung. Ergänzend dazu ist Miskotte sich nicht zu schade, für diejenigen, denen die Dogmatikbände zu viel auf einmal erscheinen, eine Lesehilfe als Einführung zu erstellen,[4] wodurch Barth selbst, der sich für einen „weit weniger reflexiv eingestellten Menschen“ hielt als Miskotte, sich in einem ganz neuen Licht sah und sich erfreut zeigte über einen Mann, der so voller Geist war und ihn so geistreich verstanden hatte.[5]

Bereits im Frühjahr 1935 hatte sich Miskotte als Übersetzer eines Buches von Barth angeboten. Barth war als Professor in Bonn abgesetzt worden, hatte aber noch keine neue Stelle gefunden. Aufgrund einer freien Stelle in Utrecht bot sich die Gelegenheit, ihn mit dem Zug dorthin kommen zu lassen, um Vorlesungen zu halten, die einen Eindruck von der Art seiner dogmatischen Reflexion vermitteln konnten. Es wurden sechzehn Vorlesungen auf der Grundlage des Apostolischen Glaubensbekenntnisses, die Miskotte nicht nur übersetzte, sondern auch in großer Eile mit ausführlichen Anmerkungen versah, in denen er Aussagen von Barth in den Kontext seines Werkes, aber auch in zahlreiche theologische und philosophische Diskussionen einordnete, darunter auch Diskussionen, die Barth selbst nicht gekannt haben dürfte.[6]

---

3 A.a.O., 19.

4 „Kleine Präludien und Fantasien“ („Kleine preludes en fantasieën“) über die *Kirchliche Dogmatik*, geschrieben 1955 und 1961 anlässlich von Barths 75. Geburtstag übersetzt und veröffentlicht in der Reihe *Theologische Existenz heute*, Neue Folge (A.a.O., 93–141).

5 Brief von Barth an Miskotte vom 19.05.1961 (A.a.O., 510).

6 Karl Barth, *De Apostolische Geloofsbelijdenis*, voor Nederland bewerkt en van aantekeningen voorzien door K.H. Miskotte, Nijkerk 1935. Das Buch und die Anmerkungen wurden

Aus Berichten über das Leben von Karl Barth, die in Tages- und Wochenzeitungen erschienen sind, sowie aus einem Nachruf nach seinem Tod und dem Text eines Fernsehinterviews von E.J. Beker aus dem Jahr 1969 geht hervor, dass Miskotte sich auch in der breiteren Öffentlichkeit nicht zurückgehalten hat.[7] Solche Äußerungen stehen im Zusammenhang mit der Präsentation niederländischer „Barthianer“ in den 1930er-Jahren, dem Lunterse-Kreis und der Doorbraak. Nach dem Zweiten Weltkrieg wurde die Zeitschrift *In de Waagschaal* mit Miskotte als Chefredakteur zum Organ, in dem laut Angaben des Biographen bis 1970 mindestens 130 Artikel erschienen sind, die mit Barth in Verbindung stehen.[8]

Miskotte polemisiert auch mit Kreisen, insbesondere mit Theologen, die Barth seiner Meinung nach missverstehen und aus falschen Gründen bekämpfen, wie der junge Berkouwer, Vertreter des Neocalvinismus (1934), aber auch der Leidener Professor Korff, der in seiner während des Krieges erschienenen zweibändigen Christologie nach Miskottes Auffassung die eigentliche Aufgabe der Dogmatik nicht zu verstehen scheint (1941), oder auch Reformierte Gruppierungen, die sich nach dem Krieg in alle möglichen Richtungen „los von Barth“ zu bewegen scheinen (1950).[9] De Liagre Böhl hat Recht, dass Miskotte „als Verteidiger der dialektischen Theologie nicht stark auftrat, denn er widerlegte seine Gegner nicht“[10] – auch wenn sich diese Beurteilung nicht auf die Polemik mit Korff bezieht, der sich ohnehin dogmatisch mit der Sache selbst befasst.

Umso erfreuter zeigt sich Miskotte, als sich unerwartet herausstellt, dass die Vorschläge Barths zu einem ernsthaften ökumenischen Gespräch führen können. So begrüßt er die großen Barth-Bücher des römisch-katholischen Von Balthasar (1952) und des reformierten Berkouwer (in späteren Jahren, 1954–55) und berichtet von seinem Besuch eines Kongresses in Herborn, wo vor allem (aber nicht ausschließlich) von lutherischer Seite ein ernsthaftes Gespräch mit Barth geführt wurde (1951).[11]

von den Herausgebern von *VW2* als zu umfangreich erachtet, um in diesen Band aufgenommen zu werden (siehe Vorwort, 9).

7 Miskotte, *VW2* (Anm. 2), 332–354 und 413–421; die Tonbandaufnahme des Interviews ist zu finden unter https://www.karlbarth.nl/audio/.

8 Herman de Liagre Böhl, *Miskotte. Theoloog in de branding, 1894–1976*, Amsterdam 2016, 246.

9 Miskotte, *VW2* (Anm. 2), 250–257, 257–275 und 141–152.

10 De Liagre Böhl, *Miskotte* (Anm. 8), 266.

11 Miskotte, *VW2* (Anm. 2), bzw. 292–296 (ergänzt durch einen Vortrag, 405–413), 298–328 und 170–196.

Schließlich finden wir in dem Band verschiedene Beiträge, in denen Miskotte versucht, sich eingehend mit der Besonderheit der Stimme Barths im Geistesleben des 20. Jahrhunderts auseinanderzusetzen. So fragt er sich in einem Vortrag aus dem Jahr 1940, warum sich ein Mensch eigentlich bewusst oder unbewusst in dem von Nietzsche geprägten und beschriebenen Lebensraum befinden muss, um die Verkündigung, wie sie bei Barth zu finden ist, verstehen zu können. Und in einer Festvorlesung an der Universität Leiden (1951) stellt er die Frage, wie ein Philosoph wie Sartre bei Barth in die dogmatische Überlegung einfließen kann, um als ganz eigene Stimme ernst genommen zu werden. Drittens stellt Miskotte in einem Artikel für einen Festband zum siebzigsten Geburtstag von Barth im Jahr 1956 die Frage, worin die eigene niederländische Barth-Rezeption bestehen könnte, womit er gleichzeitig auch einen Zugang zu seinem eigenen theologischen Programm formuliert.[12]

Damit wird jedoch noch nicht deutlich, wie sich der Einfluss von Barth auch in den anderen, eher eigenständigen Werken von Miskotte wiederfindet. Dies würde eine wesentlich ausführlichere Studie erfordern. Aufschlussreich finde ich den Kommentar zu den ersten zwölf Sonntagen des Heidelberger Katechismus, den Miskotte 1941 für die Amsterdamer Kirchengemeinde verfasste und in dem er sich stark mit dem Katechismus auseinandersetzt, weil seiner Meinung nach die Argumentation in Bezug auf Christus „Was für einen Mittler und Erlöser müssen wir denn suchen?“ (Frage 15) nur vor dem Hintergrund der bereits in Frage 1 gegebenen Antwort auf die Frage nach dem einzigen Trost verstanden werden kann.[13] Im Hintergrund steht hier unverkennbar die Unhaltbarkeit der Argumentation von Anselmus und Ursinus für das 20. Jahrhundert, auf die Barth in den christologischen Teilen der *Kirchlichen Dogmatik I/2* hingewiesen hatte. Es ist etwas ironisch, dass Barth selbst in seinen Vorlesungen über den Heidelberger Katechismus von 1947 gerade an diesem Punkt ein viel milderes Urteil fällt.[14]

12 Miskotte, *VW2* (Anm. 2), bzw. 391–405, 153–170 und 196–220. Die Reihe von Rundfunkvorträgen „Schriftuurlijke hermeneutiek“ (Schriftliche Hermeneutik) hätte meiner Meinung nach besser in einem anderen, der Hermeneutik gewidmeten Band der *Verzameld Werk* (Gesammelte Werke) ihren Platz gefunden.

13 Die Artikelserie aus dem Jahr 1941 erschien 1947 bei Callenbach, Nijkerk, unter dem Titel *De blijde wetenschap* (Die frohe Wissenschaft) und wurde fotomechanisch in *den Gesammelten Werken, Band 11*, Kampen 1989 nachgedruckt.

14 Vgl. die Masterarbeit von André Langeweg (PThU, Standort Amsterdam), „Gesetz und Evangelium im Denken von K.H. Miskotte. Im Gespräch mit *De blijde wetenschap* van

Am Ende seiner Tätigkeit als Chefredakteur von *In de Waagschaal* schließt Miskotte seinen Rückblick mit einer erneuten Betonung des unaussprechlichen und unvergesslichen Segens, der Karl Barth „uns" in dieser Zeitschrift gewesen ist. „Bemerkenswert ist, dass die nachträgliche Lektüre in den Bereichen, in denen er gearbeitet hat, erst jetzt beginnt: Man spricht von 20 ‚Ergänzungsbänden'. Aber wir sagen bei seinem Namen: Es war genug. Wir hatten das Brot, das uns zugeteilt wurde. Sparsam! Und gesiebt"[15]. Inzwischen erscheint innerhalb der genannten Reihe „Ergänzungsbände" im Jahr 2021 bereits Band 55, und Barth ist damit für neue Generationen auf eine andere Weise präsent, als er es für seine Zeitgenossen sein konnte. Für Miskotte war er vor allem ein Zeitgenosse, von dem es zu lernen und für dessen theologisches Engagement es einzutreten galt.[16]

2. Hinter verschlossenen Türen geäußerte Fragen und Kritik

Was für Barth gilt, gilt vielleicht in noch stärkerem Maße für Miskotte. Diejenigen, die ihn überlebt haben und die nach ihm kommen, verfügen nämlich nicht nur über die öffentlichen Äußerungen zu seinen Lebzeiten. Band 2 der *Verzameld Werk* endet mit zwei Rubriken, die für seine Zeitgenossen nicht zugänglich waren: erstens eine Liste mit Fragen an Barth, die teilweise möglicherweise bereits für ein (nicht zustande gekommenes) Gespräch in Utrecht im Jahr 1935 erstellt worden war, zum anderen Teil zumindest teilweise Barth vorgelegt wurde, als Miskotte Ende Mai auf der Durchreise nach Niederländisch-Indien Anfang Juni 1937 in Basel Halt machte, und zweitens die Korrespondenz zwischen beiden von 1924 bis zum Tod Barths im Jahr 1968.[17] Darüber hinaus erscheint eine Auswahl der (zumindest bis Mai

---

K.H. Miskotte über das Verhältnis von Elend, Erlösung und Dankbarkeit im Heidelberger Katechismus" (Juli 2017).

15 Kornelis Heiko Miskotte, Bij het scheiden van de markt (Beim Verlassen des Marktes), in: *Verzameld Werk*, Deel 1: *In de Waagschaal. Een keur uit de artikelen van K.H. Miskotte uit de eerste vijf jaargangen van In de Waagschaal*, Kampen 1982, 403–407, hier 406.

16 Es sei noch erwähnt, dass Miskotte zu seiner Zeit auch als Ratgeber fungieren konnte, wie man sich in Barth zurechtfindet. So empfiehlt er dem Dichter Hendrik Marsman einmal, Barths Aufsatz „Reformierte Lehre, ihr Wesen und ihre Aufgabe" aus dem Jahr 1923 zu lesen: „Das ist so meisterhaft, dass uns so viele Jahre später (1940) noch immer Barths ‚unbeirrbare' Sichtweise darüber, was Theologie eigentlich ist, in Erstaunen versetzt." Vgl. Kornelis Heiko Miskotte, *Keuze uit de dagboeken en andere teksten*, Amsterdam 1994, 116.

17 Miskotte, *VW2* (Anm. 2), bzw. 422–429 und 430–540.

1940) umfangreichen Tagebücher, in denen Miskotte regelmäßig über seine Beziehung zu Barth reflektiert. Aus diesen Quellen lässt sich die Schattenseite von Miskottes öffentlichem Auftreten als Fürsprecher erkennen. Hier kommen sowohl die Zweifel und die Kritik zum Vorschein als auch die Art der Freundschaft, die sich im Laufe der Zeit entwickelte und nicht ohne Reibungen verlief. Wir werden zunächst die Fragen und die Kritik ansprechen, danach die persönlichen Beziehungen der beiden.

Als Miskotte am 1. Februar 1923 die zweite Fassung von Barths *Römerbrief* in die Hände bekommt (die erste Fassung las er erst bei der Neuauflage von 1963), notiert er: „Beim Durchblättern erscheint mir der Stil expressionistisch, der Gedanke marcionitisch, der Sinn, das wirklich Religiöse dem abgeleiteten gegenüberzustellen, oder Christus dem Christentum“[18]. Dieser Eindruck ist mehrdeutig. Die Relativierung des Christentums ausgehend von Christus war Miskotte aus der ethischen Theologie – es waren die Jahre, in denen er an der Reihe „*Leven en werken* van J.H. Gunning Jr.“ (Leben und Werk von J.H. Gunning Jr.) mitwirkte – sicherlich vertraut, jedoch nicht in dem Sinne, dass das Christentum als historische Gestalt dadurch völlig entleert würde. „*Der Römerbrief* irritiert mich zutiefst und fasziniert mich durch seinen erschreckenden Mut zur Relativierung aller Werte“, notiert er zwei Tage später. Und seine Zustimmung zur Charakterisierung des Buches als „marcionitisch“ durch den Marburger Neutestamentler A. Jülicher geht in verschiedene Richtungen: Einerseits verstärkt dies die irritierende Distanz zwischen dem heiligen Gott und der Schöpfung mit ihren Werten bis zur Unkenntlichkeit, andererseits fühlt sich Miskotte gerade auch zum rigorosen Marcion hingezogen. Als er nach und nach entdeckt, dass Barth doch weiter von Marcion entfernt ist (und den Reformatoren näher steht), als er zunächst dachte, notiert er: „Und nun das Seltsame: Wenn ich ganz ehrlich bin, ist das für mich eine Enttäuschung.“[19]

Das ändert jedoch nichts daran, dass er, als er einige Monate später die Gelegenheit erhält, an einem Treffen mit Barth in kleinerem Kreis in der Amsterdamer Wanningstraat teilzunehmen, während Barth wegen eines Vortrags auf einem Kongress für Innere Mission in dieser Stadt weilt, es nicht versäumt, erneut „seine“ Fragen zu Marcion zu stellen.[20] In seinem

18 Kornelis Heiko Miskotte, *Verzameld Werk*, Deel 4: *Uit de dagboeken 1917–1930*, samengesteld en toegelicht door E. Kuiper-Miskotte und H. H. Miskotte, Kampen 1985, 242 (Im Folgenden abgekürzt als VW4).

19 A.a.O., 271 (Notiz vom 8. Januar 1926).

20 A.a.O., 301 (Notiz vom 2. Juni 1926).

zweiten Brief an Barth kommt er darauf zurück, da er während dieses Gesprächs nach der Antwort verstummt war. Er scheint sich auf die Passage im *Römerbrief* zu beziehen, in der Barth sagt, dass der Nicht-Gott, der von Menschen projizierte Gott dieser bestehenden Welt, sich der Gottesleugnung von (sc. Dostojewskis Romanfigur) Iwan Karamasow nicht entziehen kann (Miskotte erinnert sich: dabei muss man erröten).[21] Daraufhin hat Barth offenbar geantwortet, dass nur der Gott als Schöpfer bekannt werden kann, der als Erlöser bekannt ist. Miskotte möchte dem zustimmen, empfand jedoch, dass in der Diskussion „der schreckliche, endlose Schmerz der Existenz, dieser schuldlose Schmerz, dennoch akzeptiert und gerechtfertigt wurde". So war auch „Barth wieder glatt und solide, rund und fest geworden" und damit fast schon ein Verteidiger des Gottes dieser Welt. Für ihn selbst bleibt es dabei, dass es kein Sprechen von Gott geben kann ohne einen Protest gegen die Grundstruktur dieser Welt. „Haben Sie Iwan etwas zu sagen? Bitte helfen Sie." „Was soll ich sagen?", antwortet Barth darauf und fährt fort: „Auf jeden Fall bin ich nicht Gott. Und natürlich glaube auch ich, dass es keine Gemeinschaft mit Gott gibt ohne Protest gegen die Grundstruktur dieser Welt, die unsere Welt ist. Aber dann gilt auch das Gegenteil: Ohne Gemeinschaft mit Gott, das heißt ohne den Glauben, dass Jesus Christus die Sünde der Welt getragen hat, wäre dieser Protest machtlose Rebellion." Es scheint mir, dass Miskotte sich nach und nach dieser Antwort angeschlossen hat, denn am 19. November 1929 schreibt er ohne weiteren Kommentar einige Sätze aus Barths Werk *Die christliche Dogmatik im Entwurf*, das er Ende 1927 erhalten hatte, die besagen, dass man den Vater nicht aus der Schöpfung heraus erkennen kann und dass auch Jesus nicht den Schöpfer als den Vater offenbart, sondern dass Jesus umgekehrt den Vater als den Schöpfer offenbart hat.[22]

21 Miskotte, *VW2* (Anm. 2), 431 (Brief vom 3. September 1927, mit anschließender Antwort von Barth vom 20. September 1927). Die Überbringer des Bandes verweisen auf Karl Barth, *Der Römerbrief (Zweite Fassung)* (GA II), hg. von Cornelis van der Kooi und Katja Tolstaja, Zürich 2010, 415. Aus einer Tagebuchnotiz vom 28. Februar 1923 (Miskotte, *VW4* [Anm. 18], 245) geht hervor, dass Miskotte auch auf eine Passage auf Seite 16 (Barth, *Der Römerbrief [Zweite Fassung]* [Anm. 21], 16 verweist: „Der Schrei des Rebellen gegen diesen Gott ist der Wahrheit näher als die Kunststücke derer, die ihn rechtfertigen wollen" [Übersetzung von Mark Wildschut]).

22 Miskotte, *VW4* (Anm. 18), 448. Auch danach notiert Miskotte noch: „Im Großen und Ganzen ist Barth der Entdecker des längst Erfundenen. So ist es der biblische Inhalt und so die biblische Form, die Struktur des Denkens. Das liegt mir von Natur aus überhaupt nicht; und selbst nach meiner soliden und beständigen christlichen Erziehung bleibt es im Widerspruch zu meinem Lebensgefühl" (A.a.O., 495; Notiz vom 10. August 1930).

Damit hat Miskotte offenbar die Versuchung des Marcion hinter sich gelassen. Was vielleicht dennoch bleibt, ist die Frage, „ob Barth die Frage des modernen Menschen [wie Iwan, RRB] trotz seiner eigenen tiefen Verbundenheit damit letztlich bagatellisiert“[23] – denn es ist diese Frage, die Miskotte so sehr beschäftigt, dass er sich sein ganzes theologisches Leben lang neben der Dogmatik intensiv mit der Hermeneutik beschäftigen wird.

Eine zweite komplexe Fragestellung kommt zum ersten Mal zum Ausdruck, als Miskotte Barth gegenüber seine Enttäuschung darüber zum Ausdruck bringt, dass er nach der Einsendung seiner Dissertation *Het wezen der joodsche religie* aus dem Jahr 1932 nichts mehr von ihm gehört hat.[24] Darin hatte er sich für eine Annäherung an das Alte Testament in der Tradition der Theologie von Kohlbrügge ausgesprochen, und aufgrund ihres gemeinsamen Interesses an Kohlbrügge hatte er auf Barths Interesse daran gehofft. Wie sich jedoch später immer deutlicher herausstellte, hätte er sich vor allem gewünscht, dass Barth sich mit dem für ihn wichtigsten jüdischen Religionsphilosophen, Franz Rosenzweig, beschäftigt hätte, den er in vielerlei Hinsicht mit der dialektischen Theologie verwandt sieht:[25]

> „Es ist bedauerlich, dass Barth (offenbar!) Rosenzweigs *Stern der Erlösung* nicht kennt und sich im Allgemeinen nicht mit dem jüdischen Recht auf Exegese des Alten Testaments befasst. Folgt das wirklich aus der Einheit der Testamente und dem christozentrischen Standpunkt? Warum kann man den letztlich doch auf Christus hinweisenden Strukturen der Kirche des Alten Bundes keine eigen-

---

Und im Fragebogen von 1935/37 kommt er noch einmal auf Barths sogenannte „Widerrufung“ seiner Karamasow-Aussage zurück (Miskotte, *VW2* [Anm. 2], 423 unten; Überschrift: Lebensgefühl).

23 Miskotte, *VW4* (Anm. 18), 272 (Notiz vom 9. Januar 1926).

24 Miskotte, *VW2* (Anm. 2), 436 (Brief vom 23. Juni 1933).

25 Vgl. Rinse H. Reeling Brouwer, „Glauben Sie denn im Ernst, die Juden mussten uns lehren, die Bibel zu verstehen?“ – Eine systematische Analyse von Miskottes Versuch einer Antwort an Barth, in: *Zeitschrift für dialektische Theologie* 28 (2/2012), 60–85. Siehe in *VW2* die Aufrufe, Rosenzweig zu lesen, auf 446 (Brief vom 16. Mai 1936) und 470 (Brief vom 9. Juni 1956). Nach Barths Hinweis auf das Trauma, das er im Umgang mit Rosenzweigs Freund Rosenstock erlitten hat, stellt Miskotte als Geburtstagsgeschenk einen Syllabus mit Zitaten aus dem *Stern der Erlösung* zusammen (477–483, Brief vom 7. Mai 1957), worauf Barth erneut antwortet: Erklären Sie es mir lieber in einer kurzen Reihe von Thesen (486). Die Behauptung von Eberhard Busch, *Barth – ein Porträt in Dialogen*, Zürich 2015, 163, Anm. 38, dass Barth gegenüber Miskotte kokettierte und verbarg, was er über Rosenzweig längst wusste, erscheint mir sehr unwahrscheinlich.

ständige Bedeutung beimessen? Oder *ist* Israel keine Kirche? Oder *steht* nicht die ganze Wahrheit im Alten Testament (auch wenn die Realität fehlt)?“[26]

Und in den Notizen zum Gespräch von 1937: „Das Alte Testament enthält alles Wesentliche [...], aber dann darf man das A.T. ernster für sich selbst sprechen lassen, ja, darf man dann unter dem N.T. etwas lesen, das im Widerspruch zu den Grundstrukturen des A.T. steht [?]“[27] Mit der für ihn enttäuschenden Notiz im Gesprächsbericht in seinem Tagebuch: „Über den Vorrang des Zweiten Artikels und die Gültigkeit des Alten Testaments: Entweder ist das Alte Testament keine Offenbarung, oder die Christuserscheinung wird doketisch (von Barth nicht akzeptiert!)“[28]. Ein großer Teil von Miskottes Lebenswerk scheint hier nicht ohne Weiteres auf die Zustimmung Barths zählen zu können. Ob Miskotte dies in späteren Jahren noch so einschätzte, lässt sich nur schwer nachvollziehen.

Eine dritte Gruppe von Fragen fasse ich unter dem Begriff Fragen, die insbesondere niederländische (und unter den Niederländern insbesondere Hervormde) Theologen in Bezug auf die Theologie von Barth stark beschäftigten, zusammen. Auch hier bildet der Fragebogen für die Treffen von 1935 und 1937 die wichtigste Quelle. In erster Linie geht es dabei um Barths Aktualismus: Ist das Erscheinen der ewigen Offenbarung vor den Menschen nicht zu willkürlich, wenn es immer wieder und zeitlich intermittierend („je und je“) geschieht? Oepke Noordmans bot hier die Alternative einer Lehre von der theologischen Zeit an, die eine pneumatologische Kontinuität einführt. Miskotte ist dafür empfänglich und legt Barth die Frage daher auch von sich aus vor.[29] Eine Reaktion Barths hat er nicht vermerkt. Mir scheint, dass diese Frage für Miskotte selbst (was nicht heißt: für andere, wie Noordmans) überholt ist, da der spätere Barth zunehmend die Gegenwart des auferstandenen und aufgefahrenen Herrn Jesus Christus als strahlenden Mittelpunkt des theologischen Sprechens geltend macht und seine eigenen Gedanken da-

26 Kornelis Heiko Miskotte, Uit de dagboeken 1930–1934, zusammengestellt und erläutert von A. C. den Besten, H. Breebaart-Miskotte und E. Kuiper-Miskotte, in: *Verzameld Werk*, Deel 5A, Kampen 1990, 385 (Im Folgenden abgekürzt als: VW 5A; Notiz vom 12. Dezember 1933).

27 Miskotte, *VW2* (Anm. 2), 426 (Fragebogen Abteilung II Frage III).

28 Miskotte, *VW 5A* (Anm. 26), 385 (Notiz vom 2. Juni 1937). Etwas weiter oben auf derselben Seite, im Bericht über eine Vorlesung von Barth, die Miskotte einen Tag zuvor besucht hatte (mit dem Text, der später in *KD I/2*, 965 ff. veröffentlicht wurde): „Die Frage blieb, was die Dogmatik von der theologischen Exegese unterscheidet, wenn sie ‚voraussetzungslos‘ ist (d. h. keine andere ‚Voraussetzung‘ hat als das Wort Gottes selbst).“

29 Miskotte, *VW2* (Anm. 2), 422–425.

mit konvergieren. Anschließend geht es um Fragen der Kirchenordnung und des Amtes. Miskotte und diejenigen, in deren Namen er auftritt, erkennen hier bei Barth eine „Low Church"-Haltung und haben damit Probleme. „In der Institutio [von Calvin] werden die Ämter [...] als schwebend verstanden, losgelöst voneinander, als Werkzeuge Gottes. Christus (Op. 1) hat in seiner rechten Hand sieben Sterne, die Engel der Gemeinden". Kann man dann (wirklich) sagen, dass die Ämter aus dem Amt der Gläubigen hervorgehen? Zweifellos zu Miskottes Verblüffung antwortet Barth: „Kuyper gefällt mir hier nicht schlecht"[30]. Und dann ist da noch die äußerst heikle Frage der Kindertaufe. Diese Frage stand 1937 noch nicht auf dem Fragebogen (obwohl sie offenbar in der Kneipe zur Sprache gekommen war), war aber nach einer beiläufigen Antwort Barths auf eine Frage bei seiner Vortragsreihe in mehreren niederländischen Städten im März 1939 akut geworden. Miskotte griff sofort zur Feder und verfasste einen sehr aufgeregten Brief. Miskotte befürchtete taktisch gesehen, dass Barth nun seine gesamte Autorität in den Niederlanden verloren habe. Und inhaltlich war er der Meinung, dass man über die Taufe als Ausdruck der vorangehenden Gnade genauso entschlossen denken müsse, wie Barth es über den Vorrang des ewigen Sohnes und des ewigen Geistes tat. In seiner Antwort fasst Barth noch einmal seine Einwände zusammen und ruft zur Besonnenheit auf. Nein, er werde keine kirchlichen Entscheidungen zu diesem Punkt und zu diesem Zeitpunkt erzwingen wollen, sondern selbst weiter darüber nachdenken und darauf zurückkommen, wenn er im Laufe seiner dogmatischen Überlegungen dazu komme. Lieber keine Unruhe, sondern ruhige Untersuchung.[31] Miskotte murrt noch einen Moment, aber in der Leserspalte von *In de Waagschaal* aus dem Jahr 1947 gibt er zu verstehen, dass er zwar selbst immer noch ein Befürworter der Kindertaufe ist, aber berücksichtigt, dass Barths Einsicht auch hier weiter reichte als seine eigene, wie auch sein verstorbener Freund Jan Koopmans während der Kriegsjahre vermutet hatte.[32] Und als 1967 in der *Kirchlichen Dogmatik* endlich der Teil über die Taufe erscheint, ist seine Besprechung nicht weniger liebevoll als bei anderen Bänden.[33] Es kann auch sein, dass der Geist der sechziger Jahre mit seiner Betonung von Mündigkeit

30 A.a.O., 428, Abschnitt III Frage III.

31 A.a.O., 449–452 (Brief von Miskotte vom 22. März 1939) und 452 f. (Brief von Barth vom 8. April 1939).

32 A.a.O., 359–365.

33 A.a.O., 70–73 (in *In de Waagschaal* ergänzt durch einige Beiträge von G.H. ter Schegget, *a.w.*, 539).

und Verantwortung für die Welt ihn inzwischen sensibler für die Bedeutung der persönlichen Glaubensantwort als Teil der Gnade gemacht hatte. Ein letzter Punkt unter dieser Überschrift könnte die Lehre vom Heiligen Geist sein. Auch hier war es vor allem Noordmans, der bei Barth einen Mangel feststellte, und Barth wusste das und erklärte, Noordmans' Beitrag ernst nehmen zu wollen. Konkret berichtet Miskotte, dass er auf dem bereits erwähnten Kongress in Herborn 1951 auf dem Flur mit Barth über den aus der spezifisch niederländischen reformierten Theologie allgemein vorgebrachten Einwand gegen Barths (1942) durch eine starke christologische Konzentration geprägte Wahllehre gesprochen habe, dass hier eine Diskussion über die Funktion des Geistes weitgehend fehle.[34] In seinen letzten Lebensjahren scheint Barth darüber nachgedacht zu haben.

3. Die bewegte Geschichte einer Freundschaft

Anfang Juli 1928, gegen Ende des Sommersemesters, besuchte Miskotte Barth in Münster, wo dieser damals als Professor tätig war. Bei seiner Rückkehr teilte er seiner überraschten Frau mit: „Ich werde vorerst im Amt bleiben.“ Nach der schriftlichen Reaktion von Barth auf einen Vorfall auf der Kanzel von Meppel ein Jahr später wurde die vorläufige Entscheidung endgültig.[35] Miskotte blieb dem Pfarramt erhalten und hatte einen Freund gewonnen.

Aus mündlicher Überlieferung habe ich erfahren, dass Miskotte im hohen Alter erzählte, seine Beziehung zu Barth sei eine „Verliebtheit“ gewesen. Was auch immer das aus geschlechtsspezifischer Perspektive bedeuten mag, die Korrespondenz zwischen den beiden lässt sich sehr gut als Liebesgeschichte lesen, zumindest von einer Seite. Miskotte spricht den „Meister“ (der Barth lieber nicht sein möchte) an, wirbt um seine Aufmerksamkeit, zeigt sich launisch und gekränkt, wenn er nicht die gewünschte Aufmerksamkeit erhält, ist aber zu anderen Zeiten auch wieder übermäßig zufrieden und fühlt sich dann verstanden. Dennoch bleibt das Verhältnis weitgehend asymmetrisch: Miskotte hat viel mehr zu sagen, der (nach traditionellem Bild viel männlichere) Barth beschränkt sich in der Regel auf eine sachliche Reaktion, auch nachdem die Anrede auf ein „Du“ übergegangen ist, außer

34 A.a.O., 508 (Brief von Miskotte an Barth vom 16. Mai 1961).

35 A.a.O., 433 (Dankesbrief vom 15. Juli 1928), bzw. 434–436 (Brief von Miskotte vom 8. April 1929 und Brief von Barth vom 21. April 1929).

wenn „der Seher und Dichter unter meinen Freunden"[36] seiner Meinung nach wirklich besondere Aufmerksamkeit benötigt.

Bei dem bereits erwähnten Zwischenstopp in Basel auf dem Weg nach Niederländisch-Indien im Jahr 1937 kommt es zu einer Auseinandersetzung.[37] Am Tag nach dem Besuch der Vorlesung findet ein Essen bei Barth zu Hause statt, bei dem die Unterhaltung ins Stocken gerät und Barth aufgrund der anhaltenden Fragen vor Aufregung und Verärgerung zu zittern beginnt. Miskotte möchte weiterreisen, aber Charlotte von Kirschbaum und Wilhelm Vischer bestehen darauf, dass es ein Folgegespräch geben muss. Er wagt es nicht, zum Seminar zu kommen, aber am Abend kommt es doch zu einem Gespräch in einer Weinstube. Wieder sind Barths Antworten unbefriedigend, aber der Abschied ist sehr freundlich, und aus einem anderen Zusammenhang geht hervor, dass Barth einen guten Rat hinsichtlich der Frage gegeben hat, ob es angesichts der zunehmenden Kriegsgefahr verantwortungsvoll ist, seine Familie zurückzulassen und nach Asien zu gehen.[38]

Im Herbst 1946 ereignet sich eine Katastrophe in der Familie Miskotte, als zuerst seine Tochter Alma und dann seine Frau Cor (geb. Cladder) an den Folgen einer Lebensmittelvergiftung sterben. Barth schreibt kurz nacheinander zwei Kondolenzbriefe (in einem Umschlag). Er erinnert an den Verlust seines eigenen Sohnes Matthias, der 1941 beim Bergsteigen ums Leben kam, und erinnert sich, wie er ebenfalls vor „dem Rätsel des scheinbar noch nicht gelebten Lebens stand, und doch auch in der Hoffnung, dass wir einmal sehen werden, was uns jetzt noch verborgen ist und was doch rechtmäßig von Ihm getan wurde, der keine Fehler macht". Dieser Satz ist bezeichnend für Barth, für den das ewige Leben vor allem darin besteht, zu wissen, was wir in diesem Leben unmöglich durchschauen können. Was diese als Ermutigung gedachten Worte bei Miskotte bewirkten, wissen wir nicht. Das gilt auch für das Trostwort zum Tod von Cor: „Mögen Sie sich jetzt erst richtig gehalten und getragen wissen, denn niemand fällt aus Seiner Hand". Dies entspricht Barths Überlegungen zur göttlichen Allmacht, die zwar eine Reinigung von überlieferten Missverständnissen bewirken, aber letztlich zu einer sekundär-

---

36 A.a.O., 470 (Brief von Barth vom 12. Juli 1956).

37 Kornelis Heiko Miskotte, Uit de dagboeken 1935–1937, *in: Verzameld Werk*, Deel 5B, Kampen 2001, 294–298.

38 De Liagre Böhl, *Miskotte* (Anm. 8), 129 f.

naiven Akzeptanz dessen führen, was uns aufgrund Gottes, dieses Gottes, zusteht.[39]

Eine letzte Auseinandersetzung, zumindest soweit dokumentiert, ereignete sich anlässlich der Feier von Barths 75. Geburtstag im Jahr 1961, die im kleinen Kreis von Freunden stattfand. Bei dieser Gelegenheit hielt Barth eine kurze Rede, in der er um einen Gegenspieler bat, der das, was er in der *Kirchlichen Dogmatik* aus der zentralen Perspektive der christologischen Konzentration ausgearbeitet hatte, nun auf andere Weise, insbesondere aus einer Theologie des Heiligen Geistes heraus, ausarbeiten sollte. Miskotte war darüber sehr empört, äußerte seine Wut jedoch nur im kleinen Kreis. Barth gab ihr eine psychologische Erklärung: Miskotte habe so viel in das Image von „Moby Dick" (der KD) investiert, dass er für seinen eigenen Ruhm und seine Ehre nicht ohne sie existieren könne. Das schadet der Freiheit, die Barth immer auch gegenüber seinem eigenen Werk anstreben wollte. Miskotte lehnt diese Interpretation ab und betont, es sei von strategischer Bedeutung, dass in allen Bereichen der Kirche und Theologie die Aufmerksamkeit auf den großen Vorschlag gerichtet bleibt, den Barth in den Mittelpunkt gestellt hat.[40] Vermutlich ist an beiden Interpretationen etwas Wahres dran: Strategie und (erneut) verletzte Verliebtheit vermischten sich, nicht zum ersten Mal.

4. Nur teilweise ausgearbeitete theologische Spannungen

Als Miskotte 1937 eine Vorlesung von Barth besucht hatte, stellte er sich die Frage, was Dogmatik eigentlich mehr sein könnte als theologische Exegese.[41] Über theologische Exegese hatte er selbst in einem Artikel geschrieben, der in gekürzter Form in der Festschrift zum 50. Geburtstag von Barth im Jahr 1936 aufgenommen worden war.[42] Für Miskotte besteht eine Wechselwirkung zwischen dem phänomenologischen „Sehen" der biblischen Lebenswelt und Wortwelt (wobei das historisch-kritische „Betrachten" eines

39 Miskotte, *VW2* (Anm. 2), 461 f. (Brief Barths vom 21. Oktober 1946); Teilübersetzung von De Liagre Böhl, *Miskotte* (Anm. 8), 240.

40 Miskotte, *VW2* (Anm. 2), 507–513 (Brief von Miskotte vom 16. Mai 1961, Brief von Barth vom 19. Mai 1961, Brief von Miskotte vom 29. Mai 1961).

41 Vgl. a.a.O., 422–245.

42 Kornelis Heiko Miskotte, Das Problem der theologischen Exegese, in: *Theologische Aufsätze. Karl Barth zum 50. Geburtstag*, München 1936, 51–77. Es war nicht üblich, zum 50. Geburtstag einen Festband zu erhalten, aber es bestand Bedarf an einer Danksagung, nachdem Barth gerade das Deutsche Reich verlassen musste.

Textes nicht vernachlässigt werden darf, um beim Verständnis der Schrift nicht in einer zeitlosen Welt zu landen) und dem theologischen „Hören", das auf Gehorsam gegenüber dem Wort drängt. Die theologische Exegese geht einen entscheidenden Schritt weiter als die „Sinn-Exegese", muss diese jedoch stets voraussetzen. Und nun war für Miskotte in den 1930er Jahren offenbar das Ziehen der theologischen Konsequenzen aus den biblischen Strukturen ausreichend – so wie bei den Reformatoren in der Darstellung biblischer Schlüsselbegriffe die hermeneutische Funktion der ‚heiligen Lehre' bestand. Hatte die Dogmatik denn noch etwas anderes zu tun? Vielleicht war es die Veröffentlichung der *Kirchlichen Dogmatik I/2* im Jahr 1938, die Miskotte zum Umdenken bewogen hat. Ja, so wie Barth es tat, so musste es vor allem geschehen. Es war großartig, dass der führende Theologe in Basel versuchte, alle überlieferten Denkformen von innen aus der biblischen Sprache heraus anzupassen, aber er sah dies nicht als seine eigene Aufgabe an. In gewisser Weise „gedeckt" durch das Denken der *Kirchlichen Dogmatik* – die auch in seinen Leidener Vorlesungen zur Dogmatik behandelt wurde – konnte er sich vor allem an der Schnittstelle zwischen Phänomenologie und theologischer Exegese bewegen, im Dialog mit der jüdischen Religion, dem germanischen Heidentum und den säkularisierten postchristlichen Heiden in den fünfziger und sechziger Jahren. Dies war auch das Ergebnis der Untersuchung von Jan Muis zur Hermeneutik bei Barth und Miskotte: Zweifellos geht Miskotte weiter als Barth, wenn er historische Kontinuitäten im Zusammenhang zwischen der Bibel und dem gelebten Leben aufzeigt, aber diese hermeneutische Anstrengung, auch wenn sie sich in Richtung einer hermeneutischen Theologie bewegt, wird dennoch nicht zu einer alternativen Theologie, die der von Barth entgegensteht, da sie sich nämlich innerhalb der Bahnen von Barths Auffassung der Offenbarung bewegt und diese weiterhin voraussetzt.[43] Damit ist ein Unterschied und auch eine eingebaute Spannung gegeben, aber solange sich Miskottes Programm nicht verselbstständigt, führt diese Spannung nicht zu Explosionen.

In der Zwischenzeit interpretiert Miskotte die *Kirchliche Dogmatik* in einer Weise, die seinem eigenen theologischen Programm in höchstem Maße zugutekommt. Dies hat er insbesondere in seinem Artikel „Die Erlaubnis zu schriftgemäßem Denken" zum Ausdruck gebracht.[44] Das Kapitel über die

43 Jan Muis, *Openbaring en interpretatie. Het verstaan van de Heilige Schrift volgens K. Barth en K.H. Miskotte*, 's-Gravenhage 1989, bes. 477–505.

44 Miskotte, *VW2* (Anm. 2), 196–220. Vgl. Langeweg, *Gesetz und Evangelium* (Anm. 14).

Wirklichkeit Gottes, das im Januar 1940 erschien, empfand Miskotte als eine ausgesprochen „israelitische“ Gotteslehre, die ihn zur Entfaltung des göttlichen Namens im *Bijbels ABC* von 1941 anregte. Dabei dehnte er die Gedankengänge Barths in seine eigene Richtung aus. Wo Barth sich beispielsweise von der scholastischen Tradition distanziert, die das *Operari* (Handeln) aus dem *Esse* (Sein) ableitet und von einem göttlichen „Sein-in-der-Tat“ spricht, findet Miskotte darin eine Anerkennung der ‚primitiven‘ Denk- und Lebensform, die sich auch phänomenologisch im biblischen Israel nachweisen lässt. Barth nahm dies zur Kenntnis, war davon überrascht und bereichert,[45] hatte es aber selbst sicherlich nicht so gedacht und gesagt. Ein weiteres Beispiel ist Barths Umkehrung, nicht mehr bei der Behandlung der unmittelbaren Eigenschaften Gottes zu beginnen, um dann die mitteilbaren Eigenschaften folgen zu lassen, sondern die „Vollkommenheiten der Freiheit Gottes“, wie die göttliche Allmacht, aus den „Vollkommenheiten der Liebe Gottes“ heraus und als deren Qualifikation verstehen zu wollen. Miskotte kommt daraus im *Bijbels ABC* zu Recht zu dem Schluss: „Die Allmacht, von der die heilige Lehre spricht, beugt uns also nicht unter ein X Schicksal“, sondern „bedeutet die Allmacht *dieses* Gottes, also eine besondere Art von Macht über das All, die wir nicht aus dem Universum selbst, sondern aus Ihm kennengelernt haben: Sie ist im Heilsgeheimnis mit enthalten“.[46] Miskotte interpretiert damit Barths Überlegungen stark antischolastisch. Als wir jedoch vor einigen Jahren auf einer Barth-Tagung auf dem Leuenberg in einer Arbeitsgruppe den entsprechenden Abschnitt von Barth lasen, hatten die heutigen Studenten große Schwierigkeiten mit der Art und Weise, wie Barth das von der (vor allem reformierten) Scholastik überlieferte Konzept der Allmacht von innen heraus korrigiert. Beeindruckt vom Adagium der Nachkriegstheologie, dass „nur der leidende Gott helfen kann“, kam ihnen der Verweis auf das Kreuz als Schlüssel zum Verständnis des allmächtigen Wissens und Willens Gottes – auf der letzten Seite von Barths Abhandlung – viel zu spät. Barth arbeitet sich mit langen Umwegen dorthin vor, und dafür fehlt vielen inzwischen die Geduld. Miskotte ließ sich intuitiv nicht von all den Umwegen ablenken,

45 Miskotte, *VW2* (Anm. 2), 471 (Dankesbrief Barths vom 12. Juli 1956). Barth fügt hinzu: „Für mich hat sich das Leben gelohnt, wenn es mir gelungen ist, einem Menschen Ihres Kalibers so viel zum Nachdenken und zum Ausdruck zu bringen zu geben.“

46 Kornelis Heiko Miskotte, *Bijbels ABC*, Utrecht [8]2016, Kapitel 5: „De orde der deugden Gods“ (Die Ordnung der Tugenden Gottes), Absatz 6. 2016 erschien die achte Auflage, eine Ausgabe innerhalb der *Verzameld Werk (Gesammelte Werke)* ist in Vorbereitung. Barths Behandlung der göttlichen Allmacht findet sich in *KD II/1*, 587–685.

und das macht den wegweisenden Charakter seiner Lesart aus. Gleichzeitig ließ er (und vielleicht auch die dominante Nachkriegstheologie) damit eine Reihe von Problemen außer Acht, die für Barth durchaus vorhanden waren. Ein drittes Beispiel ist der Begriff der *simplicitas Dei*, der Einfachheit Gottes. In seiner Antrittsvorlesung von 1945 wollte Miskotte zeigen, wie relevant Barths Ansatz hier im Unterschied zur scholastischen Tradition ist.[47] Einfachheit, das heißt: Der eine Gott lässt sich nicht aufteilen in einen außerhalb Christi und einen in Christus bekannten Gott oder in einen Gott des Gesetzes und einen Gott des Evangeliums; mit der ersten Barmer These ist jede Doppelbuchhaltung hier abzulehnen. Auf phänomenologischem Wege vergleicht Miskotte den Umgang mit der *simplicitas* in der Scholastik (anhand von Thomas von Aquin) und die Erneuerung in der Herangehensweise an die Lehre, die Barth einführt. Dabei lässt er jedoch die dogmatische Frage der Scholastik, nämlich wie alle Eigenschaften Gottes als an sich unendlich und in ihm vereint dennoch zusammen existieren können, ohne dass die Gottheit zu einem schweren kosmischen Schwarzen Loch wird, in dem alle konkreten Bestimmungen verschwinden, völlig außer Acht, während diese Frage für Barth durchaus auch relevant war.[48]

Wie schon im *Bijbels ABC* weist Miskotte auch im zweiten Teil seines großen Werks *Als de goden zwijgen*[49], „Zeugnis und Auslegung", darauf hin, dass hier „die Inhalte und Aspekte der heiligen Texte in der Eigenheit der (westlich ausgedrückten) ‚Gotteslehre' zusammenlaufen", d. h. in der Methode des Namens.[50] Auch hier ist also die *Kirchliche Dogmatik II/1* entscheidend, und zwar in ihrer Anwendung auf die Lesart des Alten Testaments. Hinzu kommt noch Barths Lehre über Gottes Zeit und unsere Zeit, wie sie über verschiedene Bände verteilt ausgearbeitet wird, denn der eine Name schafft auch die Einheit der Zeiten. Die Methode des Namens bedeutet, dass sich in all den so unterschiedlichen Zeugnissen immer wieder der Eine offenbart, der mit dem

---

47 Kornelis Heiko Miskotte, De praktische zin van de eenvoud Gods, in: *Verzameld Werk*, Deel 9: *Theologische opstellen*, verzorgd door J. T. Bakker en H. C. van der Sar, Kampen 1990, 295–318. Barths Behandlung der Einheit Gottes findet sich in *KD II/1*, 495–517.

48 Vgl. Rinse H. Reeling Brouwer, „Deze is een en enig. Over de taak de singulariteit van de Naam te respecteren" (Oratie 05.10.2012), https://www.rinsereelingbrouwer.nl/deze-is-een-en-enig/.

49 Kornelis Heiko Miskotte, *Als de goden zwijgen,* Amsterdam 1956, fotomechanisch nachgedruckt in: *Verzameld Werk*, Deel Bd. 8, Kampen: Kok 1983. Die deutsche Übersetzung erschien 1963 in München unter dem Titel: *Wenn die Götter schweigen. Vom Sinn des Alten Testaments.*

50 Miskotte, *Als de goden zwijgen* (Anm. 49), Vorwort.

unaussprechlichen Tetragramm bezeichnet wird und später mit dem Namen Jesus Christus identifiziert werden kann[51], und dass alle Aussagen über die Gottheit daran gemessen werden müssen. Die Lehre von der Zeit bedeutet, dass in diesem einen Ereignis der Menschwerdung des Wortes, in dem Gott Zeit für uns zu haben scheint, alle anderen Geschichten, die ebenfalls von diesem einen Ereignis zeugen, enthalten sind, auch die von Moses und den Propheten. Von Franz Rosenzweig lernte Miskotte, auf den durch und durch anthropomorphen Charakter der Zeugnisse Israels zu achten – bis hin zum Ärgerlichen geht dieser Gott in das Leben seines Volkes hinein – und dies, in Kombination mit dem Kohlbrügge-Erbe, das er von Haus aus mitbekommen hatte, veranlasste ihn, gerade das Alte Testament als eine Sammlung von Büchern zu lesen, die in hervorragender Weise von der Menschwerdung des Wortes zeugen. Nun taucht erneut das oben erwähnte Spannungsfeld auf: Für Rosenzweig beruht nämlich die These vom menschenähnlichen Charakter des Gottes Israels sowohl auf einer (auch philosophisch nachvollziehbaren) Lehre von der Offenbarung als auch auf einer Lebens- und Erfahrungsphilosophie. Die Frage ist, ob Barth eine solche Erweiterung seiner christologischen Konzentration für legitim gehalten hätte. Aber wie sich gezeigt hat: Wir wissen es nicht, denn einerseits ließ Barth sich von Miskotte nicht zu einer Lektüre, geschweige denn zu einem Gespräch über Rosenzweig verleiten, und Miskottes Fragen an ihn aus den 1930er Jahren, ob seine christologische Lesart des Alten Testaments mehr sein könne als das Aufzwingen eines Schemas von außen auf die alttestamentlichen Texte und ob es für ein Verständnis Christi aus diesen Texten heraus nicht auch notwendig sei, den Beitrag der jüdischen Seite zu würdigen, haben vielleicht später eine gewisse, aber sicherlich keine vollständige oder vollständig zufriedenstellende Antwort gefunden. Andererseits hat Miskotte es versäumt, auf dogmatischer Ebene zu begründen, wie das alttestamentliche Zeugnis von der „Menschlichkeit Gottes" und auch das Motiv der „Wohnung Gottes inmitten der Unreinheiten seines Volkes" (Ex 40,35; Lev 16,16) sich zum binären und trinitarischen Sprachgebrauch der Evangelisten und Apostel (Joh 1,14) verhalten, auf dem das spätere trinitarische Dogma basiert. So bleiben unvollendete Linien, unvollendete Gedankengänge, Schwellen bestehen, an denen Miskotte in seinem Gespräch mit Barth offenbar Halt gemacht hat und an denen auch Barth selbst aus eigener Initiative nicht weitergehen wollte oder

51 Miskotte, *Bijbels ABC* (Anm. 46), Kapitel 3 „Naam", § 3.

konnte. So bleiben Hausaufgaben für spätere Generationen. Ob wir wohl in der Lage sind, diese Hausaufgaben zu erledigen ...?

Niels van Driel

Ferne Freunde?

Orthodox-Reformierte und Barth[1]

Barth erlangte in den Niederlanden große Popularität und gewann viele Anhänger, jedoch wurde seine Theologie nicht überall geschätzt. In bestimmten Kreisen überwog die Kritik und dies blieb auch lange Zeit so. Anschauliche Beispiele hierfür sind die hervormd-gereformeerde Bewegung in der Nederlandsche Hervormde[2] Kirche und die kleinen Christelijk Gereformeerde Kerken[3]. Die Entwicklung in diesen Kreisen ist interessant. Weiter „rechts" fehlte diese Kritik. Außerdem gab es hier kaum eine Rezeption Barths. Dieser Beitrag beleuchtet, wie hervormd-gereformeerde und christelijk-gereformeerde Kreise auf den einflussreichsten Theologen des 20. Jahrhunderts reagierten.[4]

Wer waren sie? Die Christlich-Reformierte Kirche (ab 1947: Kirchen) beanspruchte für sich, die Fortsetzung des gleichnamigen Kirchenverbands zu sein, der sich 1892 mit den Kirchen vereinigt hatte, die Abraham Kuyper in der Doleantie gefolgt waren. Die Hervormd-Gereformeerden gehörten zur

1 Ursprünglich unter dem Titel „Verre Vriend? Orthodox-gereformeerden en Barth" auf niederländisch erschienen in: George Harnick/Dirk van Keulen (Hg.), *De receptie van Karl Barth in Nederland* (Ad Chartas-Reeks 35), Amersfoort 2022, 125–137. Die Übersetzung fertigte Corneli Vinke an; auch einige erklärende Fußnoten stammen von ihr.

2 Die Hervormde Kerk (niederländisch: Nederlandse Hervormde Kerk) war die im 16. Jahrhundert entstandene reformierte Volkskirche der Niederlande, die bis ins 19. Jahrhundert eine staatlich bevorzugte Stellung innehatte und 2004 in der Protestantse Kerk in Nederland (PKN) aufging. (Ergänzung Corneli Vinke).

3 Die Christelijke Gereformeerde Kerken (CGK) entstanden im 19. Jahrhundert in den Niederlanden aus Abspaltungen der Nederlandse Hervormde Kerk im Zuge innerkirchlicher Auseinandersetzungen um Lehre und Bekenntnis. Als freikirchliche, staatlich nicht bevorzugte Gemeinschaft verstehen sie sich als Fortsetzung der reformierten Orthodoxie außerhalb der früheren Volkskirche. (Ergänzung Corneli Vinke).

4 Ausführlicher: Cornelis M. van Driel, *Het volk zonder applaus. De receptie van Karl Barth in hervormd-gereformeerde en christelijk-gereformeerde kring*, Barneveld 2014.

orthodox-pietistischen Strömung, die nach der Kirchenspaltung[5] (1834) und der Doleantie[6] (1886) innerhalb der Hervormden Kirche selbst wieder an Stärke gewann. Der Kern dieser hervormd-gereformeerden Bewegung war der Gereformeerde Bond.[7]

Zahlenmäßig bildeten sie um 1920 relativ kleine, aber stark geführte Gruppierungen in den kirchlichen Niederlanden. Vermutlich gab es damals einige hunderttausend dieser Hervormd-Gereformeerden und einige zehntausend Christelijk Gereformeerde. Kirchlich verfolgten sie unterschiedliche Wege: Die Hervormd-Gereformeerden bewegten sich mühsam, aber mit Überzeugung innerhalb der Hervormden Kerk Kirche, die Christelijke Gereformeerden hatten sich schon lange davon verabschiedet. Sie hatten sich in einem selbständigen Kirchenverband organisiert und wuchsen bis Mitte der 1960er Jahre stetig auf über 66.000 Mitglieder an.[8]

Trotz der völlig unterschiedlichen kirchlichen Strömungen lässt sich die Rezeptionsgeschichte von Barths Theologie in beiden Kreisen sehr gut miteinander verbinden. In ihrem unterschiedlichen kirchlichen Umfeld waren sie nämlich in vielerlei Hinsicht das Spiegelbild voneinander. Sowohl die Christelijk-Gereformeerden als auch die Hervormd-Gereformeerden orien-

---

5 Die Kirchenspaltung von 1834 bezeichnet den Austritt reformierter Gemeinden aus der Nederlandse Hervormde Kerk in Reaktion auf theologische Liberalisierung und staatliche Einflussnahme. Die Bewegung gilt als Beginn der freikirchlichen reformierten Tradition in den Niederlanden (Ergänzung Corneli Vinke).

6 Die Doleantie war eine kirchliche Abspaltung von 1886 unter Führung Abraham Kuypers innerhalb der Nederlandse Hervormde Kerk. Sie richtete sich gegen die als liberal empfundene Kirchenleitung und führte zur Bildung der Nederduits Gereformeerde Kerken, die sich 1892 mit der Christelijke Gereformeerde Kerk zur Gereformeerde Kerken in Nederland vereinigten (Ergänzung Corneli Vinke).

7 Der Gereformeerde Bond wurde im Jahr 1906 als Vereinigung innerhalb der Nederlandse Hervormde Kerk gegründet und verstand sich als reformiert-orthodoxe Bewegung (Ergänzung Corneli Vinke).

8 Die besten allgemeinen Informationen über die Hervormd-Gereformeerden in dem behandelten Zeitraum finden sich in Jan van der Graaf (Hg.), *Beproefde trouw. Vijfenzeventig jaar Gereformeerde Bond in de Nederlandse Hervormde Kerk*, Kampen 1981; John Exalto/Fred van Lieburg (Hg.), *Bonders in opmars. Hervormd-gereformedeen 1890–1960*, Apeldoorn 2015; über die Christelijk-Gereformeerden: M. Drayer/W. van 't Spijker/J. H. Velema, *En toch niet verteerd. Uit de geschiedenis van de Christelijke Gereformeerde Kerken sinds 1892*, Kampen 1982; Willem van 't Spijker u. a. (Hg.), Een eeuw christelijk-gereformeerd, Kampen 1992; Cornelis M. van Driel, *Consolidatie en crisis. De Christelijke Gereformeerde Kerk tussen 1918 en 1945*, Barneveld 2018.

tierten sich ständig am Kurs der reformierten Kirchen, entweder indem sie sich davon leiten ließen oder indem sie sich dagegenstellten.

Die 1920er und 1930er Jahre: gemischte Reaktionen

Während einerseits in kirchlich-reformierten Medien heftig gegen Barth polemisiert wurde und sich andererseits zahlreiche Hervormde für ihn einsetzten, findet sich in hervormd-gereformeerden und christelijk-gereformeerden Kreisen jahrelang praktisch nichts von dieser ganzen Diskussion wieder. Als in der zweiten Hälfte der dreißiger Jahre erstmals ausführlicher über Barths Theologie geschrieben wird, spürt man noch die Reserviertheit gegenüber diesem Thema. Der Amsterdamer christelijk-gereformeerde Pfarrer G. Salomons (1890–1975) begründete sein langes Zögern, in „De Wekker" eine Artikelreihe über Barth zu schreiben, mit Zweifeln, ob dies für die Leserschaft von Nutzen sei. In den Gereformeerde Kerken gab es nämlich einen Leserkreis, „der in seiner Entwicklung weit über unsere Menschen hinausgeht". In der letzten Folge betonte er noch einmal, dass er selbst nicht mehr als ein „Miniaturtheologe" sei. Hatte er Barth überhaupt verstanden?[9] Salomons wies indirekt auf eine Schwachstelle des christelijk-gereformeerde Pfarrerkorps hin: Die Theologische Schule in Apeldoorn bildete keine Allround-Theologen aus, konnte dies auch nicht.

Zwar hatten die Hervormd-Gereformeerden im Vergleich zu den Christelijk-Gereformeerden deutlich weniger Theologen von Format in ihren Reihen, doch waren sie zahlenmäßig deutlich stärker entwickelt als die Christelijk-Gereformeerden. Darüber hinaus waren sie Teil der breiten Hervormden Kirche. Während Barth von den Christelijk-Gereformeerden erst 1929 in einer ausführlichen Rezension einer reformierten Publikation erstmals erwähnt wurde, gab es von den Hervormd-Gereformeerden bereits früher Reaktionen.

Diese ersten Reaktionen zeichnen sich vor allem durch eine interessierte Offenheit aus. Anlässlich von Haitjemas Buch über Karl Barth bekräftigte Pfarrer M. van Grieken (1875–1949), Vorsitzender des Gereformeerde Bond und Herausgeber von „De Waarheidsvriend"[10], dass es die Berufung jedes

9 *De Wekker* (DW), 14. August 1936 und 5. Februar 1937.

10 „De Waarheidsvriend" ist das offizielle Blatt des Gereformeerde Bond in der Protestantse Kerk in Nederland (PKN). Es erschien erstmals im Jahr 1909 und behandelt seitdem geistliche, kirchliche und gesellschaftliche Themen im Zeichen reformierter Orthodoxie (Ergänzung Corneli Vinke).

Theologen sei, seine Position gegenüber Barth zu bestimmen: „Es sei uns gesagt!“[11] Pfarrer J. G. Woelderink (1886–1956) hielt am 8. September 1927 vor der Hervormd-Gereformeerden Predigervereinigung einen Vortrag, in dem er zeigte, dass er Barths Römerbrief studiert und verstanden hatte. Der Vortrag zum Thema Glaube und Erkenntnis war Teil seines lebenslangen Kampfes gegen Subjektivismus und Passivität in hervormd-gereformeerden Kreisen. Woelderink bekämpfte diese Gefahren mit Zitaten von Barth.[12]

Die ersten Reaktionen aus den christelijk-gereformeerden Kreisen vermitteln den Eindruck, dass die führenden Theologen der erstgenannten Kreise Barth von Anfang an mit bereits kritisch gewordenen kirchlich-reformierten Augen gelesen haben, wobei der Ton noch ablehnender ist als in ihren Inspirationsquellen. Bei den Hervormd-Gereformeerden fehlt jeder Verweis auf kirchlich-reformierte Veröffentlichungen über Barth. Möglicherweise wurden sie gelesen, aber die Begegnung mit Barth ist davon nicht unmittelbar geprägt. In den 1930er Jahren sollte sich dies ändern.

1932 reagierte Van Grieken kritisch auf den Aufstieg, den Barth und Brunner in reformierten Kreisen erlebten: „Es gibt einige, die viel in den Werken von Barth und Brunner lesen, aber nur selten in der Institutio von Calvin. Wir halten dieses Phänomen für bedenklich. Wie ein reformierter Mann so von Barth schwärmen kann, ist mir nicht klar.“[13] Offenbar nahmen führende Personen bei den Hervormd-Gereformeerden in ihren Reihen eine Offenheit und Wertschätzung für Barth wahr, die sie eindämmen wollten.

Im Laufe der 1930er Jahre nahmen Barths Bekanntheit und Einfluss rapide zu. Ein wichtiger Faktor dabei war Barths Widerstand gegen den Nationalsozialismus. Selbst der christelijke-gereformeerde Professor und Chefredakteur J.J. van der Schuit (1882–1968), der Barth oft kritisierte, äußerte sich in diesem Zusammenhang einmal implizit positiv über ihn.[14] Großzügiger war „De Waarheidsvriend“, der Barth als Kämpfer gegen „eine fast übermächtige Mehrheit“ Deutscher Christen würdigte, „für die Deutschland an erster Stelle und das Christentum an letzter Stelle steht“.[15]

11 *De Waarheidsvriend* (DWv) 18. Juni 1926.

12 Jan G. Woelderink, Geloof en bevinding, in: *Onder eigen Vaandel* 3 (1928) 11–29, auch enthalten in der Ausgabe Verbond en bevinding (1974).

13 *DWv*, 21. Februar 1932. Vgl. Hugo Visscher, in: *Gereformeerd Weekblad*, 21. November 1931; 11. Juni 1932.

14 *DW*, 11. August 1933.

15 *DWv*, 27. Juli 1933.

In der ersten Hälfte der 1930er Jahre waren die Reaktionen auf Barth weiterhin gemischt. Anlässlich von Barths Vorlesungsreihe in Utrecht (1935) äußerte Van Grieken erneut zurückhaltende Kritik am „lebhaften deutschen Professor", doch insgesamt war seine Reaktion keineswegs ohne Sympathie. Er räumte ein, dass das Ganze von „einer belebenden Luft in den hohen Bergen" durchdrungen sei.[16] Bei den Christelijk-Gereformeerden äußerte sich der breit aufgestellte orientierte Militärseelsorger H. Janssen (1872–1944) respektvoll. Er erklärte offen, dass er sich freuen würde, wenn Barth ein Jahr lang in den Niederlanden lehren würde:

> „Wir können von Barth noch einiges lernen. Wir sollten nicht immer sagen: Wir haben Kuyper und Bavinck. Diese Menschen haben doch die theologische Entwicklung nicht eingeschränkt? Auch nicht für die reformierte Theologie? Wir müssen uns vor theologischer Verarmung hüten und dafür sorgen, dass wir nicht zu viel philosophische Theologie bekommen. Und wir dürfen auch nicht in die Gewässer der religiösen Psychologie geraten. Die große Bedeutung Barths liegt für uns darin, dass er das ‚Wort Gottes' wieder ernst nimmt und dass dies für ihn das theologische Prinzip ist, aus dem er seine Theologie aufbaut."[17]

Janssen fand Barth erstaunlich originell in seiner theologischen und christologischen Sichtweise auf die großen theologischen, ethischen, kirchlichen und staatsrechtlichen Fragen. Der Armeeseelsorger war empfänglich für Barths Beitrag: „Für uns steht fest, dass Gott uns durch diesen Mann [...] eine Botschaft übermittelt". Barths Kampf in Deutschland war nicht nur für dieses Land von Bedeutung, sondern für ganz Europa.[18]

Ausschließlich kritisch nach 1936

Nach dem Jahr 1935 und auch noch dem Januar 1936, in denen einerseits wohlwollendere Stimmen zu Barth als je zuvor und andererseits heftige Kritik zu vernehmen waren, schlug die Bilanz bald in Richtung Negativität um. Nachdem G.C. Berkouwer mit seinem Werk „Karl Barth" (1936) dazu beigetragen hatte, ein Verständnis für Barths Lehren zu entwickeln, erschienen die ersten Artikelreihen in hervormd-gereformeerden und christelijk-gereformeerden Zeitschriften. In hervormd-gereformeerden Kreisen gab der

16 *DWv*, 18. April und 5. September 1935.

17 *DW*, 1. Februar 1935.

18 *DW*, 24. und 31. Januar 1936.

Utrechter Professor J. Severijn (1883–1966) mit sehr kritischen Artikeln den Ton an.[19] Informationen in „De Wekker" stammten aus der Feder von Pastor Salomons, der sich in vierzehn Folgen mit Barths Person und Werk befasste.[20] Es handelt sich um die klarsten, fairsten und aufschlussreichsten Artikel, die in den Vorkriegsjahren in hervormd-gereformeerden und christelijk-gereformeerden Kreisen Barths Theologie gewidmet waren. Sie waren auch die verständnisvollsten. Obwohl Salomons unmissverständlich erklärte, „sehr große Vorbehalte" gegenüber Barths Theologie zu haben, unterschied sich der Ton seiner Artikel deutlich von dem Van der Schuits.

Auch Salomons' Haltung gegenüber Barth änderte sich jedoch. Im Jahr 1939 veröffentlichte er nach Barths Besuch in den Niederlanden eine neue Artikelreihe, die sich speziell mit dessen umstrittenen Ansichten zur Kindertaufe befasste.[21] Barth vertrat die Ansicht, dass die Kindertaufe nicht exegetisch begründet werden könne und man lediglich Geduld üben müsse, bis die kirchlichen Organe diesbezüglich eine Änderung vorgenommen hätten. Salomons schrieb, er sehe keinen Grund, sich über Barths Sichtweise der Kindertaufe zu wundern. Dies sei „eine völlig konsequente Folge" seines Systems, in dem der Gnadenbund nicht „der bleibende Weg Gottes zum Leben" sei. Aus den plötzlichen Eingriffen und Durchbrüchen Gottes in ein Menschenleben folge bei Barth nämlich keine wechselseitige Beziehung zwischen Gott und Mensch. In seiner Theologie wanderte Gott nicht mit seinem Volk, daher gab es auch keine Bundes- und Offenbarungsgeschichte in den Geschlechtern.[22] Auch in christelijk-gereformeerden Kreisen wurde Barth in der zweiten Hälfte der 1930er Jahre zwar etwas später, aber letztendlich doch auf ganzer Linie abgelehnt.

In ihrer Kritik schlossen sich christelijk-gereformeerde und hervormd-gereformeerde Theologen in den Vorkriegsjahren eng an Theologen aus den Gereformeerden Kirchen an. Allerdings legten sie eigene, untereinander ähnliche Schwerpunkte. Ein erstes Unterscheidungsmerkmal gegenüber den kirchlich-reformierten Theologen besteht darin, dass sie sich in Barths

19 Siehe eine Reihe im *Gereformeerd Weekblad*, die am 9. Februar 1935 begann und bis Januar 1936 fortgesetzt wurde.

20 *DW*, 28. August 1936.

21 Salomons, Karl Barth und die Kindertaufe, in: *DW*, 26. Mai, 2., 9. und 16. Juni 1939. Siehe zu diesem dritten Besuch: Cornelius C. den Hertog, „Hat der Herr Ihnen aufgetragen, den Holländern eine solche Botschaft zu überbringen?" Karl Barths Besuch in den Niederlanden im Frühjahr 1939, in: *Trajecta* 24 (1/2015), 121–144.

22 *DW*, 9. Juni 1939.

Kritik an den reformierten Prinzipien wiedererkannten, weil sie darin eine Rechtfertigung für ihre eigenen Einwände gegen die Mentalität „wir haben es und wir wissen es“ sahen.[23] Ein zweiter eigener Schwerpunkt besteht darin, dass Hervormd-Gereformeerde und Christelijk-Gereformeerde sich in Barths Theologie stärker am Einfluss der Philosophie störten. Prof. H. Visscher (1864–1947) sprach immer wieder von „philosophischer Theologie“ und philosophischen Spekulationen. Ein dritter eigener Akzent war, dass die kirchlich Reformierten darauf hinwiesen, dass aus Barths starker Betonung der Transzendenz Gottes ein Mangel an Pneumatologie folgte. Es gab keinen Platz für Themen wie Wiedergeburt, Glaubensbindung und Heilsgewissheit.[24] Während die kirchlich-reformierten Christen dies jedoch nur am Rande erwähnten, konnten die Hervormd-Gereformeerden und die Christelijk-Gereformeerden kaum aufhören, darüber zu diskutieren.

1940–1951: Neuer Modernismus

Mit Bedauern stellte ein hervormd-gereformeerder Pastor fest, dass es im Zweiten Weltkrieg Mode wurde, Barthianer zu sein, während in den Jahren nach der Befreiung der Durchbruch des Barthianismus „enorm groß“ war.[25] Tatsächlich war diese Zeit bis etwa 1951 die Blütezeit des Barthianismus in den Niederlanden. Aus orthodox-reformierten Kreisen gab es daher zahlreiche Reaktionen. Das Ergebnis dieser kritischen Haltung war, dass Barth in den Gemeinden den Ruf des „Teufels“ erlangte.[26]

Die alten Vorreiter Van der Schuit und Severijn suchten genau wie vor dem Krieg die Konfrontation. Dafür konnten sie sich nach wie vor von kirchlich-reformierten Theologen inspirieren und mit Argumenten versorgen lassen. Ihre neueste Qualifizierung des Barthianismus entnahmen sie jedoch dem amerikanischen neocalvinistischen Apologeten C. van Til, der 1946 ein umfangreiches Buch über The New Modernism veröffentlichte, und

23 *DW*, 30. Oktober und 20. November 1936; *De Vaandrager*, 3. November 1937.

24 Siehe beispielsweise Jan Hoek, *Karl Barth*, Kampen 1929, 27; Gerrit C. Berkouwer, *Karl Barth*, Kampen 1936, 175; 197–198; 282.

25 Jan van der Haar, *Enkele hoofdpunten uit de leer van Karl Barth*, Huizen o. J. [1951], 5.

26 Feststellung A. Jonkers (1926–1995), *Protokoll der gemeinsamen Kammerversammlung Voetius vom 1. Dezember 1949*, Archiv GTSV Voetius.

seinem niederländischen Pendant, dem Philosophen und Theologen S. U. Zuidema.[27]

Severijn und Van der Schuit folgten in ihrer Barth-Interpretation vollständig der Linie von Van Til-Zuidema. Severijn ließ sich davon für seine Broschüre gegen Barths Theologie inspirieren, „Vragen van tijd en eeuwigheid" (Fragen von Zeit und Ewigkeit, 1948), wie allein schon der Untertitel „Bezwaren tegen het nieuw-modernisme" (Einwände gegen den Neomodernismus) belegt. In seiner Rezension übernahm auch Van der Schuit ohne weitere Begründung, dass der Barthianismus eine neue Form des Modernismus sei.[28]

Unter den jungen Menschen traten bei den Christelijk-Gereformeerden vor allem Van der Schuits Schüler J. H. Velema (1917–2007) und J. van Genderen (1923–2003) hervor. Im Jahr 1946 veröffentlichte der Kandidat Van Genderen in „Ons Jeugdblad" eine achtteilige Reihe über „Karl Barth und seine Theologie". Van Genderen war der Überzeugung, dass es für christelijk-gereformeerde Jüngere ratsam sei, sich angesichts des enormen direkten und indirekten Einflusses von Barth in Kirche, Gesellschaft und Politik zu informieren.[29] Am Schultag 1948 berichtete Velema in der mit mehreren tausend Menschen gefüllten Loolaankerk in Apeldoorn der Kirchengemeinde ausführlich über die aktuellen Formen des Kampfes der Geister, den er mit einem damals treffenden Bild als Frontverschiebungen charakterisierte.

Barth, dessen Werk Velema während der Kriegsjahre Stunde um Stunde studiert hatte, war für ihn „der große Schweizer Theologe", dessen Theologie von „einer ungeheuren Denkkraft" zeugte.[30] Auch Van Genderen wusste sehr wohl, dass Barth „eine große Persönlichkeit" war. Sowohl Velema als auch Van Genderen kritisierten nach diesem Lob den Inhalt von Barths Theologie. Van Genderen zufolge sollte man ihn nicht als Propheten darstellen, und die Verleihung des Status eines Kirchenvaters des 20. Jahrhunderts sei eine zu große Ehre.[31]

Ähnlich wie bei den Hervormd-Gereformeerden entstand eine nicht ganz vollständige Zweiteilung. Anders als Van Til-Zuidema äußerte Berkou-

---

27 Sytse U. Zuidema, Het nieuwe modernisme (Der neue Modernismus), in: *Mededeelingen van de Vereeniging voor Calvinistische Wijsbegeerte*, Dezember 1946, 2–3.

28 *DW*, 25. Juni 1948.

29 *Ons Jeugdblad*, 17. August und 30. November 1946.

30 Erinnerung in Velemas In Memoriam von Barth in *Tijdsein*, 23. Januar 1969, 9; Frontverschiebungen ... aber der alte Kampf (Naarden 1948), 10.

31 *Ons Jeugdblad*, 17. August und 30. November 1946.

wer weiterhin grundlegende Kritik aus theologisch-inhaltlichen Gründen, war aber inzwischen immer mehr davon überzeugt, dass Barths dialektische Krisentheologie wirklich Theologie sein wollte, und zwar „eine Theologie der Gnade". Barth zu kritisieren schloss nicht aus, dass man auch etwas von ihm lernen konnte, und auf jeden Fall wurde man ihm mit der Reduzierung seiner Theologie auf einen alles beherrschenden göttlichen Vorbehalt und die Distanz zwischen Gott und Mensch nicht gerecht.[32] Ein Unterschied zu Van der Schuit bestand darin, dass die jungen Theologen ausdrücklich darauf hinwiesen, dass Barth die notwendigen Veränderungen durchlaufen hatte, auch wenn sie diese nicht für wesentlich hielten. J. H. Velema blieb beim Neomodernismus, sein jüngerer Bruder W. H. Velema (1929–2019) und Van Genderen neigten eher zu Berkouwers Ansatz. Auch sie äußerten sich jedoch nicht weniger kritisch über Barth als Van der Schuit.

Unter den reformierten Jüngeren machte sich vor allem Severijns ehemaliger Student, Pfarrer J. van der Haar (1917–2001), unter anderem in „Enkele hoofdpunten uit de leer van Karl Barth" (Einige Kernpunkte aus der Lehre von Karl Barth, 1951) bemerkbar. Mehr noch als bei den Christelijk-Gereformeerden richteten sich die Angriffe der Hervormd-Gereformeerden speziell gegen Barths ausführlich ausgearbeitete Prädestinationslehre in seinem Werk KD II/2 (1942).

Eine abweichende Meinung vertrat Woelderink, für den Barth letztendlich zu einer wichtigen Inspirationsquelle wurde. Deshalb distanzierte er sich ausdrücklich von der „Hetzkampagne" gegen Barth.[33] Severijns „Vragen van tijd en eeuwigheid" (Fragen von Zeit und Ewigkeit) kritisierte er als „einen machtlosen Trompetenstoß gegen den sogenannten Barthianismus", der falsch dargestellt worden sei.[34] Woelderink selbst wollte übrigens nicht als Barthianer bezeichnet werden. Als großen Einwand gegen dessen Prädestinationslehre führte er an, dass die Realität und die Kontinuität des Glaubenslebens in Gefahr gerieten. Die weitreichendste Konsequenz von Barths Prädestinationslehre war sogar, dass die Notwendigkeit der Glaubensentscheidung relativiert wurde. Diese Kritik entsprach voll und ganz dem spezifisch hervormd-gereformeerden und christelijk-gereformeerden Kritikpunkt an Barth in der Vor- und Nachkriegszeit. Wie andere Her-

32 Siehe die Zitate bei Dirk van Keulen, *Bijbel en dogmatiek. Schriftbeschouwing en schriftgebruik in het dogmatisch werk van A. Kuyper, H. Bavinck en G.C. Berkouwer*, Kampen 2003, 392–393

33 Jan G. Woelderink, *De uitverkiezing*, Delft 1951, 11.

34 *Einigkeit des Glaubens*, 14. Mai 1948.

vormd-Gereformeerde kritisierte Woelderink Van Niftriks Einsicht, dass man auf einen Schuss Pietismus in der Predigt nicht verzichten könne, als völlig unzureichend.[35]

Rund um Berkouwers „Triomf der Genade“ (1954)

Um 1951 trat die Barth-Rezeption in eine neue Phase ein, was damit zusammenhing, dass die Mitte-Orthodoxie[36] gleichzeitig mit dem großen Erfolg der Annahme der neuen Kirchenordnung ihren Höhepunkt zu überschreiten begann. Hier und da in den reformierten Kirchen begannen Theologen, Barth positiver zu sehen. Christelijk-gereformeerde und hervormd-gereformeerde Theologen nahmen dies kritisch zur Kenntnis.[37] Mit großem Interesse nahmen auch sie Berkouwers „De triomf der genade in de theologie van Karl Barth“[38] zur Kenntnis, eine Studie, die als sehr respektable, wohlwollend-kritische Analyse und Würdigung von Barths Theologie bekannt wurde.[39] Darauf konzentrierte sich in den fünfziger Jahren die sich wandelnde Barth-Rezeption.

In verschleierten Worten distanzierte sich Berkouwer von seinem Buch über Karl Barth aus dem Jahr 1936. Dies entging Van der Schuit nicht. In Berkouwers neuer Studie verblasste die scharfe Antithese. „Der Triumph der Gnade“ war ein großartiges Buch, aber auch ein gefährliches Buch für diejenigen, die nicht gut unterscheiden konnten. In einigen Punkten äußerte Van der Schuit ausdrücklich Kritik. Besonders mit dem Titel hatte er Schwierigkeiten. Dahinter hätte ein großes Fragezeichen stehen müssen. Er wollte sich nicht auf Berkouwers prägnante Charakterisierung von Barths Theologie einlassen. Wer Barth nicht kannte, würde sich aufgrund des „Klangs der Worte“ fragen, was man als reformierter Theologe gegen Barth haben könnte. Van der Schuit hingegen stellte fest, dass „christozentrisch“ und „Gnade“

---

35 Jan G. Woelderink, *De Uitverkiezing*, Delft 1951, 33; 38; 72–74.

36 Die Midden-Orthodoxie bezeichnete nach dem Zweiten Weltkrieg den gemäßigten Hauptstrom innerhalb der niederländischen Hervormde Kirche, der zwischen den Konfessionell-Gereformeerden Strömungen und der freizügigen Linken stand. (Ergänzung Corneli Vinke).

37 *Ons Jeugdblad*, 21. März 1953; *DWv*, 15. Januar 1953.

38 Gerrit Berkouwer, *De triomf der genade in de theologie van Karl Barth*, Kampen 1954. Die deutsche Übersetzung erschien 1957 in Neukirchen-Vluyn unter dem Titel: *Der Triumph der Gnade in der Theologie Karl Barths*.

39 Siehe die verschiedenen Bewertungen bei Dirk van Keulen, *Bijbel en dogmatiek* (Anm 32), 407.

in der Bibel so bedeutungsschwere Begriffe seien, „dass Barths Theologie ihnen nicht das Wasser reichen kann, geschweige denn, dass diese Theologie im Glanz des Triumphs der Gnade gefeiert werden kann“. Van der Schuit fand es bemerkenswert, dass in dem Buch ein Kapitel über den Triumph des Wortes in Barths Theologie fehlte. Spielte die Schrift in seiner Theologie nicht nur eine untergeordnete Rolle?[40]

Der hervormd-gereformeerde Severijn reagierte frühzeitig auf „Der Triumph der Gnade“. Er bezeichnete das treffend betitelte Buch als „gelungenen Versuch“, das Grundmotiv von Barths Theologie aufzuzeigen. Severijn stimmte Berkouwer sogar zu, als dieser vor allem mit Blick auf Van Til bemerkte, dass man Barths Theologie nicht aus philosophischen Annahmen heraus nachträglich rekonstruieren dürfe. Severijn wollte jedoch anmerken, dass Barth Anlass zu einem solchen Missverständnis gegeben habe. Glücklicherweise hatte Berkouwer auch ein Auge für „die philosophischen Annahmen, die in Barths Theologie das Licht des Evangeliums verdunkeln können und dies auch tun“. Mehrfach wies er kurz darauf hin, wo Barth die Grenzen der Offenbarung überschritt. Severijn wollte selbst noch einmal darauf zurückkommen, aber inzwischen war er Berkouwer für sein wichtiges Buch sehr dankbar.[41] Einige Zeit später reagierte Severijn viel kritischer, vielleicht weil Woelderink sich inzwischen geradezu begeistert über „De triomf“ geäußert hatte.[42]

Ausführlich äußerte sich unter den Hervormd-Gereformeerden Pastor H. Jonker (1917–1990), der spätere kirchliche Professor in Utrecht. Anlässlich von Berkouwers Buch würdigte er ausdrücklich den Fortschritt in Barths Denken. Der neue Barth war weniger philosophisch geprägt als der des Römerbriefes. In seinen extremen Positionen hatte er sich gemildert, auch wenn man nicht von einer prinzipiellen Verschiebung sprechen konnte. Wer im Auge behielt, dass Berkouwer eine fachkundige Einführung in das dogmatische Gebäude geben wollte, das Barth errichtet hatte, warf ihm nicht vor, grundlegende Fragen wie den Offenbarungsgedanken, die Schriftbetrachtung und das Verhältnis zwischen Gott und Mensch außer Acht gelassen zu haben. Jonker hatte also Verständnis für das Weglassen der Prolegomena. Gleichzeitig war er damit nicht zufrieden, denn er fuhr mit der Frage fort, ob diese Grundlagen nicht doch eine so wichtige Rolle spiel-

40 *DW*, 21. Januar 1955.

41 *DWv*, 23. Dezember 1954.

42 *Eenigheid des Geloofs*, 8. April 1955. Vgl. Huibrecht J. C. C. J. Wilschut/Jan G. Woelderink, *Om de „vaste grond des geloofs“*, Heerenveen 2000, 513.

ten, dass sie in dem Buch stärker zum Ausdruck hätten kommen müssen. Dadurch wirkte Berkouwers Kritik schwach. Die Struktur von Barths theologischer Denkweise, die unter anderem von der Schriftbetrachtung und dem Offenbarungsgedanken geprägt war, unterschied sich bei Barth von der Berkouwers. Jonker hätte gerne gesehen, wie Barths theologisches „Apriori der Priorität" Jesu Christi mit seiner Schriftbetrachtung und seinem Offenbarungsgedanken zusammenhing und welche Konsequenzen dieser Prioritätsgedanke für die Auslegung der Schrift hatte.[43]

Jonker unternahm selbst den Versuch, den Unterschied zwischen Barth und Berkouwer zu erfassen: Barth theologisiere jesuzentrisch und dialektisch, Berkouwer theozentrisch und historisch. In der Ausarbeitung kam dieser Unterschied in den Ausgangspunkten am deutlichsten zum Ausdruck: Bei Barth ruhte die Schöpfung in der Erlösung, und die Entscheidung war längst gefallen, so dass ein historischer Fall und eine Versöhnung nur Offenbarung der Übermacht der Gnade in der Geschichte sein konnten. Barths monistisches Denken aus einer christozentrischen Perspektive mit einer dialektischen Struktur stand einem stufenweisen historischen und theozentrischen Denken bei Calvin und Berkouwer gegenüber. In Barths Überlegungen zur übermächtigen Gnade verlor die Macht der Sünde ihr biblisches Gewicht. Jonker blieb unklar, warum er aus Sicht der Barthianer nicht die Schlussfolgerung ziehen durfte, dass ihr Lehrer zu einer Allversöhnung gelangte, die „in Barths Aussagen verborgen" sei. Jonker plädierte gegenüber Barths spekulativem Denken für ein schriftgemäßes Denken.[44]

Jonker konnte sich mit einem anderen Ton gegenüber Barth durchaus identifizieren. Barth hatte sich gemäßigt und das erforderte einen gemäßigteren Ansatz. Jonker war der Meinung, dass Berkouwers eigener reformierter Standpunkt in „De triomf der genade" deutlich zum Ausdruck kam.[45] Inzwischen konnte Jonker jedoch keine grundsätzliche Veränderung bei Barth feststellen. Deshalb äußerte er sich weiterhin kritisch und zeigte sich unzufrieden mit einem Mangel in Bezug auf die Grundlagen in „De triomf der genade".

Nach Erscheinen von Berkouwers zweitem Barth-Buch nahmen die Reaktionen in hervormd-gereformeerden und christelijk-gereformeerden Kreisen an Häufigkeit und Heftigkeit ab. Der allgemeine Trend in der Theolo-

43 Hendrik Jonker, Berkouwer über Barth, in: *Ad Fontes* 3 (1955), 65–67.

44 A.a.O., 68–70.

45 A.a.O., 65.

gie ging dahin, dass Barths Einfluss nachließ, und hervormd-gereformeerde und christelijk-gereformeerde Theologen spürten dies. Für sie war er definitiv nicht mehr der Gegner schlechthin. Selten wurde Barth in der kirchlichen Presse noch ein ganzer Artikel gewidmet. Wenn dies doch geschah, war der Ton kritisch, aber Barth wurde nicht niedergemacht. Van Til geriet dank Berkouwer in Ungnade. Seine Bezeichnung „Neo-Modernismus" starb einen leisen Tod.

Berkouwers „Triumph" war unter Hervormd-Gereformeerden und Christelijk-Gereformeerden aber keineswegs vollständig. Sein Triumph war nicht zufriedenstellend, auch wenn das Buch Bewunderung hervorrief. Auch die Progressiven jener Zeit lehnten Barth weiterhin strukturell ab, und zwar in deutlicheren Worten als Berkouwer.

Milde und Wertschätzung nach Barths Tod

In den sechziger Jahren erlebten die Niederlande drastische Veränderungen, nachdem zuvor bereits die Keime für diese Entwicklungen gesät worden waren. Diese stürmischen Entwicklungen gingen auch an Kirche und Theologie nicht vorbei. Eine Flut von Existenztheologie, Gott-ist-tot-Theologie und Revolutionstheologie überrollte auch die Niederlande. Es herrschte eine Kakophonie unterschiedlicher Stimmen, zwischen denen Barths Stimme kaum noch zu hören war. Ihre Gemeinsamkeit bestand lediglich in der Meinung, dass Barth weitgehend passé sei. Barth wurde mitgeteilt, dass er Geschichte geschrieben habe, nun aber selbst Geschichte geworden sei.[46] Eine neue moderne Theologie entstand.

Als sich im Laufe der sechziger Jahre der Prozess der „Neuorientierung" mit neomodernistischen Zügen in den reformierten Kirchen fortsetzte, beobachteten die Hervormd-Gereformeerden und die Christelijk-Gereformeerden dies mit großer Besorgnis. Die Jüngeren unter ihnen folgten Berkouwer weiterhin mit Interesse und Sympathie. Gleichzeitig forderten sie ihn immer nachdrücklicher auf, eine kritischere Haltung gegenüber der neuen Theologie einzunehmen.[47] Die Annäherung an die reformierten Kirchen begann sich in kritische Distanz zu verwandeln.

46 Vgl. Eberhard Busch, *Karl Barths Lebenslauf. Nach seinen Briefen und autobiographischen Texten*, München 1975, 482.

47 Vgl. Willem H. Velema in *DW*, 11. Dezember 1964 und 8. Januar 1965; Jan vany Genderen in *DW*, 27. Januar 1967 und 2. August 1968; Cornelis Graafland in *ThR* 16 (1973), 345.

Angesichts des Aufkommens des neuen, radikalen Modernismus erschien die Einstufung von Barths Theologie als Neomodernismus, die viele hervormd-gereformeerde und christelijk-gereformeerde Theologen in der Tradition von Van Til jahrelang verwendet hatten, etwas lächerlich. Dennoch kam Barth für seine alten Kritiker nicht ganz ungeschoren davon, was die Entstehung des neuen Modernismus betraf. Einige, darunter C. Graafland (1928–2004), leiteten aus Barths Verallgemeinerung der Gnade ab, dass er damit unbeabsichtigt der neuen Theologie in die Hände gespielt habe.[48]

Der neue Modernismus wurde jedoch vor allem zum entscheidenden Faktor für eine mildere Beurteilung. Die Gedenkartikel anlässlich von Barths Tod zeugen davon. Nach Barths Tod brachten die jungen Leute, ohne ihre bleibenden Vorbehalte aufzugeben, unmissverständlich ihren Respekt für ihn zum Ausdruck. J. H. Velema erklärte ausdrücklich, dass er aufgrund der theologischen Verschiebungen milder über Barth zu denken begonnen habe. Der spätere Barth war für ihn auch akzeptabler als der junge Barth. Nun, da Barth verstorben war, fiel es nicht schwer, seine Größe anzuerkennen. Er hatte etwas zu sagen gehabt, auch wenn man nicht mit ihm übereinstimmte. Ein Großer im Reich der Geister und der Theologie war von uns gegangen. Nach Kuyper war es Barth gewesen, der das kirchliche Leben in den Niederlanden geprägt hatte.[49]

Auch die Hervormd-Gereformeerden blieben nicht untätig. Anlässlich von Barths achtzigstem Geburtstag hatte ihm Pastor L. Kievit (1918–1990) in „Theologia Reformata“ sogar schon gratuliert. Darin kam zum Ausdruck, dass Barth ihm entschieden sympathischer war als „die neue Theologie“.[50] Nach Barths Tod fügte der Verfasser des Presseüberblicks in „De Waarheidsvriend“ den übernommenen Nachrufen hinzu, dass Barths Theologie Gott Gott sein lassen wollte und den Menschen auf seine Gnade als einzigen Weg zur Erlösung verwies. In dieser Hinsicht sollte sein Vermächtnis nicht im Museum verstaut werden. Zu schätzen war auch, dass die Heilsereignisse bei Barth Heilsereignisse blieben.[51] Jonker lobte Barth sogar als „den wahrscheinlich größten Theologen dieses Jahrhunderts, angesichts des Umfangs seines Werks und der Kraft seines theologischen Denkens in seiner ganzen

48 Cornelis Graafland, In memoriam Karl Barth, in: *Wapenveld* 18 (12/1968), 148–149, bes. 149; P. Koeman, in: *ThR* 12 (1969), 28.

49 *DW*, 20. Dezember 1968; *Tijdsein*, 23. Januar 1969.

50 Leendert Kievit, in: *ThR* 9 (1966), 88–89.

51 *DWv*, 19. Dezember 1968 und 9. Januar 1969.

Breite und Tiefe".[52] Graafland wollte „mit großer Dankbarkeit seinen Namen weiterhin nennen, weil er uns mittelbar in den Reichtum der Offenbarung Gottes eingeführt hat".[53]

Schlussfolgerungen

Der rote Faden in den Reaktionen der hervormd-gereformeerden und christelijk-gereformeerden Theologen auf Barths Theologie ist die Kritik. Soweit damals und später eine gewisse Wertschätzung vorhanden war, hatte diese drei Ursachen. Erstens erkannten einige Theologen die Bedeutung Barths für den Bruch mit der Bewusstseinstheologie des 19. Jahrhunderts, demgegenüber er wieder für Gottes Offenbarung eingetreten sei. Solange der Kontext, in dem Barth theologisierte, nicht der ihre war, spielte dies jedoch kaum eine Rolle. Zweitens gab es die angespannten Beziehungen vor allem zwischen christelijk-gereformeerden und kuyperianischen Theologen. Erstere erkannten sich in Barths Kritik an der Mentalität vieler kirchlich-reformierter Theologen wieder. Drittens gab es bei den Hervormd-Gereformeerden und den Christelijk-Gereformeerden Sympathie für Barths Betonung der Glaubensgrundlage des Wortes. Der Gläubige fand keinen Halt in Zeichen, sondern nur in der Verheißung des Evangeliums, die in Jesus Christus Ja und Amen war. Dass auch bei Barth alles Menschliche aus den Händen genommen wurde, rief eine gewisse Anerkennung hervor. Im Kampf gegen den subjektivistischen Pietismus in den Gemeinden war Calvin der Inspirator par excellence. Implizit gingen jedoch Impulse von Barth aus, auch über Noordmans und Miskotte, die in den sechziger Jahren ausdrücklich genannt wurden.

Insgesamt blieb Barths Theologie weit von den hervormd-gereformeerden und christelijk-gereformeerden Theologen entfernt. In zu vielen konkret benennbaren Punkten, insbesondere in Bezug auf Offenbarung, Schrift, Erwählung und fehlende Pneumatologie, distanzierte sich Barth in seiner Version der reformierten Theologie von der Theologie der drei Formeln der Einheit. In der Herangehensweise an Barths Theologie, auch durch die jüngeren Generationen, blieb eine kritische Konstante bestehen, wenn diese aus der eigenen Glaubenstradition heraus betrachtet wurde. Als sie jedoch in den 1960er Jahren ihre Isolation weitgehend hinter sich gelassen hatten

52 Hendrik Jonker, *Leve de kerk. Over hedendaags kerkewerk*, Nijkerk 1969, 69.

53 Graafland, In memoriam Karl Barth (Anm. 48), 149.

und das agnostische und antiorthodoxe Klima wirklich zu spüren bekamen, erkannten sie zumindest Barths Bedeutung in der Theologiegeschichte voll und ganz an. Der Ton einiger Nachrufe ist trotz aller wiederholten Kritik überraschend mild, wohlwollend und wertschätzend.

Bis in die 1990er Jahre hinein blieb die Haltung der Hervormd-Gereformeerden und der Christeljik-Gereformeerden gegenüber Barths Theologie überwiegend stark ablehnend. Ein anschauliches Beispiel dafür sind die Radiovorträge, die der Evangelische Rundfunk in Barths hundertstem Geburtsjahr ausstrahlte und in denen Theologen aus diesen Kreisen „theologisch im Wesentlichen einen anderen Weg" einschlugen.[54]

Seit der Jahrtausendwende zeigt sich auch in Hervormd-gereformeerden und christelijk-gereformeerden Kreisen eine zunehmende Wertschätzung. In den Themenausgaben über Barth von „Kontekstueel" (2008) und „Theologia Reformata" (2011) wird er sogar gewürdigt. Anlässlich des 50. Todestages von Barth widmete Prof. J. Hoek (1950) Ende 2018 diesem „Theologen von bleibender Bedeutung" mehrere Artikel. Ohne die Kritik früherer Geistesverwandter abtun oder für irrelevant halten zu wollen, äußerte er die Ansicht, dass es seiner Meinung nach viel von Barth zu lernen gebe.[55] Hervormd-gereformeerde und christelijk-gereformeerde Kreise sind zu ihrer gemischten Wertschätzung aus der Anfangszeit der Barth-Rezeption zurückgekehrt.

54 Wie Andries G. Knevel, Visie op Karl Barth, in: *Soteria* 4(4/1987), 8 schrieb.

55 *DWv* 6. und 13. Dezember 2018. Vgl. Mart-Jan Paul/Jan Hoek, *Een stem uit de hemel. Gods spreken in de Bijbel en in onze tijd*, Apeldoorn 2021, 300–303.

Niels den Hertog

Cum maxima reverentia, sed non sine aliqua differentia

Die Barth-Rezeption von J. Koopmans

1. Einleitung

Im Karl-Barth-Archiv in Basel wird auch die Bibliothek von Barth aufbewahrt. Unter den Büchern von Barth befindet sich ein Exemplar von Koopmans' Buch über das niederländische Glaubensbekenntnis aus dem Jahr 1939.[1] Koopmans (1905–1945) hat das Buch offenbar Barth geschenkt, denn auf der Innenseite des Einbands steht in seiner charakteristischen Handschrift eine Widmung: „Cum maxima reverentia, sed non sine aliqua differentia" – mit größter Hochachtung, aber nicht ohne eine gewisse Differenz. In diesen acht Worten bringt er seine Beziehung zum Schweizer zum Ausdruck. Im Folgenden werde ich untersuchen, worin die Hochachtung bestand und wo Koopmans die Unterschiede sah. Dazu werde ich die Beziehung zwischen den beiden mehr oder weniger chronologisch nachzeichnen. Dies werde ich vor allem anhand von Schriften von Koopmans tun.[2] Dabei ist es nicht möglich, alle Stellen zu behandeln, an denen Koopmans Barth erwähnt. Ich werde mich auf die Passagen konzentrieren, die etwas von den Punkten sichtbar machen, über die sie miteinander gesprochen haben.[3]

1 Für eine Beschreibung von Koopmans' Leben siehe Niels den Hertog, *Het spreken van de kerk in de theologie van dr. J. Koopmans*, Utrecht 2018, 41–102.

2 In den Schriften von Barth wird Koopmans nur an einer Stelle erwähnt, nämlich in Karl Barth, *Die kirchliche Lehre von der Taufe* (Theologische Studien 14), Zürich 1943, 30.

3 Aus diesem Grund wird hier weder J. Koopmans' Rezension des von D. Tromp herausgegebenen Sammelbandes niederländischer Barthianer, De openbaring der verborgenheid, in: *Eltheto* 89 (1934–1935), 236–247, noch seine Besprechung von *Kirchliche Dogmatik* I/2 in *De Nederlander* vom 3. Juni 1938 berücksichtigt. Der Schlusssatz dieser Rezension ist jedoch bezeichnend für den Grundton der gesamten Besprechung: „Dieses Buch ist ein Geschenk Gottes an seine Kirche."

2. Koopmans als Student und Pfarrer

Die erste erhaltene Veröffentlichung von Koopmans bietet bereits reichlich Stoff zum Nachdenken. Es handelt sich um einen kurzen Artikel aus dem Jahr 1927, der im *Algemeen Weekblad voor Christendom en Cultuur* erschien und den kurzen Titel „Karl Barth“ trägt.[4] Koopmans ist gerade einmal 21 Jahre alt, als der Artikel erscheint. Er ist damals Theologiestudent in Utrecht und hatte Barth während dessen zweitem Besuch in den Niederlanden gehört.[5] Bei diesem Besuch hatte Barth Leiden und Utrecht besucht – Orte, die er 1926 nicht hatte besuchen können – und an beiden Orten hatte er zwei Vorträge gehalten, nämlich „Rechtfertigung und Heiligung“[6] und „Das Halten der Gebote“[7]. Koopmans blickt in seinem Artikel zurück und gibt einen Eindruck davon, was Barth zum Ausdruck gebracht hat. Er lobt ihn dafür, dass er „mit der Kraft eines Zeugen“ „gegen alles Bürgerliche und gegen alles Spiel“ auftrat. Es ist die „ehrfurchtgebietende Ernsthaftigkeit“ Barths, die ihn anspricht. Bewunderung also, aber Koopmans hat auch eine Frage: „Es liegt auf der Hand, dass es für eine Theologie wie die Barths äußerst schwierig sein wird, den Weg zu einer Ethik zu finden, die sowohl eine echte Ethik ist als auch die Verbindung zur Theologie bewahrt.“ Die Frage erinnert an das, was Noordmans bei Barths Besuch 1926 vorgebracht hat und was auch andere in den Niederlanden fragten: Hat Barth ein Auge für das christliche Leben oder verdrängt die scharfe Dialektik letztendlich das Leben?[8]

---

4 Jan Koopmans, Karl Barth, in: *Algemeen Weekblad voor Christendom en Cultuur*, 8 April 1927.

5 Zu diesem Besuch vgl. Eberhard Busch, *Karl Barths Lebenslauf nach seinen Briefen und autobiographischen Texten*, München 1976, 190; siehe auch Karl Barth an Eduard Thurneysen, in: *Karl Barth – Eduard Thurneysen, Briefwechsel*, Bd. II: 1921–1930, bearbeitet und herausgegeben von Eduard Thurneysen, Zürich 1974, 489–493.

6 Karl Barth, *Vorträge und kleinere Arbeiten 1925–1930* (GA III), hg. von H. Schmidt, Zürich 1994, 57–98.

7 A.a.O., 99–139.

8 Zu Noordmans vgl. Susanne Hennecke, *Karl Barth in den Niederlanden*. Teil 1: *Theologische, kulturelle und politische Rezeptionen (1919–1960)*, Göttingen 2014, 121–158; Karel Blei, *Noordmans. Een inleiding met kernteksten*, Kampen 2010, 80f. Aus reformierter Sicht wurde die Kritik insbesondere von Gerrit C. Berkouwer in einer Artikelserie formuliert; vgl. dazu den genannten Titel von Hennecke, 207–223. Siehe ferner Marten E. Brinkman, *De theologie van Karl Barth: dynamiet of dynamo voor christelijk handelen. De politieke en theologische kontroverse tussen Nederlandse Barthianen en neocalvinisten*, Baarn 1983, bes. 24–35; dort auch die bibliographischen Angaben zur Artikelserie. Zur weiteren reformierten Kritik vgl. George Harinck, „Naar Duitschland trekken om gedachten te

1928 tritt Koopmans in den Pfarrdienst ein und Elkerzee in Zeeland ist seine erste Gemeinde. In den Artikeln, die aus diesen Jahren erhalten geblieben sind, kommt der Name Barth nicht oft vor. Aber hier und da kommt der Einfluss von Barth zum Vorschein. So gibt es einen Bericht über einen Vortrag, den Koopmans vor der NCSV über christliche Ethik gehalten hat. Koopmans verlagert – so der Bericht – „die Sinngebung der Tat aus der Weltanschauung in das Evangelium. Nicht unser Denken gibt der Tat Sinn, sondern Gottes Gedanken über uns machen die Welt zweifelsfrei klar".[9] Auffällig ist, dass Koopmans hier seine Zweifel aus dem Jahr 1927 nicht mehr erwähnt, sondern inzwischen selbst dialektische Töne anschlägt, wenn es um Ethik geht.

Ende 1931 zieht Koopmans nach 's Heer Hendrikskinderen. In dieser zweiten Gemeinde hat er mehr Raum für eigene Studien. Innerhalb der Klassis[10] entwickelt er sich zu jemandem, der die theologische Reflexion unter seinen Kollegen anregt. Während der ersten Sitzung des Rings Goes, an der er teilnimmt, – einer halbjährlichen Versammlung der hervormden[11] Pfarrer des Bezirks – beantragt er die Wiedereinführung der Praxis, dass einer der Kollegen während der Sitzung einen Vortrag hält. So wird es beschlossen.[12] Am 7. Oktober 1935 ist er selbst an der Reihe, einen Vortrag vor seinen Kollegen zu halten. Er spricht über „Die Schweizer Theologie in den Niederlanden". Die Protokolle der Sitzung berichten leider nur, dass „aufmerksam" zugehört wurde und dass dem Redner für „die praktische und lebendige Art und Weise, in der er uns die Schweizer Theologie nähergebracht hat", gedankt wurde.[13] Auch wenn der Inhalt seines Vortrags nicht mehr nachvollziehbar ist, geht aus Artikeln von ihm aus dem Jahr 1935 klar hervor, dass Koopmans inzwischen mit großer Zustimmung über die Theologie

---

leenen." De vroege receptie van de theologie van Karl Barth in Nederland (1919–1926), in: *Nederland en Duitsland in het interbellum*, Hilversum 2003, 189–206.

9 E. C. M. Schreuder, Eenige indrukken van de N.C.S.V.-V.C.S.B.-Konferenz vom 14.–16. Januar 1930, in: *Eltheto* 84 (1929–1930), 180–183, hier 182f.; vgl. Jan Koopmans, *Het leven als daad* (1929), in: *Onder het Woord. Verzamelde opstellen*, zusammengestellt und eingeleitet von K.H. Kroon, Amsterdam 1949, 50–65, bes. 62f.

10 Einem Pfarrkonvent vergleichbar.

11 Die Nederlandse *Hervormde Kerk* war die im 16. Jahrhundert entstandene reformierte Volkskirche der Niederlande, die bis ins 19. Jahrhundert eine staatlich bevorzugte Stellung innehatte und 2004 in der *Protestantse Kerk in Nederland* (PKN) aufging.

12 Protokolle des Kirchenrings Goes vom 9. Mai 1932. Die Protokolle des Kirchenrings befinden sich im Zeeuws Archief in Middelburg.

13 Protokolle des Kirchenrings Goes vom 7. Oktober 1935.

Barths sprach.[14] Das gibt Anlass zu der Annahme, dass er seine Kollegen auf die Ernsthaftigkeit von Barths Theologie hingewiesen haben wird, die aus der Frage der Predigt hervorgegangen war. In einem kurzen Artikel in *Hervormd Amsterdam* schrieb er unter anderem:

> „Wir sind das, was Gott von uns sagt. Und Gott tut alles mit seinem Wort, er schafft, verurteilt und vergibt. […] Natur, Vernunft und Gewissen sind keine Anknüpfungspunkte für die Beziehung zwischen Gott und Mensch. Gott tut alles mit seinem Wort. Wir haben einen sprechenden Gott. Darin liegt seine Barmherzigkeit."[15]

Hier klingt derselbe Akzent an, den er 1931 während der NCSV-Konferenz gesetzt hatte, aber darüber hinaus wird deutlich – in der Verwendung eines Wortes wie Anknüpfungspunkt und der Ablehnung von Natur, Vernunft und Gewissen als solche –, wie der Kurs der *Bekennenden Kirche* in Deutschland Spuren in Koopmans' Umgang mit Barths Theologie zu hinterlassen beginnt. Wo er als junger Student noch nach dem Raum für ein christliches Leben innerhalb von Barths Theologie gefragt hatte, übernimmt er nun dessen Theologie unverändert.

3. Die Dissertation

Das bedeutet nicht, dass Koopmans keine Fragen mehr an Barth hatte, was sich zunächst bei der Veröffentlichung seiner Dissertation im Januar 1938 zeigt. Der Dissertation sind zwanzig Thesen beigefügt, und die 16. lautet wie folgt:

> „Zu Recht sagt Karl Barth: ‚Die Gottheit ist der Menschheit Christi nicht so immanent, dass sie ihr nicht auch transzendent bliebe.' Zu Unrecht fährt Barth jedoch fort: ‚[…] nicht so, dass ihre Immanenz aufhörte, ein Ereignis ganz im Sinne des Alten Testaments zu sein: immer wieder ein Neues, ein von Gott her in bestimmten Begebenheiten wirklich Werdendes.'"[16]

14 Vgl. Jan Koopmans, Karl Barth in het Leidstersblad, in: *Onder het Woord*, 118–124, sowie Jan Koopmans, Iets over Karl Barth, in: *Hervormd Amsterdam* vom 29. Juni 1935. Der Beitrag für das *Leidstersblad* wurde von der Redaktion der Zeitschrift nicht veröffentlicht, ist jedoch von Kroon in seine Edition der Aufsätze Koopmans' aufgenommen worden.

15 Ebd.

16 KD I/1, 341.

Es handelt sich um eine These, die viel Raum für Spekulationen lässt und sich auch nicht unmittelbar aus Koopmans' Forschung ergibt. Was könnte Koopmans' Argument gewesen sein? Es ist klar, dass er dem ersten Teil der These Barths zustimmt. Tatsächlich handelt es sich hier um eine Formulierung des *extra calvinisticum*. Koopmans hat jedoch Schwierigkeiten damit, dass Barth anschließend in einer aktualistischen Weise über die beiden Naturen spricht: Die Immanenz der göttlichen Natur bleibt immer wieder ein „Ereignis", so Barth. In dem Exkurs, in dem Koopmans die beanstandeten Sätze gefunden hat, distanziert sich Barth von den Theologen, die aufgrund der Lehre von der Menschwerdung des Wortes die Aufmerksamkeit auf den Menschen Jesus lenken, als sei er ein Weisheitslehrer oder die Verkörperung der Idee der Religion. Auf der Grundlage des Alten Testaments betrachtet Barth dies als eine Profanierung. Ihm geht es um die Freiheit Gottes. Aber ist das Wort dann wirklich Fleisch geworden, scheint Koopmans' Frage zu sein. Oder ist Jesus ein Mensch, der von Zeit zu Zeit von Gott besucht wird und nur in diesen Momenten die beiden Naturen in sich vereint? Die Realität der Menschwerdung – und damit des Wirkens Christi – steht dann auf dem Spiel. Vielleicht hat Koopmans an die Darstellung von Calvins Umgang mit der Lehre von den zwei Naturen gedacht, wie er sie in seiner Dissertation vorgestellt hat.[17] Dort zeigt er, dass für Calvin die Menschwerdung Christi eine „Tat Gottes" war und dass der Reformator aus diesem Grund den biblischen Ausdruck „Gott offenbart im Fleisch" der Formel von Chalcedon vorzieht. Diese Formel läuft nämlich – ebenso wie die Rede von der *communicatio idiomatum* – Gefahr, in einem statischen Sinne verstanden zu werden, so dass nicht mehr klar ist, dass es sich um eine Offenbarung Gottes handelt, also um eine Tat Gottes. Koopmans schließt sich Calvin in dessen Zögern an, statisch über das Verhältnis der zwei Naturen zu sprechen, aber die Lösung von Barth ist ihm vermutlich zu radikal. Bei Calvin steht zwischen der göttlichen und der menschlichen Natur Christi die *unio hypostatica* als ein freier Akt des Sohnes Gottes, so Koopmans. Vermutlich meint er, dass er aus dieser Überlegung heraus Barths Absicht gerecht werden kann, ohne in der Christologie auf eine aktualistische Rede zurückzugreifen.

17 J. Koopmans, *Het oudkerkelijk dogma in de reformatie, bepaaldelijk bij Calvijn*, Wageningen 1938, 83–87.

4. Die Heilige Taufe

Der Punkt von Anfang 1938 bleibt insofern etwas unscharf, weil nicht ganz klar wird, worin der Einwand von Koopmans besteht. Mit späteren Fragen von Koopmans an Barth ändert sich dies. Anfang 1939 veröffentlichte Koopmans eine kleine Studie über die Taufe.[18] Anhand des klassischen reformierten Taufformulars erörterte er die Bedeutung der Taufe und ging auch auf Einwände gegen die Kindertaufe ein. Dabei bezog er sich nicht nur auf die Einwände aus der Zeit der Reformation – der Entstehungszeit des Taufformulars–, sondern auch auf die „neueste Zeit", womit er offenbar auf die Fragen anspielte, die Barth inzwischen zum theologischen Recht der Kindertaufe gestellt hatte.[19] In einem Brief an Barth kündigte Koopmans sein Büchlein an und schloss mit den Worten: „Sie werden es wohl sehen, wenn es herauskommt [...] und was herausgekommen ist."[20] Daraus geht hervor, dass das Büchlein bereits zuvor zwischen ihnen zur Sprache gekommen war und dass beide wussten, dass Koopmans einen anderen Weg einschlagen würde als Barth.

Im Sommer 1938 hatte Barth in einem Seminar die Tauflehre Calvins diskutiert und dabei kritische Fragen zur Begründung der Kindertaufe gestellt. Wie Koopmans Anfang 1939 von Barths Einwänden erfahren hat, lässt sich nicht mit Sicherheit sagen. Soweit ich sehen kann, gibt es zwei Möglichkeiten, die sich nicht gegenseitig ausschließen. Barth besuchte im Sommer 1938 die Niederlande – dazu später mehr – und während seines Aufenthalts sprach er mit einer Reihe niederländischer Theologen, darunter auch Koopmans.[21] Bei diesem Gespräch ging es unter anderem um die Reorganisation

18 Jan Koopmans, *De heilige doop* (*Onze Tijd*), Nijkerk 1939.

19 A.a.O., 46.

20 Koopmans an Barth, 23. Januar 1939.

21 In einem Brief vom 2. Juli 1938 teilt J. Koopmans P. Scholten mit, dass er in der Woche nach dem 10. Juli Karl Barth treffen werde. Der Brief wird im Paul-Scholten-Archiv aufbewahrt, das im Nationaal Archief in Den Haag untergebracht ist. Barth hielt sich im Juli 1938 in Utrecht auf, um Theologen der Bekennenden Kirche zu treffen; vgl. Busch, *Karl Barths Lebenslauf* (Anm. 5), 300f. Während dieses Aufenthalts fand auch ein Gespräch mit niederländischen Theologen statt, an dem Koopmans demnach teilgenommen hat. Vgl. hierzu ferner das um Februar 1939 geführte Interview „Bei Prof. Dr. Karl Barth", *De Stuwdam* 4/24 (1939), in dem Barth sagt: „Ich bin dort [in den Niederlanden, CCdH.] mehrmals gewesen und habe dort sehr viele Freunde. Im vergangenen Sommer hatte ich noch in Utrecht eine Zusammenkunft mit verschiedenen Theologen. Dabei kam auch die Reorganisation der Hervormden Kerk zur Sprache."

der reformierten Kirche (Hervormde Kerk). Viele innerhalb der reformierten Kirche setzten sich schon seit langem für eine Ersetzung der Allgemeinen Verordnung von 1816 ein. Es ist denkbar, dass Barth bei dieser Gelegenheit seine Vorbehalte gegenüber der Kindertaufe zum Ausdruck gebracht hat, die er ja gerade in den Wochen zuvor in seinem Seminar formuliert hatte.[22] Die andere Möglichkeit ist, dass Koopmans von niederländischen Studenten, die in Basel bei Barth studierten, von den Ergebnissen des Seminars gehört hat. A. J. Bronkhorst, mit dem Koopmans während der Arbeit an seiner Dissertation viel Kontakt hatte, studierte in dieser Zeit in Basel, ebenso wie S. F. van Veenen, zu dem Koopmans ebenfalls einen guten Kontakt hatte.[23] Koopmans dürfte daher nicht überrascht gewesen sein, als Barth auf seiner theologischen Tournee durch niederländische theologische Fakultäten im März 1939 die kirchliche Welt der Niederlande in Aufruhr versetzte, indem er auf Nachfrage erklärte, dass das biblische Recht der Kindertaufe seiner Meinung nach schwach sei.[24] Koopmans verteidigte in seinem Buch jedoch ausdrücklich das Recht der Kindertaufe.

In dieser Diskussion ging es um mehr als eine akademische Frage. Ohne hier ausführlich auf die Argumentation von Koopmans oder Barth einzugehen, ist es wichtig, sich vor Augen zu halten, dass beide mit ihrer These Antworten auf unterschiedliche Fragen gaben. Für Barth war es eine große Frage, wie es möglich gewesen war, dass die Kirche in Deutschland in der Konfrontation mit dem Nationalsozialismus so schwach erschienen war. Nach seiner Vertreibung aus Deutschland im Jahr 1935 war ihm klar, dass die konstantinische Ära endgültig vorbei war und dass die Kirche ein neues

22 Im Barth-Archiv befindet sich ein Brief vom 4. November 1938 von Frau A. Tromp-De Jong an Karl Barth, abgedruckt in: Karl Barth, *Offene Briefe 1935–1942* (GA V), hg. von Diether Koch, Zürich 2001, 136. Am Ende dieses Briefes hat ihr Mann D. Tromp noch einige Zeilen hinzugefügt, die in dem genannten Band der Gesamtausgabe nicht mit abgedruckt sind: „Am Schluss etwas ganz Anderes: wäre es auch möglich, dass ich Näheres über Ihre Ansichten betreffs der Kindertaufe, wie Sie die in Ihren Vorlesungen vertreten haben, lesen kann? Wir haben immer gemeint, gerade als Ihre Schüler ganz betont über die Kindertaufe reden zu müssen. Sie werden wohl gute Gründe haben. Ich würde mich freuen, wenn ich das lesen könnte. Wir waren ganz überrascht beim Gespräch." Obwohl nicht mit letzter Sicherheit gesagt werden kann, dass es sich hierbei um das Gespräch aus dem Sommer 1938 handelt, liegt es meines Erachtens nahe, davon auszugehen.

23 J. Koopmans an P. Scholten, 2. Juli 1938.

24 Vgl. hierzu ausführlich meinen Beitrag: Niels den Hertog, „Hat der Herr Ihnen aufgetragen, den Niederländern eine solche Botschaft zu bringen?" Karl Barth's visit to the Netherlands in the Spring of 1939, in: *Zeitschrift für Dialektische Theologie* 38 (1/2022), 107–132.

Verhältnis zur Gesellschaft suchen musste. In der Vergangenheit war dieses Verhältnis viel zu fließend gewesen, wodurch gutes Bürgertum und Christsein eigentlich zu Synonymen geworden waren. Die deutsche Kirche hatte im Kirchenkampf versagt – und Barth führte dies teils auf die Praxis der Kindertaufe zurück. Taufe und Bekenntnis waren in unverantwortlicher Weise voneinander getrennt worden, so dass viele getauft wurden, die nie ein Bekenntnis ablegten. In seinen Überlegungen zur Kirche in der nachkonstantinischen Ära ging Barth von der Taufe aus. Diese sollte nicht länger losgelöst vom Bekenntnis vollzogen werden. Die Zugehörigkeit zur Gemeinde Jesu Christi musste auf einer bewussten Entscheidung des Täuflings beruhen. Die Erneuerung der Kirche, die nach dem Ende des Kampfes gegen Hitler-Deutschland unausweichlich war, musste hier ansetzen.

Koopmans hingegen stellte sich andere Fragen. Von den Niederlanden aus beobachtete er, wie der NS-Staat in Deutschland das Leben der Menschen von Kindesbeinen an bestimmte. Über die *Hitlerjugend* wurden Kinder für den Staat beansprucht, und ein Teil der Erziehung wurde vom Staat übernommen. Die NSB hatte in den Niederlanden den Jeugdstorm (Jugendsturm) gegründet, der mit den Kindern ähnlich umging wie die deutsche Schwesterbewegung. Koopmans schrieb:

> „Welche Bewegung kennt so etwas wie die Kindertaufe – außer […] als schlechte Nachahmung, als Raub des heiligen Gutes der Kirche? Wäre das Fragwürdige, das in den Jugendorganisationen der politischen Parteien liegt, nicht gerade deshalb so fragwürdig, weil es etwas von diesem Raub in sich birgt? Es steht allein Gott zu, Menschen vor ihrer Mündigkeit in Beschlag zu nehmen.“[25]

Damit ist nicht gesagt, dass der Unterschied zwischen den beiden Theologen letztlich mit den Umständen erklärt werden kann – das würde der sorgfältigen theologischen Begründung, die beide gaben, nicht gerecht werden.

Barths Besuch in den Niederlanden im März 1939 hatte aufgrund seiner Ausführungen über die Taufe viel Aufsehen erregt. Das wird auch den niederländischen Studenten in Basel zu Ohren gekommen sein. Aus diesem

25 Vgl. Koopmans, *De heilige doop* (Anm. 18), 6f. Während der Zeit der Besatzung hat Koopmans diesen Gedanken mehrfach wiederholt: in der illegalen Broschüre *Wat wij wel en wat wij niet geloven*, abgedruckt in: Koopmans, *Onder het Woord* (Anm. 9), 303; ferner in seiner 1941 erschienenen Schrift *Wat zegt de Bijbel?*, 51; sowie im ersten Hirtenbrief der Hervormden Synode, der von der Arbeitsgruppe „Kerk en overheid“ entworfen wurde, der Koopmans angehörte; vgl. Hendrik C. Touw, *Het Verzet der Hervormde Kerk* II, ’s-Gravenhage 1946, 49.

Grund wählte A. J. Bronkhorst die Studie von Koopmans als Studienmaterial für einen offenen Abend bei Barth zu Hause in Basel am 23. Mai 1939.[26] Von diesem Abend gibt es einen recht ausführlichen Bericht, in dem wir nachlesen können, wie Barth auf die Einwände von Koopmans reagierte.[27] Angesichts der Tatsache, dass Bronkhorst eng in den Abend involviert war und Koopmans' Büchlein Ausgangspunkt der Diskussionen war, gehen wir davon aus, dass Koopmans diesen Bericht zu Gesicht bekommen hat.

Im Übrigen haben sowohl Kroon als auch Miskotte darauf hingewiesen, dass Koopmans gegen Ende des Krieges – nach der Lektüre von Barths „*Die kirchliche Lehre von der Taufe*"[28] – sich des biblischen Rechtes der Kindertaufe weniger sicher war.[29] Da in seinen veröffentlichten Texten keine Bestätigung für eine solche Wende in seinem Denken zu finden ist, muss es in diesem Zusammenhang mit der knappen Angabe sein Bewenden haben.

5. Die Tulpenfahrten

Kurz nach Barths Besuch in den Niederlanden im März suchte Koopmans ihn Ende April 1939 in Basel auf. Nicht, um über die Taufe zu sprechen – obwohl die in den Niederlanden entstandene Aufregung sicherlich zur Sprache gekommen sein dürfte –, sondern weil er Barth überreden wollte, im Som-

---

26 So der Brief von Ch. von Kirschbaum an J. Koopmans vom 25. Mai 1939. Im Taschenkalender von Barth, der im Karl Barth-Archiv aufbewahrt wird, sind unter dem Datum 23. Mai der Name Bronkhorst und das Wort *Kindertaufe* vermerkt.

27 „Prof. Karl Barth over den kinderdoop. (Een theologisch interview)". Es handelt sich um ein vervielfältigtes Dokument, das – soweit feststellbar – nicht veröffentlicht wurde. Es hat jedoch eine gewisse Verbreitung gefunden, wie die Tatsache belegt, dass Gerrit C. Berkouwer in seinem Buch *Karl Barth und die Kindertaufe*, Kampen 1947, 18f. darauf verweist. Ein Exemplar ist in der Bibliothek der Theologischen Universität Utrecht zugänglich.

28 Barth, *Die kirchliche Lehre von der Taufe* (Anm. 2).

29 K.H. Kroon, Inleiding, in: *Onder het Woord* (Anm. 9), VIII. Kroon merkt an: „Selbst war er in der letzten Zeit, wie er mir einmal bekannte, nicht mehr ganz sicher im Blick auf das, was er mit so großem Nachdruck über die christliche Familie als *ecclesiola in ecclesia* und über die Kindertaufe als rechtmäßige Inanspruchnahme der Kinder von ihrer Geburt an geschrieben hatte." Kornelis H. Miskotte schrieb in *In de Waagschaal* 42 (1947) (zit. nach: *Karl Barth. Inspiratie en vertolking: inleidingen, essays, briefwisseling* [Verzameld Werk Bd. 2], Kampen 1987, 361): „Es erging mir wie dem verstorbenen Dr. Koopmans, der 1939 Barths Argumente so mutig und klar bekämpft hatte, mir aber kurz vor seinem Tod nach der Lektüre von *Die kirchliche Lehre von der Taufe* sagte: ‚Der Boden beginnt mir nun doch sehr heiß unter den Füßen zu werden.'"

mer erneut in die Niederlande zu kommen. Nicht, um weiter mit den Niederländern zu sprechen, sondern um in den neutralen Niederlanden deutsche Theologen der *Bekennenden Kirche* zu treffen. Koopmans war an der Organisation dieser sogenannten „Tulpenfahrten" beteiligt und das Treffen im Sommer 1939 sollte das dritte sein.

Im April 1936 war zum ersten Mal eine solche Konferenz organisiert worden.[30] Mit Barths Ausweisung aus Deutschland im Jahr 1935 hatte die *Bekennende Kirche* nämlich einen wichtigen Anführer verloren und ein Gedankenaustausch mit ihm war in Deutschland nicht mehr möglich; Barth würde nur erneut ausgewiesen und die Teilnehmer eines solchen Treffens würden möglicherweise verhaftet werden. Dennoch gab es von verschiedenen Seiten Signale, dass man den theologischen Dialog mit Barth gerne fortsetzen wollte. Vor allem sein letzter Vortrag in Deutschland über *Evangelium und Gesetz*[31] – den er selbst nicht mehr halten durfte, der aber in seiner Gegenwart von K. Immer vorgelesen wurde[32] – hatte in Deutschland viele Diskussionen ausgelöst. Mit seiner Umkehrung der in der lutherischen Theologie traditionellen Reihenfolge von Gesetz und Evangelium hatte Barth einen empfindlichen Punkt getroffen.

Auf der Suche nach einem geeigneten Ort für ein solches Treffen boten sich die Niederlande an; eine Reise in die Blumenfelder des neutralen Landes würde weniger Aufmerksamkeit erregen als eine Reise in die Schweiz. J. Eijkman und E. van Bruggen halfen von den Niederlanden aus bei der Organisation. Neben Deutschen wurden auch Niederländer eingeladen. Die deutschen Teilnehmer dieser ersten Konferenz wurden unabhängig voneinander zu einem Besuch in den Niederlanden eingeladen, damit in Deutschland kein Verdacht aufkam. Während dieser ersten „Tulpenfahrt" – die vom 13. bis 16. April im Landhaus „Landszegen" in Doorn stattfand und mit einem Ausflug zu den Tulpenfeldern endete – legte H. Asmussen seine Einwände gegen Barths Umkehrung von Gesetz und Evangelium dar und hielt an der traditionellen Reihenfolge fest. In der anschließenden Diskussion ging

30 Vgl. Ger van Roon, *Protestants Nederland en Duitsland 1933–1941*, 152f.; Hartmut Aschermann/Wolfgang Schneider, *Studium im Auftrag der Kirche. Die Anfänge der Kirchlichen Hochschule in Wuppertal 1935 bis 1945*, Köln 1985, 158–160; Jürgen Seim, *Hans Joachim Iwand. Eine Biografie*, Gütersloh 1999, 175f.; Busch, *Karl Barths Lebenslauf* (Anm. 5), 285.

31 Karl Barth, *Evangelium und Gesetz* (Theologische Existenz Heute 32), München 1935.

32 Busch, *Karl Barths Lebenslauf* (Anm. 5), 279.

es hart zur Sache.[33] Wer zu den deutschen Teilnehmern dieser Konferenz gehörte, ist nicht ganz klar.[34] Wer aus den Niederlanden anwesend war, lässt sich ebenfalls nicht genau feststellen. Vielleicht war Koopmans dabei, aber das ist nicht sicher.[35]

Auf diese erste Konferenz folgte 1938 eine zweite.[36] Aus den Niederlanden war der Vorschlag gekommen, Gespräche zum Thema Christologie aufzunehmen, aber Ch. von Kirschbaum hatte am 6. Juni 1938 im Namen von Barth H. Fischer – einem deutschen Pfarrer in Amsterdam, der eng in die Organisation involviert war – mitgeteilt,

> „dass bei einem solchen Zusammensein wie dem geplanten doch nach Möglichkeit *die* Fragen zur Sprache kommen sollten, die heute unmittelbar drängen, und man angesichts der begrenzten Zeit und der höchst fraglichen Wiederholbarkeit eines solchen Gesprächs sehr direkt auf diese Punkte losgehen sollte.“[37]

---

33 Vgl. Gerhard Besier, Die Auseinandersetzung zwischen Karl Barth und Hans Asmussen – ein Paradigma für die konfessionelle Problematik innerhalb des Protestantismus?, in: *Berliner Theologische Zeitschrift* 6 (1988), 103–123, hier 114f.; Hartmut Ludwig, *Ein Ruf nach vorwärts. Zur Entstehungs- und Wirkungsgeschichte der Barmer Theologischen Erklärung*, Berlin 1984, 51, 170.

34 Verschiedene Autoren geben eine Auflistung der Teilnehmer, wobei der eine manchmal Namen nennt, die der andere nicht nennt. Nach Seim, *Hans Joachim Iwand* (Anm. 30), 175 hat auch D. Bonhoeffer „vermutlich“ an der Konferenz teilgenommen. Andere erwähnen seinen Namen nicht. Die Biografie von Bonhoeffer, Eberhard Bethge, *Dietrich Bonhoeffer. Theologe – Christ – Zeitgenosse. Eine Biographie*, Gütersloh 2005[9] , schweigt sich über einen Besuch in den Niederlanden im Jahr 1936 aus. Die „Zeittafel“ über die Jahre 1935–1937 im Anhang von Dietrich Bonhoeffer, *Illegale Theologenausbildung: Finkenwalde 1935–1937*. Herausgegeben von O. Dudzus (u.A.) (Dietrich Bonhoeffer Werke 14), Gütersloh 1996, 1046 lässt zwar im April 1936 etwas Raum, erwähnt jedoch ohne genaue Datierung einen Osterurlaub von Bethge und Bonhoeffer zusammen. Ostern fiel 1936 auf den 12. April. Auf dieser Grundlage erscheint es unwahrscheinlich, dass Bonhoeffer anwesend war.

35 In ihrem Brief vom 25. Mai 1939 an Koopmans, in dem es um die Organisation der Konferenz 1939 ging, gab Ch. von Kirschbaum an, dass Barth erwogen hatte, die Konferenz in die Schweiz zu verlegen, aber dass dies einerseits aufgrund der kurzen Vorbereitungszeit nicht möglich gewesen sei und „zum Anderen läge das wohl auch nicht in Ihrer und Ihrer Freunde Intentionen, die nun zweimal so liebenswürdig die holländische Gastfreundschaft erwiesen.“ Dies kann jedoch auch allgemeiner gemeint sein.

36 Van Roon, *Protestants Nederland en Duitsland 1933–1941* (Anm. 30), 154f.; Hendrik C. Touw, *Het Verzet der Hervormde Kerk I*, Den Haag 1946, 26; Busch, *Karl Barths Lebenslauf* (Anm. 5), 300.

37 Ch. von Kirschbaum an H. Fischer, 6. Juni 1938. Der Brief wird im Karl-Barth-Archiv in Basel aufbewahrt.

Was Barth betraf, so gab es laut demselben Brief drei Themenbereiche, die behandelt werden mussten: Gesetz und Evangelium, Schrift und Bekenntnis sowie Kirche und Staat. So wurde beschlossen. Verschiedene deutsche Theologen wurden gebeten, Thesen für die Gespräche zu liefern. Diesmal fand die Konferenz in Utrecht im „Dykeanum" statt, einem Gebäude der Stiftung „Ruimzicht". Zu Beginn der Tagung stellte sich jedoch heraus, dass keine Thesen eingereicht worden waren, dass darüber hinaus einige Eingeladene trotz ihrer Zusage abgesagt hatten und dass die Teilnehmer aus Deutschland sich im Allgemeinen schlecht vorbereitet hatten. Mehrere deutsche Teilnehmer fühlten sich unwohl, weil sie glaubten, unterwegs Gestapo-Agenten gesehen zu haben. Während der Gespräche wies Barth darauf hin, dass kirchlicher und politischer Widerstand gegen den Nationalsozialismus eng miteinander verbunden sein müssten und dass die Trennung zwischen beiden, wie er sie bei vielen in der *Bekennenden Kirche* beobachtete, theologisch nicht zu rechtfertigen sei. Er hielt den Vortrag, den er kurz zuvor in Liestal und Brugg gehalten hatte und der unter dem Titel „*Rechtfertigung und Recht*" im Sommer in der Reihe „*Theologische Studien*" erscheinen sollte.[38] In diesem Vortrag wollte er an dem Punkt weiterdenken, an dem die Reformatoren seiner Meinung nach stehen geblieben waren: den Implikationen des Evangeliums der Rechtfertigung für die Fragen rund um den Staat.[39] In Barths Beschreibung hatten die Reformatoren in diesem Punkt den christologischen Ansatz ihrer theologischen Erneuerung aus den Augen verloren und damit die Tür für eine allgemein-naturrechtliche Begründung des Staates geöffnet. Barth wollte in diesem Punkt konsequenter sein als die Reformatoren und ausgehend von der Herrschaft Christi über den Staat nachdenken – den er in Anlehnung an G. Dehn und H. Schlier als eine Engelmacht bezeichnete, die, manchmal sogar *nolens volens*, Christus dienen musste.[40] Für den Christen bedeutete dies, dass er, aus der Rechtfertigung heraus lebend, sich nachdrücklich für das Recht und den Rechtsstaat einsetzen musste. Dies war ein Gedanke, der für viele Lutheraner neu war – und schwer zu akzeptieren, da sie an die Zwei-Reiche-Lehre gewöhnt waren, die in der Praxis Kirche und bürgerliche Regierung streng voneinander getrennt hatte.

Ob Koopmans 1938 an der Konferenz teilgenommen hat, lässt sich nicht mit Sicherheit sagen, aber er hat Barth während dessen Aufenthalts in den

38 Karl Barth, *Rechtfertigung und Recht* (Theologische Studien 1), Zollikon–Zürich 1938.

39 A.a.O., 3.

40 Vgl. Gerard C. den Hertog, *De passie van de hoop. Over de samenhang van eschatologie en ethiek*, Zoetermeer 2007, 95–101.

Niederlanden getroffen, wie oben bereits erwähnt. Sehr wahrscheinlich hat er an dem Gespräch teilgenommen, das Barth im Zusammenhang mit dieser Konferenz mit einer Reihe niederländischer Theologen über Fragen der Neuorganisation der reformierten Kirche geführt hat.[41] Koopmans verfolgte mit Interesse den neuen Weg, den Barth in den Fragen rund um Kirche und Staat aufzeigte.[42] Ob er bereits während seines Treffens mit Barth Fragen gestellt hat, ist nicht bekannt. Klar ist jedoch, dass er später in seinem Buch über das niederländische Glaubensbekenntnis einige Fragen formulieren würde. Auf jeden Fall hat Koopmans die Art und Weise, wie Barth die Aufmerksamkeit auf den „Politischen Gottesdienst" lenkte, dankbar begrüßt. Es regte ihn zu eigenen Überlegungen zu Fragen rund um Kirche und Staat an, auch wenn er noch Fragen hatte, wie der folgende Absatz deutlich macht.

1939 wollte man – trotz der Absagen und der schlechten Vorbereitungen von 1938 – eine weitere Konferenz veranstalten.[43] Koopmans' Reise nach Basel hatte zum Ziel, Barth um eine erneute Teilnahme zu bitten, aber Barth zeigte sich sehr zurückhaltend gegenüber einer weiteren Ausgabe. Am 1. Mai 1939 berichtete Koopmans aus Leiderdorp, wo er seit Ende 1938 im Zusammenhang mit seiner neuen Tätigkeit bei der NCSV lebte, wie auf die ablehnende Reaktion von Barth reagiert worden war.[44] Nicht nur die Organisatoren aus den Niederlanden waren enttäuscht – Koopmans nannte G. H. Slotemaker de Bruïne und H. Fischer –, sondern auch die Deutschen, mit denen er auf der Rückreise während eines Zwischenstopps am Bahnhof Düsseldorf darüber gesprochen hatte. W. Kreck hatte auf einigen Blättern aus Koopmans' Terminkalender eine kurze – in englischer Sprache verfasste –

41 Siehe den Artikel *Bij Prof.dr. Karl Barth* in De Stuwdam 1939, Jg. 4, Nr. 24, 9.

42 Siehe seinen Artikel unter dem Titel Ons Koningschap, *in: Woord en Geest 13 (2. September 1939)*, 353–354, wo mit Zustimmung auf Barth verwiesen wird. Siehe auch den Artikel Politieke godsdienst, in: *Eltheto* 1938/1939 (Januar 1939), 63–66; wiederabgedruckt in: Koopmans, *Onder het Woord* (Anm. 9), 157–163. Ein Exemplar von *Eltheto* mit diesem Artikel schickte Koopmans am 23. Januar 1939 an Barth. In dem Begleitbrief schrieb er: „Ich erlaube mir, Ihnen ein Exemplar des Januarhefts der Monatschrift des NCSV zu schicken, das die kurze Wiedergabe eines Vortrags über das Thema enthält, das Sie selbst zur Sprache gebracht haben. Es wird Ihnen nur allzu begreiflich sein, dass gerade unser gutes Holland sich stark interessiert für den Begriff des ‚politischen Gottesdienstes'. Mein Aufsatz bildet einen allerdings sehr anfänglichen Versuch, Ihr Anliegen auf holländischem Boden zu verstehen und ins Holländische zu ‚übersetzen'."

43 Van Roon, *Protestants Nederland en Duitsland 1933–1941* (Anm. 30), 155f.

44 J. Koopmans an K. Barth, 1. Mai 1939. Der Briefwechsel zwischen Barth und Koopmans wird im Karl-Barth-Archiv in Basel aufbewahrt.

Notiz an Barth geschrieben, die Koopmans mitschickte.[45] Kreck bat Barth eindringlich, seine Haltung zu überdenken, ebenso wie Koopmans. Ohne Barths Beitrag wäre das Treffen sinnlos, meinten sie. Koopmans versprach, dass die Organisation dafür sorgen würde, dass die Teilnehmer diesmal gut vorbereitet sein würden. Nachdem Koopmans am 23. Mai 1939 eine kurze Erinnerungsnotiz in die Schweiz geschickt hatte, erhielt er einige Tage später die endgültige Nachricht, dass Barth nicht kommen würde. Dieser drängte jedoch darauf, die Konferenz trotzdem stattfinden zu lassen: Es wäre für die deutschen Brüder sehr gut, sich in einem freien Land offen unterhalten zu können.[46] Die niederländische Organisation war jedoch der Meinung, dass es auch in Deutschland noch Möglichkeiten für ein solches Gespräch gäbe. Die Konferenz fand nicht statt.[47]

6. Das niederländische Glaubensbekenntnis

Ende 1939 erscheint Koopmans' Kommentar zum niederländischen Glaubensbekenntnis. Wie bereits zu Beginn dieses Artikels erwähnt, schickte Koopmans ein Exemplar davon nach Basel mit einer schriftlichen Widmung auf der ersten Seite. Diese Widmung – „mit größter Hochachtung, aber nicht ohne eine gewisse Differenz" – wirft natürlich die Frage auf, worin Koopmans diese „Differenz" gegenüber Barth sah. In dem Buch wird regelmäßig auf Barth Bezug genommen, und es liegt nahe, sich insbesondere auf diese Stellen zu konzentrieren, um zu sehen, wo Koopmans seine Kritik formuliert.

Das erste Mal, dass Barths Name fällt, ist gleich in der Einleitung, wo Koopmans seine Methode des Umgangs mit dem Bekenntnis darlegt. Er fasst dies unter dem Begriff „kritische Reproduktion" zusammen und vermerkt dann in Klammern den Namen Barth. Damit bezieht er sich auf die Methode, die Barth in der Einleitung seines Buches über das schottische Bekenntnis (*Confessio Scotica*) von 1560 beschrieben hatte.[48] Barth hatte sich

45 W. Kreck an K. Barth, 25. April 1939. Dieser Brief wird im Karl-Barth-Archiv in Basel aufbewahrt.

46 Ch. von Kirschbaum an J. Koopmans, 25. Mai 1939. Dieser Brief wird im Karl-Barth-Archiv in Basel aufbewahrt.

47 J. Koopmans an K. Barth, 6. Juni 1939.

48 Karl Barth, *Gotteserkenntnis und Gottesdienst nach reformatorischer Lehre. 20 Vorlesungen (Gifford-Lectures) über das Schottische Bekenntnis von 1560 gehalten an der Universität Aberdeen im Frühjahr 1937 und 1938*, Zollikon-Zürich 1938, 6.

beim schottischen Bekenntnis „Punkt für Punkt" die Frage gestellt, was die ursprüngliche Absicht war, um dann erneut „Punkt für Punkt" die Frage zu beantworten, wie er als „heute Lebender und selbst Denkender" dieselben Dinge „mit verantworten muß und kann". Auf dieselbe Weise möchte Koopmans das niederländische Bekenntnis lesen.

Anschließend taucht der Name Barth regelmäßig in Koopmans' Erörterung von Artikel 2 auf. Dieser Artikel spricht davon, wie Gott sich offenbart, und nennt dabei zwei Mittel: zunächst Gottes Wirken in der Schöpfung, Erhaltung und Regierung der Welt und anschließend das Wort. Es überrascht natürlich nicht, dass bei der Erörterung dieses Artikels der Name Barth häufig fällt. Denn 1934 hatte Barth mit seiner Broschüre „*Nein! Antwort an Emil Brunner*" deutlich gemacht, dass er sich radikal von einer zweiten Quelle der Erkenntnis neben Gottes Offenbarung in Jesus Christus verabschieden wollte.[49] Koopmans beschreibt die Diskussion zwischen Brunner und Barth und entscheidet sich ohne zu zögern für Barths Seite, obwohl er anmerkt, dass Artikel 2 eigentlich nicht von natürlicher Theologie spricht.[50]

Auch bei der Erörterung von Artikel 16, in dem es um die Lehre von der Erwählung geht, wird kein Einwand gegen Barth erhoben, obwohl dieser seit 1936 in diesem Punkt einen neuen Weg eingeschlagen hatte, der sich von der klassischen reformierten Theologie unterschied. Die Broschüre, in der Barth den ersten Ansatz seiner Lehre von der Erwählung dargelegt hatte, „*Gottes Gnadenwahl*"[51], zitiert Koopmans zweimal[52] – und er übernimmt Barths Grundgedanken: Christus ist der Verworfene und in ihm hat Gott uns angenommen.[53] Anschließend kritisiert er De Brès und dessen Darstellung der Erwählung, die Koopmans als unzureichend für das „volle Geheimnis des biblischen Zeugnisses" empfand, da sie „eine gewisse logische Verengung" aufwies.[54]

49 Karl Barth, *Nein! Antwort an Emil Brunner* (ThExh 14), München 1934; jetzt auch in: *Vorträge und kleinere Arbeiten 1934–1935* (GA III), hg. von Michael Beintker, Michael Hüttenhoff und Peter Zocher, Zürich 2017, 429–527.

50 Zu Koopmans' Umgang mit Artikel 2 des niederländischen Glaubensbekenntnisses siehe mein Werk *Het spreken van de kerk in de theologie van dr. J. Koopmans* (Anm. 1), 103–166.

51 Karl Barth, *Gottes Gnadenwahl* (ThExh 47), München 1936.

52 Jan Koopmans, *De Nederlandsche Geloofsbelijdenis*, [Amsterdam 1939], 105, 108; vgl. 110 (mit erneutem Bezug auf Barth, diesmal auf dessen Darstellung der Erwählungslehre in *Gotteserkenntnis und Gottesdienst*).

53 A.a.O., 108. Vgl. Barth, *Gottes Gnadenwahl* (Anm. 51), 20ff.

54 Koopmans, *De Nederlandsche Geloofsbelijdenis* (Anm. 52), 110.

Eigentlich gibt es nur ein Kapitel, in dem Kritik an Barth geäußert wird. Es handelt sich um die Erörterung von Artikel 36, dem berühmten Artikel über die Obrigkeit. Koopmans hatte bereits vor Erscheinen des Buches versucht, Barth einen Druckfahnenauszug dieses Kapitels zukommen zu lassen, der jedoch nicht angekommen war.[55] Und in dem Brief, in dem er Barth anbot, ihm ein Exemplar des Buches zu schicken, erwähnte er dieses Kapitel ausdrücklich als eines, das Barth möglicherweise interessieren könnte.[56] Für sein eigenes Verständnis lag also vermutlich vor allem in seinen Überlegungen zur Regierung die „Differentia", von der er in seiner Widmung sprach.

Die Kritik konzentrierte sich auf drei Punkte. Den ersten Punkt formulierte er mehr oder weniger beiläufig in Richtung Barth. Koopmans wies darauf hin, dass die Gereformeerden Kirchen[57] in den Niederlanden im Jahr 1905 einige Worte aus Artikel 36 gestrichen hatten. Es handelte sich um die Worte, mit denen ein Teil der Aufgabe der Obrigkeit beschrieben wurde. Die reformierten Kirchen sahen es 1905 nicht mehr als Aufgabe der Obrigkeit an, „allen Götzendienst und falsche Religion zu bekämpfen und auszurotten, um das Reich des Antichristen zu zerstören". Barth hatte die Kirchen darin unterstützt[58] – und Koopmans konnte nicht umhin, auf die Ironie dieser Tatsache hinzuweisen.[59] In der niederländischen Theologie waren es nämlich gerade Theologen aus diesen Kirchen, die sich immer wieder scharf gegen Barth wandten. Koopmans selbst hält es jedoch für falsch, den Staat auf diese Weise *de facto* der Neutralität zu überlassen. Artikel 36 spricht gläubig vom Amt der Regierung, und es ist wichtig, die reine Lehre zu bewahren, auch in Zeiten, in denen dies nicht der tatsächlichen Realität entspricht.[60]

Der zweite Punkt betraf Barths Ausführungen über das Wesen des Staates in „*Rechtfertigung und Recht*".[61] Barth folgte dabei unter anderem G. Dehn und zählte den Staat zu den Engelmächten: „geschöpfliche, aber unsichtbar-geistig-himmlische Mächte, die in und über der sonstigen Schöpfung eine gewisse Selbständigkeit und in dieser Selbständigkeit auch eine gewisse

55 J. Koopmans an K. Barth, 22. April 1940.

56 J. Koopmans an K. Barth, 22. April 1940: „Es könnte sein, dass die Erklärung des 36. Artikels holländischerseits Sie interessierte."

57 Die Gereformeerde Kerken in Nederland sind aus der kirchlichen Abspaltung von 1886 unter Führung Abraham Kuypers hervorgegangen.

58 Barth, *Gotteserkenntnis und Gottesdienst* (Anm. 48), 209f.

59 Koopmans, *De Nederlandsche Geloofsbelijdenis* (Anm. 52), 244.

60 A.a.O., 264f.

61 Barth, *Rechtfertigung und Recht* (Anm. 38).

überlegene Würde, Aufgabe und Funktion haben, einen gewissen realen Einfluß ausüben."[62] Barth leitete daraus ab, dass der Staat ursprünglich und letztendlich Jesus Christus gehört und dass er in seiner relativen Unabhängigkeit nichts anderes tun kann, als ihm – und in ihm der Rechtfertigung des Sünders – zu dienen. Zwar kann es zu einer Dämonisierung des Staates kommen. Letztendlich werden die Pläne eines solchen Staates jedoch nicht verwirklicht werden, denn „er wird zähneknirschend dennoch und gerade da dienen, wo er herrschen, da bauen, wo er zerstören, da Gottes Gerechtigkeit bezeugen, wo er menschliche Ungerechtigkeit offenbaren möchte."[63]

Koopmans kann dieser Exegese von Römer 13 und ihrer Ausarbeitung nicht zustimmen. Er verweist auf einen Artikel von G. Kittel – wobei er nicht versäumt zu erwähnen, dass dieser theologisch und kirchlich gesehen inakzeptabel war – und legt dar, dass das Neue Testament gerade die Regierung humanisiert und von allen mythischen Zügen befreit habe. Das „politische Leben" wird in den „persönlichen Bereich, den Bereich der Verantwortung" gezogen.[64] In der Bibel geht es immer wieder um Menschen, denen Verantwortung übertragen wurde und die auch für diese Verantwortung zur Rechenschaft gezogen werden können.

> „Nicht die eine oder andere Abstraktion soll uns regieren, sondern Menschen, die von Gott dazu bestimmt sind. Der Staat, sowohl der demokratische als auch der totalitäre, sowohl der neutrale als auch der christliche, ist eine Abstraktion, gefährlich, weil er zum Leben erweckt wurde. Es ist biblisch und christlich, nicht vom Staat, sondern von der Regierung zu sprechen. Dafür können wir beten, was wir für eine Abstraktion nicht können."[65]

Die Kirche muss nach dem Wort leben, „das zwar die wahre Natur der Dinge aufdeckt, aber nicht bei einer Beschreibung stehen bleibt, weil es immer mit Gebot und Verheißung kommt".[66] Barths Erklärung ließ nach Ansicht von Koopmans die tatsächlichen Machthaber zu sehr aus der Diskussion heraus, während er sie gerade zur Rechenschaft ziehen wollte. Angesichts dieses Unterschieds zwischen den beiden ist es bemerkenswert, dass Barth sich während des Krieges zwar mehrmals in offenen Briefen an Christen zu den Fragen der Zeit gewandt hat – die Sammlung „*Eine Schweizer Stimme*"

62 A.a.O., 15.

63 A.a.O., 18.

64 Koopmans, *De Nederlandsche Geloofsbelijdenis* (Anm. 52), 246f.

65 A.a.O., 247.

66 A.a.O., 248.

legt davon ein beeindruckendes Zeugnis ab –, aber kein einziges Mal an einen Würdenträger, was Koopmans während der Besatzungszeit tat, indem er kirchliche Stellungnahmen gegenüber der Regierung mit vorbereitete.

Drittens hat Koopmans Schwierigkeiten mit der Art und Weise, wie Barth im Sommersemester 1939 in seiner Vorlesung „*Der Staat als theologisches Problem*“ Calvin diskutiert hatte.[67] Barth hatte behauptet, dass der Reformator letztendlich das Naturgesetz mit den Zehn Geboten gleichgesetzt habe. Das würde laut Barth bedeuten, dass die Erkenntnis über Gottes Willen auch aus der Natur abgeleitet werden könne und dass Christus nicht notwendig sei, um diesen zu erkennen. Was Menschlichkeit ist, könne dann festgestellt werden, ohne dass das Evangelium verkündet worden sei. Der Mensch wisse dann aus sich selbst heraus, was gut und was böse sei. Koopmans teilte die theologische Einwendung, die Barth zugrunde lag, voll und ganz. Er nahm jedoch Calvin in Schutz und schrieb in seinem Buch – aber auch in seinem Brief an Barth –, dass seiner Meinung nach „Reste einer älteren Betrachtung in einem Ganzen erhalten geblieben sind, das in eine andere Richtung weist“.[68] In Koopmans' Lesart des Reformators „kennt und anerkennt Calvin keine Menschlichkeit, die nicht unter Gottes Gebot fällt [...]. Calvin hat dabei theoretisch noch am Naturrecht festgehalten; praktisch passt es nicht zu seiner Grundauffassung.“[69]

Es ist interessant, dass Koopmans' Fragen an Barth erneut den Bereich der Ethik betrafen – nun allerdings die politische Ethik. Er schloss sich der von Barth durchgeführten theologischen Erneuerung mit wenigen Vorbehalten an. Bei der Frage nach den Konsequenzen für das Leben schlug er manchmal andere Wege ein. Diese Kritik hinderte Koopmans jedoch nicht daran, sein eigenes Buch in Anlehnung an Barth als „holländische(s) Seitenstück zu Ihrem Scotica-Buch“ zu bezeichnen.[70] Eine Reaktion Barths auf dieses Buch und die ihm gestellten Fragen ist uns nicht bekannt.

---

67 Karl Barth, *Der Staat als theologisches Problem*. Systematisches Seminar, Sommersemester 1939. Von Barth autorisierte „Seminarprotokolle“, Karl-Barth-Archiv, Basel.

68 Koopmans, *De Nederlandsche Geloofsbelijdenis* (Anm. 52), 256.

69 Ebd.

70 J. Koopmans an K. Barth, 22. April 1940.

7. Amersfoorter Thesen

In den letzten Monaten des Jahres 1939 und den ersten Monaten des Jahres 1940 gab es einen regen Briefwechsel zwischen Koopmans und Barth – oben wurde bereits mehrfach daraus zitiert. Ein wichtiges Thema dieser Gespräche waren vier Thesen, die niederländische Theologen im Zusammenhang mit der Neutralität der Niederlande aufgestellt hatten. Heute sind diese Thesen als „Amersfoortse stellingen" (Amersfoorter Thesen) bekannt, aber Koopmans spricht in seinen Briefen an Barth immer von den „Vier Thesen". Worum ging es dabei?

Die Thesen wurden in einem Kreis von Theologen formuliert, die sich gemeinsam mit dem Studium und der Übersetzung der „*Barmer Thesen*" befassten. Dieser Kreis war 1937 entstanden.[71] Eine niederländische Übersetzung dieses Bekenntnisses veröffentlichten sie im Anhang einer Übersetzung eines kleinen Buches von H. Asmussen und schrieben dazu, dass sie auf diese Weise „dem allerersten Wunsch unserer deutschen Mitglieder der Kirche nachkommen wollten, sich unter die Fragen und Antworten zu stellen, die das Leben der deutschen Bekenntniskirche bestimmen".[72]

Aber es blieb nicht bei einer Übersetzung des deutschen Textes ins Niederländische. Die „*Barmer Thesen*" waren innerhalb der Deutschen Evangelischen Kirche entstanden, wo die Frage nach dem Verhältnis zwischen Gottes Offenbarung einerseits und der Geschichte und dem „Volkstum" andererseits eindringlich zur Sprache gekommen war. In den Niederlanden sah sich die Kirche mit anderen Fragen konfrontiert. Man hatte bemerkt, wie sich seit 1933 die niederländische Neutralität von einer militärischen zu einer integralen Neutralität ausgeweitet hatte: Man hielt sich nicht nur aus bewaffneten Konflikten heraus, sondern enthielt sich auch jeglicher Beurteilung dessen, was in anderen Ländern geschah. Dabei spielte die Angst, Deutschland vor den Kopf zu stoßen, eine größere Rolle als die Frage nach dem Verhältnis beispielsweise zu England. Anlässlich des Besuchs von Barth in den Niederlanden im März 1939 zeigte sich beispielsweise, wie sehr die Regierung darauf bedacht war, zu verhindern, dass dieser sich von einem

71 Van Roon, *Protestants Nederland en Duitsland 1933–1941* (Anm. 30), 159 (siehe auch den Hinweis auf 360f.) verweist auf einen Brief von D. Tromp an E. L. Smelik vom 11. August 1937, in dem Tromp Smelik zur Teilnahme an diesem Kreis einlud.

72 Hans Asmussen, *Hoe heeft Barth de kerk gediend?*, übers. von K.H. Kroon (*Onze tijd* 2), Nijkerk o. J. (1937), 53–58, hier 58.

niederländischen Katheder aus öffentlich zu Deutschland äußerte.[73] Die Neutralität wurde so streng eingehalten, dass Ungerechtigkeit nicht mehr als Ungerechtigkeit bezeichnet werden durfte.

Zunehmend wurde diese integrale Neutralität von verschiedenen Seiten als unmöglich empfunden. Man sah den Flüchtlingsstrom aus Deutschland in die Niederlande und hörte die erschütternden Geschichten derer, die einen sicheren Zufluchtsort suchten. Außerdem wusste man von den Konzentrationslagern, kannte die Geschichten vom Kirchenkampf, hatte von der *Reichskristallnacht* gehört, und Hitler hatte sich in seinen Reden auch nicht gerade unklar ausgedrückt. Koopmans wusste über all diese Dinge Bescheid. Er engagierte sich in der Flüchtlingsarbeit[74] und war durch seine vielen Kontakte innerhalb der *Bekennenden Kirche* gut über die erschütternden Zustände informiert. Nicht umsonst hatte er in Artikeln und im Radio wiederholt auf die Notlage der deutschen Kirche hingewiesen.

Die Niederländisch-Reformierte Kirche äußerte sich jedoch nicht zu den Ereignissen östlich der niederländischen Grenze.[75] Auch als im September 1939 der Krieg ausbrach, hatte sich die Kirche an die strikte Neutralitätspolitik der Regierung gehalten und geschwiegen. Aber während des gesamten Krieges – so hatte Koopmans im Oktober desselben Jahres im Radio erklärt – sei die Kirche zur Partei gemacht worden. Und das galt nicht nur für die deutsche Kirche, sondern für die Weltkirche – und damit auch für die niederländische Kirche. Schweigen war nicht länger möglich. Und so machte sich Koopmans zusammen mit einigen anderen daran, vier Thesen zu verfassen – bekannt geworden als die Amersfoorter Thesen.[76]

In den Thesen hieß es, dass die Kirche auf der Grundlage der Bibel ohne Furcht gegenüber der Regierung und den Untertanen über alle Angelegenheiten des Lebens sprechen müsse. Dabei dürfe sich die Kirche von keinem

---

73 Siehe hierzu ausführlicher meinen Beitrag Den Hertog, Karl Barth's visit to the Netherlands in the spring of 1939 (Anm. 24).

74 Van Roon, *Protestants Nederland en Duitsland 1933–1941* (Anm. 30), 179. Vgl. auch David Cohen, *Zwervend en dolend. De joodse vluchtelingen in Nederland in de jaren 1933–1940 met een inleiding over de jaren 1900–1933*, Haarlem 1955, 221, 334.

75 George Harinck, „De ontvangst van de Barmer Thesen in Nederland, 1934–1936“, in: *75 jaar Barmer Thesen 1934–2009*, Amsterdam 2009, 9–18, hier 14f. Aus den Niederlanden haben vor dem Krieg nur die Reformierten Kirchen (in wiederhergestelltem Verband) den *Barmer Thesen* zugestimmt und dies Barth mitgeteilt, Van Roon, *Protestants Nederland en Duitsland 1933–1941* (Anm. 30), 54f.

76 Die Thesen einschließlich der Erläuterungen finden sich unter dem Titel „Concept-getuigenis“ in Koopmans, *Onder het Woord* (Anm. 9), 195–201.

Menschen und keiner Macht davon abhalten lassen. Die zweite These erklärte, dass die Kirche in dem derzeit tobenden Krieg darum betete, dass das Ende des Krieges die Vernichtung jener Mächte bedeuten würde, die sich gegen die Freiheit der Predigt gewandt und damit nicht nur das christliche Leben, sondern sogar die einfache Menschlichkeit getroffen hatten. In der dritten These wurde dann erklärt, dass es unmöglich sei, dass die Äußerungen der Kirche die Neutralität verletzen würden. Es gibt einen Unterschied zwischen dem Auftrag und der Aufgabe von Kirche und Staat – und die Kirche wird allein von Jesus Christus regiert. Schließlich verurteilte man in der vierten These auf theologischer Grundlage nachdrücklich den Antisemitismus.

Diese Thesen wurden, versehen mit einer Erläuterung zu jeder These, verschiedenen prominenten Pastoren, Professoren und Gemeindemitgliedern in den Niederlanden zur Zustimmung vorgelegt. Sie wurden auch an Barth geschickt.[77] Aus dem Briefwechsel, der zwischen Koopmans und Barth zu diesen Thesen entstand, geht hervor, wie enttäuschend der Verlauf der Dinge für die Verfasser gewesen sein muss. Eine Woche, nachdem ihm die Thesen zugesandt worden waren, bekundete Barth seine uneingeschränkte Zustimmung. Er bot an, die Thesen mitzuunterzeichnen, sofern die Verfasser dies wünschten.[78] Nach Rücksprache mit P. Scholten teilte Koopmans Barth mit, dass man eine Sensation um dieses Projekt vermeiden wolle und daher lieber auf seine Unterschrift verzichte. Barth könnte möglicherweise eine Rolle spielen, wenn die Thesen – nachdem sie in den Niederlanden angenommen worden sind – von der niederländischen Kirche ausländischen Kirchen vorgelegt würden. Im selben Brief schrieb Koopmans, dass die niederländischen Reaktionen bisher nicht sehr ermutigend waren: S. F. H. J. Berkelbach van der Sprenkel und H. Kraemer hatten ihre Unterschrift verweigert. „Wenn so das grüne Holz urteilt […]", fügte Koopmans vielsagend hinzu.[79] Die Angelegenheit der Thesen geriet ins Stocken. Es wurde eine Sitzung mit Berkelbach van der Sprenkel und Kraemer einberufen, um zu prüfen, ob ihren Einwänden Rechnung getragen werden konnte, aber Kraemer konnte nicht kommen. Der Verlauf der Ereignisse veranlasste die Verfasser, von dem Plan, „die Kirche Hollands vor die Entscheidung zu stellen", abzusehen und stattdessen die Thesen nach Überarbeitung einer Reihe von Kreisen von Predi-

77 J. Koopmans an K. Barth, 7. Februar 1940.

78 K. Barth an J. Koopmans, 14. Februar 1940.

79 J. Koopmans an K. Barth, 20. Februar 1940.

gern vorzulegen.[80] Am 29. April 1940 erwähnte Koopmans die Thesen noch kurz in einem Brief an Barth, und das ist das Letzte, was er darüberschrieb.

Mit dem deutschen Einmarsch im Mai 1940 war die Neutralität der Niederlande verletzt worden, wodurch das Land in den Krieg verwickelt wurde. Eine weitere Arbeit an den vier Thesen war danach nicht mehr möglich. Unter diesen neuen Umständen hatten die Stellungnahmen von Amersfoort keine Funktion mehr. Sie waren durch den Verlauf der Geschichte überflüssig geworden.[81]

8. Kontakte während der Besatzungsjahre

Der Beginn der Besatzung der Niederlande bedeutete nicht nur, dass die Diskussion über die „Vier Thesen" ins Stocken geriet. Der gesamte Kontakt zwischen Barth und Koopmans kam praktisch zum Erliegen – offenbar wollten beide nicht unter den Augen der Zensur schreiben. Sobald sich jedoch die Möglichkeit ergab, Post außerhalb der regulären Kanäle über den sogenannten Schweizer Weg zu versenden, nutzte Koopmans diese sofort.[82] Nicht nur, dass er im Sommer 1942 zusammen mit K.H. Miskotte fünf Fragen – unter anderem über die Fürbitte für die Königin, die Möglichkeit der Notlüge und den Umgang mit einer trägen Synodenleitung – erarbeitet, die Hebe Kohlbrugge während ihrer geheimen Reise in die Schweiz Barth vorlegt, auf die dieser mit einem offenen Brief an die Christen in den Niederlanden antwortet[83], sondern er nimmt über diesen Schweizer Weg auch eine eigene Korrespondenz auf. Auf jeden Fall hat er auf diese Weise drei Briefe

80 J. Koopmans an K. Barth, 22. April 1940.

81 Bei verschiedenen Autoren (Hendrik C. Touw, *Het verzet der Hervormde Kerk I* [Anm. 36], 27; Albert J. Rasker, *De Nederlandse Hervormde Kerk vanaf 1795. Haar geschiedenis en theologie in de negentiende en twintigste eeuw*, Kampen 1974, 289) ist zu lesen, dass die Thesen während der Besatzungszeit überarbeitet und als illegale Broschüre unter dem Titel „Wat wij wel en wat wij niet geloven" (Was wir glauben und was wir nicht glauben) verbreitet wurden. Obwohl diese Broschüre denselben Geist wie die Amersfoorter Thesen atmet – Koopmans gehörte auch hier zu den Verfassern –, ist es schwierig, eine direkte Verbindung zwischen den beiden Dokumenten herzustellen. Van Roon, *Protestants Nederland en Duitsland 1933–1941* (Anm. 30), 161, formuliert dies zu Recht vorsichtiger: „Es gibt eine Verbindung zwischen den Amersfoorter Thesen und der illegal herausgegebenen Broschüre ‚Was wir glauben und was wir nicht glauben'."

82 Siehe zum Schweizer Weg ausführlicher mein *Het spreken van de kerk in de theologie van dr. J. Koopmans* (Anm. 1), 88–91 und die dortigen Verweise.

83 Barth, *Offene Briefe 1935–1942* (Anm. 22), 338–354.

an Barth geschickt. Zwei davon befinden sich im Archiv in Basel. Der dritte – in der Reihenfolge der erste – ist nicht mit Sicherheit identifiziert, aber es gibt einen Brief im Archiv des Ökumenischen Rates der Kirchen, der sehr gut der erste sein könnte.[84]

Diese Briefe bieten einen seltenen Einblick in Koopmans' Wahrnehmung der Besatzungsjahre. In aller Offenheit kann er sagen, was er wahrnimmt, und all seine Verwirrung über das, was er vor seinen Augen sieht, kommt in diesen außergewöhnlich langen Briefen zum Ausdruck. Die Verzweiflung über das Vorgehen der reformierten Synode zum Beispiel ist greifbar. Aber auch über die fünf Fragen, die er zusammen mit Miskotte im Sommer 1942 formulierte, urteilt er scharf:

> „Ich habe mich Ihnen gegenüber geschämt, dass die niederländische Christenheit nichts vorzubringen hatte als diese ärmlichen Fragen. Sind Sie nicht mit mir einverstanden, dass, vielleicht mit Ausnahme der letzten Frage, wovon schon oben die Rede war, die ganze Sache nicht auf die richtige Einsicht, sondern nur auf den rechten Mut ankommt? […] Es wurden Probleme geschaffen, nur um gehorsame Entscheidungen noch ein wenig hinauszuschieben. Ich bewundere die schonende Geduld, mit der Sie auf diese unaufrichtigen Fragen eingegangen sind.Glauben Sie mir: Wir haben keine Fragen. Wir haben nur eine Frage. Nämlich, ob wir wirklich an Jesus Christus glauben."[85]

Unaufrichtige Fragen also, außer der letzten, wie man mit einer trägen Kirchenverwaltung umgehen soll. Das war auch – wie er Barth verrät – seine eigene Frage gewesen.

---

84 Nach *Karl Barth – Willem Adolf Visser ,t Hooft. Briefwechsel 1930–1968, einschließlich des Briefwechsels von Henriette Visser ,t Hooft mit Karl Barth und Charlotte von Kirschbaum* (GA V), hg. von Thomas Herwig, Zürich 2006, 188 kamen die Briefe von Koopmans zusammen mit anderem Material aus den Niederlanden auf Mikrofilm in Genf an, woraufhin Visser 't Hooft sie an Barth weiterleitete. In diesem Brief vom 25. August 1943 teilt Visser 't Hooft mit, dass der von ihm mitgesandte Brief ein „Torso" sei. Th. Herwig, der Herausgeber der Korrespondenz, vermutet, dass es sich um Koopmans' Brief vom März 1943 handelt. Dieser ist jedoch kein Torso. Das ist vielmehr der Brief vom Juni 1943. Dieser Brief war jedoch bis vor einigen Jahren im Karl-Barth-Archiv nicht bekannt. Dass es einen dritten Brief geben muss, geht aus dem Brief vom März 1943 hervor, in dem Koopmans auf das zurückkommt, was er in seinem vorherigen Brief über Kraemer und Gravemeyer geschrieben hat. Damit ist eine kurze Beschreibung des Inhalts des ersten Briefes gegeben. Im Archiv des Ökumenischen Rates der Kirchen fand ich einen Brief aus den Niederlanden, der der kurzen Beschreibung entspricht und darüber hinaus in Stil und Inhalt vollständig mit anderen Briefen von Koopmans übereinstimmt. Auf Nachfrage hatte Hebe Kohlbrugge keinen Zweifel: Der Brief stammt von Koopmans.

85 J. Koopmans an K. Barth, März 1943.

Ende Juni 1943 geht erneut ein Brief in die Schweiz. Darin kommt Koopmans auf die oben wiedergegebene Passage zurück und nuanciert sie – zumindest scheint es so. Es habe Fragen gegeben, deren Beantwortung nicht so einfach gewesen sei, sagt er nun. Aber diese Fragen seien eine Folge davon gewesen, dass die Kirche auf Vorschläge der Nazis eingegangen sei, anstatt unverändert an dem festzuhalten, was ihr geboten worden sei: gegen die Gräueltaten der Besatzer zu protestieren. „Wer sich völlig unbekümmert vom Anfang her nur dem Nationalsozialismus widersetzt hat, wer sich niemals auf Verabredungen [...] eingelassen hat, dem brauchen solche Fragen nicht zu kommen", sagt er jetzt. Damit stellen diese Worte keine Nuancierung dar, sondern eher eine Verschärfung seines Urteils über die Kirche in den Niederlanden. Was wäre passiert, wenn sie an der grundsätzlichen Linie ihres Protests festgehalten hätte? Wenn sie weiterhin die Befreiung aller Juden vom Transport gefordert hätte, anstatt sich mit der Befreiung einiger Gruppen im Austausch für ihr Schweigen zufrieden zu geben?

Diese Kriegsbriefe sind lange Briefe, wie ich oben schrieb. Es scheint, dass Koopmans es als seine Aufgabe angesehen hat, ehrliche Informationen über die Situation in den Niederlanden zu liefern, damit diese einem breiteren Publikum zugänglich gemacht werden konnten. Auf jeden Fall hat Barth genau das damit gemacht. Barth selbst schrieb Übersichten über die Kirche in Europa unter den Nazis und versorgte seinen guten Freund A. Frey vom *Evangelischen Pressedienst* mit Material über die Situation der Kirche in den verschiedenen europäischen Ländern. Im Sommer 1943 schickte Frey einige Unterlagen an Barth zurück, zusammen mit einem Brief von Koopmans.[86] Auf diese Weise dienten die Briefe von Koopmans also auch der Informationsvermittlung in der freien Welt. Wahrscheinlich hat auch Visser 't Hooft bei der Zusammenstellung seiner Sammlung kirchlicher Widerstandstexte in Deutsch und Englisch die Informationen genutzt, die über seine Büros bei Barth eingegangen waren.[87]

86 A. Frey an K. Barth, 7. August 1943. In Freys Brief ist von Koopman die Rede, aber es ist klar, dass Koopmans gemeint sein muss. Zu Frey und seinem Pressedienst, der sich intensiv mit dem Kirchenkampf während des Zweiten Weltkriegs befasste, siehe Frank Jehle, Karl Barth und der Publizist Arthur Frey. Zur Geschichte einer Freundschaft, in: *Karl Barth im europäischen Zeitgeschehen (1935–1950). Widerstand – Bewährung – Orientierung. Beiträge zum Internationalen Symposion vom 1. bis 4. Mai 2008 in der Johannes a Lasco Bibliothek Emden*, Zürich 2010, 213–228.

87 Willem A. Visser 't Hooft, *Holländische Kirchendokumente. Der Kampf der holländischen Kirche um die Geltung der göttlichen Gebote im Staatsleben*, Zürich 1944; Ders., *The*

9. Koopmans' Tod

In seinem Brief vom März 1943 seufzte Koopmans gegenüber Barth: „Wie gerne würde ich noch einmal einen Abend mit Ihnen zwischen Ihren Büchern sitzen, mit einem kühlen Bier auf dem Tisch, und einmal nicht über den Nationalsozialismus sprechen!" Ein solcher Abend sollte nicht mehr stattfinden. Am 24. März 1945 starb Koopmans an den Folgen einer verirrten Kugel, die ihn zwölf Tage zuvor getroffen hatte. Nach dem Krieg informierte Miskotte Barth über diese traurige Nachricht. Dieser Brief ist nicht erhalten geblieben, wohl aber Barths Antwort vom 30. Juli 1945, in der er schreibt: „Es ist mir ein großer Kummer, dass Koopmans und Eykman nicht mehr da sind! Ich kann mir Holland ohne diese beiden Männer noch gar nicht vorstellen."[88] Unter den Dokumenten, die die Familie von Koopmans aufbewahrt hat, befindet sich eine Kopie einer Karte, die Barth am 22. Juni 1945 an eine gewisse Frau C.M. Frank-Sonies geschickt hat. Sie hat Barth ebenfalls über den Tod von Koopmans informiert, woraufhin dieser antwortet: „Ich war deswegen tief betroffen. Dieser Tod ist ein großer Verlust für die gesamte Kirche, vor allem aber für die Kirche Ihres Landes, deren tapferer Verteidiger er war."

Cum maxima reverentia sed non sine aliqua differentia. Mit dieser von Koopmans gegebenen Charakterisierung seiner Beziehung zu Barth habe ich diesen Artikel begonnen. Das Obige hat deutlich gemacht, dass er damit eine treffende Beschreibung seiner Beziehung zu dem Schweizer gegeben hat: Die Hochachtung war in der Tat groß und die Unterschiede in diesem Licht gering, auch wenn sie sehr wesentlich waren. Aus den Äußerungen Barths zu Lebzeiten von Koopmans, aber sicherlich auch nach dessen tragischem Tod, geht hervor, dass die Hochachtung und Wertschätzung auf Gegenseitigkeit beruhten.

Struggle of the Dutch Church for the Maintenance of the Commandments of God in the Life of the State, London 1944.

88 Hinrich Stoevesandt (Hg.), *Karl Barth – Kornelis Heiko Miskotte. Briefwechsel 1924–1968*, Zürich 1991, 58.

Dirk van Keulen

Die konträre Barth-Rezeption von Arnold Albert van Ruler[1]

1. Einleitung[2]

Im Sommer 1927 schreibt sich Arnold Albert van Ruler als Student der Theologie an der Reichsuniversität Groningen ein. Er entscheidet sich für diese Universität, weil Theodorus Lambertus Haitjema (1888–1972)[3] – sein ehemaliger Pfarrer in Apeldoorn – dort 1923 zum Professor für Dogmatik ernannt wurde.[4]

Als Van Ruler sein Studium in Groningen aufnimmt, ist der Name Karl Barth in den Niederlanden bereits bekannt. Barth erlangt mit seiner Theologie um 1930 weltweite Bekanntheit, doch in den Niederlanden steigt sein Stern bereits einige Jahre zuvor auf. Barths Name wird 1921 zum ersten Mal in einer Kolumne über auswärtige Angelegenheiten in der Wochenzeitung De Heraut erwähnt.[5] Zunächst interessieren sich nur die Reformierten, die

---

1 Ursprünglich auf niederländisch unter dem Titel „De tegendraadse Barth-receptie van A.A. van Ruler" erschienen in: George Harnick/Dirk van Keulen (Hg.), *De receptie van Karl Barth in Nederland* (Ad Chartas-Reeks 35), Amersfoort 2022, 199–215. Die Übersetzung fertigte Corneli Vinke an.

2 Verweise auf: Arnold Albert van Ruler, *Theologisch Werk, deel 1–6*, Nijkerk 1969–1973 fasse ich im Folgenden abgekürzt als TW zusammen, gefolgt von der Nummer des Teils; Verweise auf Arnold Albert van Ruler, *Verzameld Werk, Teil 1–6B*, Zoetermeer/Utrecht 2007–2020 werde ich im Folgenden abkürzen mit: VW, gefolgt von der Nummer des Teils. Das Van-Ruler-Archiv wird von der Abteilung Sonderbestände der Universitätsbibliothek Utrecht verwaltet. Siehe zu diesem Archiv: Ellen M. L. Kempers, *Inventaris van het archief van prof. dr. Arnold Albert van Ruler (1908–1970)*, Utrecht 1997.

3 Siehe zu Haitjema: Baastian Jan Wiegeraad, Haitjema, Theodorus Lambertus, in: *Biografisch Lexicon voor de Geschiedenis van het Nederlandse Protestantisme, Deel 6*, Kampen 2006, 107–110.

4 Dirk van Keulen, Inleiding, in: *VW1*, 14–15.

5 George Harinck, The Early Reception of the Theology of Karl Barth in The Netherlands (1919–1926), in: *ZDTh* 17 (2/2001), 174.

ihre Brüder und Schwestern in Deutschland finanziell unterstützen, für Barths Werk.[6] Nach dem Erscheinen der zweiten Auflage von Barths Römerbrief (1922) beginnen auch die Reformierten, Barths Werk zu lesen. Die führenden Theologen sind zunächst nicht begeistert davon. Sie haben Verständnis für Barths Widerstand gegen die historisch-kritische Bibelforschung, aber seine eigene Interpretation ist in ihren Augen wissenschaftlich unzureichend.[7] Die meisten Exegeten betrachten Barths theologische Exegese als tendenziös. Während Barths Römerbrief in Deutschland viele Diskussionen und Debatten auslöst, reagieren die niederländischen Theologen zurückhaltend. Für sie ist Barths Buch höchstens insofern interessant, als es an ihre eigene Forschung anknüpft.[8] Ganz anders reagieren niederländische Theologiestudenten, insbesondere in den Kreisen der Niederländischen Christlichen Studentenvereinigung und des Reformierten Studentenbundes: „Während Professoren Barth weiterhin als Außenseiter betrachteten, wurde Barth für niederländische Studenten zum Interpreten ihrer religiösen Erfahrungen“.[9]

Der erste niederländische Professor, der positiv auf Barths Theologie reagiert, ist der reformierte Theologe Th.L. Haitjema. Im Jahr 1926 veröffentlicht er ein Buch mit dem Titel „Karl Barth“.[10] In diesem Buch zeigt er sich von Barth überzeugt und schließt sich dessen Position an. Er entdeckt in der Theologie seines deutschen Kollegen ein neues Paradigma: „Was Kant für die Wissenschaft und die Philosophie der Aufklärung war, das ist Barth als der Mann der theologischen Erkenntniskritik in Bezug auf die Theologie […]“.[11] Haitjemas Buch führt zu Diskussionen. Die meisten seiner reformierten Kollegen sind nicht seiner Meinung. Darüber hinaus bedeutet das Buch einen Wendepunkt in der Haltung der Reformierten gegenüber Barth. Haitjema präsentiert Barths Theologie als das Gegenteil der neocalvinistischen Theologie. Er veranschaulicht dies anhand der Beschlüsse der Generalsynode der Reformierten Kirchen von Assen 1926 in Bezug auf den Ams-

6 A.a.O., 175, 186.

7 A.a.O., 177f.

8 A.a.O., 179.

9 A.a.O., 180.

10 Theodorus L. Haitjema, *Karl Barth*, Wageningen 1926. Vgl. den Beitrag von Edward van't Slot, in: Harinck/Van Keulen, *De receptie van Barth in Nederland* (Anm. 1), 99–116.

11 Haitjema, *Karl Barth* (Anm. 10), 146; vgl. Harinck, The Early Reception (Anm. 5), 183.

terdamer Pfarrer J.G. Geelkerken.[12] So stellt Haitjema die Reformierten vor die Wahl zwischen Kuyper und Barth. Die Reformierten entscheiden sich für den Ersteren und verabschieden sich von Barth.[13] Von diesem Zeitpunkt an betrachten sie Barth als einen der gefährlichsten Feinde der neocalvinistischen Theologie und bekämpfen ihn, wo und wann immer sie können.

In diesem Klima beginnt Van Ruler seine theologischen Studien in Groningen. Wann kommt er mit Barths Theologie in Berührung? Wie reagiert er darauf? Und welche Veränderungen lassen sich im Laufe der Jahre in seiner Rezeption von Barths Theologie beobachten?

2. Student in Groningen: His Master's Voice zuhören

Arnold van Ruler ist siebzehn Jahre alt, als er nach Groningen zieht. Bemerkenswert ist, dass er zu diesem Zeitpunkt bereits den Namen Karl Barth kennt. Als George Puchinger ihn viele Jahre später in einem Interview die Frage stellt: „Welche Einflüsse und welche Personen haben Sie geprägt?", antwortet Van Ruler: „Zunächst einmal habe ich bereits während meiner Gymnasialzeit begonnen, mich intensiv mit der Geschichte der Philosophie zu beschäftigen. Seltsamerweise habe ich jahrelang das Studium der Dogmengeschichte vernachlässigt. Das musste ich später mit viel Schweiß und Tränen nachholen. Aber mein Interesse galt eher der Philosophie als der Dogmatik. Außerdem habe ich bereits während meiner Gymnasialzeit begonnen, Plato, Kant [...] sowie Karl Barth, Emil Brunner und Kohlbrügge zu lesen."[14] Van Ruler las also bereits Barth, bevor er sein Theologiestudium begann. Er hat nie erzählt, was er in seiner Gymnasialzeit von Barth gelesen hat. Es kann jedoch kaum etwas Anderes gewesen sein als die zweite Ausgabe von Barths Römerbrief.

Während seiner Studienzeit in Groningen begegnet Van Ruler Barth häufiger. Es liegt nahe, dass Haitjema in seinen Dogmatikvorlesungen Barth Beachtung geschenkt hat. Leider ist – soweit mir bekannt ist – nur ein einziges Heft erhalten geblieben, in dem Van Ruler während der Vorlesungen

12 Zum Fall Geelkerken siehe: George Harinck (Hg.), *De kwestie-Geelkerken. Een terugblik na 75 jaar*, Barneveld 2001; Maarten J. Aalders, *Heeft de slang gesproken? Het strijdbare leven van dr. J.G. Geelkerken (1879–1960)*, Amsterdam 2013.

13 Harinck, The Early Reception (Anm. 5), 185.

14 George Puchinger, *Hervormd-gereformeerd, één of gescheiden?*, Delft 1969, 354.

von Haitjema Notizen gemacht hat.[15] Dieses Heft stammt aus den Jahren 1929–1930. Von Oktober 1929 bis Juni 1930 hält Haitjema Vorlesungen über „Die Methode der Dogmatik". Monatelang widmet Haitjema Barth keinerlei Aufmerksamkeit. Im März 1930 befasst er sich jedoch mit der dialektischen Theologie im Allgemeinen. In diesem Zusammenhang wird auch mehrmals Barths Name erwähnt. In den anderen Jahren, in denen Van Ruler Haitjemas Vorlesungen besucht hat, wird der reformierte Professor höchstwahrscheinlich auch gelegentlich auf Barth eingegangen sein.

Van Ruler begegnet Barth nicht nur in Haitjemas Vorlesungen. Er hat sich auch individuell mit dessen Theologie beschäftigt. Sowohl während seiner Studienzeit als auch während seiner Professur in Utrecht betont er ausdrücklich die Notwendigkeit des Selbststudiums. Mehr als einmal schreibt er, dass Studenten nicht nur studieren sollten, um ihre Prüfungen zu bestehen, sondern vor allem, um sich selbst als Theologen weiterzuentwickeln. Zweifellos spiegelt dies Van Rulers eigene Haltung wider: „gründliches und engagiertes Studium", d. h. „vollständige Hingabe an die Literatur und an die Probleme. Es ist: lesen und denken. Es geschicht unter der Schreibtischlampe und auf der Straße."[16] Selbstverständlich war Van Rulers Interesse breiter gefächert und bezog sich nicht nur auf die Theologie Barths. So hat er beispielsweise, wie aus einigen Schriften aus seiner Studienzeit hervorgeht,[17] das Werk Emil Brunners so intensiv studiert, dass er, als Brunner einen Vortrag in Groningen hielt, in der Lage war, eine Reihe von Fragen zur Struktur von Brunners Theologie zu stellen.[18] Der junge Student widmete dem Studium der Theologie von Barth jedoch auch viel Zeit.

Van Ruler hat nie genau angegeben, was er während seines Studiums von Barth gelesen hat. Aus seinen Schriften aus dieser Zeit lassen sich jedoch einige Rückschlüsse ziehen. So hielt er für seine Studentenverbindung einen Vortrag mit dem Titel „Glaube und Wissenschaft". In diesem Vortrag sagt er: „Glaube ist nichts Menschliches. Er ist keine menschliche Möglichkeit. Das neue Subjekt glaubt."[19] Obwohl er selbst keine Quelle angibt, ist dies fast

15 Das Heft war Eigentum von Dr. Bas Plaisier. Er erhielt es als Geschenk von Frau Van Ruler. Das Heft befindet sich nun im Archiv Van Ruler.

16 *VW1*, 437; vgl. A.a.O., 430 und 460.

17 Die Hefte befinden sich im Archiv Van Ruler, Inventarnummern I,14 und I,15.

18 Siehe das Dokument im Archiv Van Ruler, Inventarnummer I,12.

19 *VW1*, 152 (obwohl der Vortrag nicht genau datiert werden kann, gibt es Gründe zu der Annahme, dass er aus den ersten Jahren seines Studiums stammt).

wörtlich aus Barths Römerbrief entnommen.[20] 1928 hält er erneut einen Vortrag für seine Studentenverbindung, diesmal über das Verhältnis zwischen Philosophie und Theologie. In diesem Vortrag bezieht er sich auf ein Bild aus einem Text von Barth: „eine Leiter, die steil nach oben zeigt und plötzlich abbricht und aufhört".[21] Diese Metapher stammt höchstwahrscheinlich aus Barths Vortrag „Das Wort Gottes als Aufgabe der Theologie" (1922). Dies impliziert, dass Van Ruler die Sammlung von Barths Vorträgen mit dem Titel „Das Wort Gottes und die Theologie" (1924) studiert haben muss.[22] In dem Vortrag „Philosophie und Theologie" verwendet Van Ruler auch mehrmals den Ausdruck „Deus dixit".[23] Obwohl dieser Ausdruck auch in Bavincks Gereformeerde dogmatiek (Reformierte Dogmatik) vorkommt,[24] hat Van Ruler ihn wahrscheinlich aus Karl Barths „Die Christliche Dogmatik im Entwurf" (1927) übernommen.[25] Zwei Jahre später, im Jahr 1930, hält Van Ruler erneut einen Vortrag vor seiner Studentenvereinigung. Diesmal lautet das Thema „Trinitarisches Denken in der theologischen Erkenntnistheorie". Über den Vortrag schreibt Van Ruler ein Zitat aus Barths Buch „Die Auferstehung der Toten" (1924).[26] Bei der Arbeit an der Herausgabe der Gesammelten Werke von Van Ruler bin ich in seinen Karteikarten[27] regelmäßig auf Zitate aus verschiedenen Jahrgängen der Zeitschrift „Zwischen den Zeiten" gestoßen. Diese Beispiele verdeutlichen, dass Van Ruler Barth auf den Fersen ist. Sobald Barth ein neues Buch oder einen neuen Artikel veröffentlicht, liest Van Ruler es. Selbst eine Reihe von Vorlesungen über Ethik, die Barth 1928

20 Siehe: Karl Barth, *Der Römerbrief (Zweite Fassung)* 1922, Zürich [14]1989, 136.

21 *VW1*, 163.

22 Zum Bild der Leiter siehe: Karl Barth, Das Wort Gottes als Aufgabe der Theologie, in: *Das Wort Gottes und die Theologie. Gesammelte Vorträge*, München 1924, 170f. (auch zu finden in: Karl Barth, *Vorträge und kleinere Arbeiten 1922–1925* [GA III], hg. von Holger Finze, Zürich 1990, 166). Im Archiv Van Ruler (Inventarnummer I,17) befinden sich zwei Hefte aus seiner Studienzeit, in denen der Student Van Ruler Texte aus Das Wort Gottes und die Theologie zusammengefasst hat.

23 *VW1*, 168–175; 178–179.

24 Herman Bavinck, *Gereformeerde dogmatiek, Deel 1*, Kampen [4]1928, 5; 551.

25 Siehe: Karl Barth, *Die christliche Dogmatik im Entwurf. Erster Band. Die Lehre vom Wort Gottes. Prolegomena zur christlichen Dogmatik 1927* (GA II), hg. von Gerhard Sauter, Zürich 1982, 65, passim.

26 *VW2*, 82.

27 Siehe zu Van Rulers Kartensystem: Van Keulen, Inleiding (Anm. 4), 56–58.

hielt und die vom Christlichen Studentenbund als Stencils herausgegeben wurden, werden von Van Ruler studiert.[28]

Eine weitere Frage lautet: Wie schätzt der junge Van Ruler Barths Theologie ein? Diese Frage ist nicht leicht zu beantworten, da es kaum Dokumente aus dieser Zeit gibt, die darüber Auskunft geben. Im Archiv Van Ruler werden verschiedene Schriften aufbewahrt, die – nach Van Rulers eigenen Worten – „analytische Studien zu den Werken von Barth und anderen" enthalten.[29] Diese „analytischen Studien" sind jedoch kaum mehr als Zusammenfassungen. Sie enthalten kaum Informationen darüber, wie der junge Van Ruler Barths Werk einschätzt. Betrachtet man alles, was Van Ruler in diesen Jahren geschrieben hat, so gibt es nur einen Artikel, in dem er seine Sicht auf Barths Theologie ausdrücklich zum Ausdruck bringt. Es handelt sich um einen Artikel in der Zeitschrift „Vox Theologica", der im Sommer 1934 veröffentlicht wurde. Zu diesem Zeitpunkt hatte Van Ruler sein Studium in Groningen bereits abgeschlossen. Seit November 1933 war er als Pfarrer in dem kleinen friesischen Ort Kubaard tätig.

In diesem Artikel mit dem Titel „In den strijd om een Protestantsch-kerkelijke dogmatiek" rezensiert Van Ruler den ersten Teil von Barths Kirchlicher Dogmatik. In seiner Rezension konzentriert er sich auf zwei Punkte. Der erste Teil widmet sich der Verlagerung von „Christlicher Dogmatik" zu „Kirchlicher Dogmatik". Laut Van Ruler impliziert dies, dass Theologie eine Funktion der Kirche ist. Barth meint dies seiner Meinung nach „in praktisch-konkretem Sinne". Das heißt: „Selbstprüfung der Kirche".[30] Barth legt den Schwerpunkt ganz auf „die sichtbare Kirche", was zu „Nachlässigkeit in der Frage nach der Wissenschaftlichkeit der Theologie" und einer dogmengeschichtlichen Orientierung führt.[31] Im zweiten Teil seines Rezensionsartikels geht Van Ruler näher auf Barths „Erkenntnistheorie" ein. Er weist Emil Brunners Vorwurf zurück,[32] diese sei durch Nominalismus gekennzeich-

---

28 Ich leite dies aus Verweisen auf diese Vorlesungen in seinem Kartensystem ab. Die Art und Weise, wie diese Verweise notiert sind, macht deutlich, dass sie aus seiner Studienzeit stammen.

29 Archiv Van Ruler, Inventarnummern I,16 und I,17. Zitat aus der von Van Ruler handschriftlich verfassten Bibliografie seiner eigenen Werke (Archiv Van Ruler, Inventarnummer IX,1).

30 Arnold A. van Ruler, In den strijd om een Protestantsch-kerkelijke dogmatiek, in: *Vox Theologica* 5/6 (1934), 138.

31 Ebd.

32 Emil Brunner, *Natur und Gnade. Zum Gespräch mit Karl Barth*, Tübingen 1934, 39: „[...] ein unerhörter theologischer Nominalismus".

net.[33] Der Kern von Barths Erkenntnistheorie ist der Satz: „Das Wort Gottes wird erkennbar, indem es sich erkennbar macht".[34]

Auffällig an der Besprechung ist, dass Van Ruler kaum ein kritisches Wort verliert. Im Gegenteil: Er empfiehlt die Lektüre des Buches. Vor allem die Reformierten können seiner Meinung nach noch viel daraus lernen.[35] Van Ruler scheint vor allem tief beeindruckt von Barths Werk zu sein. Dies steht im Einklang mit dem, was er später über seine Studienzeit erzählt hat: „Ich habe als Barthianer durch und durch angefangen".[36] Auch ein Zitat aus dem bereits erwähnten Interview von Puchinger ist hier illustrativ: „Ich persönlich hatte nicht viel Kontakt zu Barth, aber für mich war er […] von Anfang an das große Bergmassiv, zu dem ich aufgeschaut habe. Ich habe angefangen, ihn unkritisch zu lesen und zu bejahen. Er war das autos epha – das ist vielleicht etwas schwierig in einem Interview zu vermitteln, aber ich meine es wörtlich: seine Meisterstimme, und wie ein Hund saß ich da und lauschte dem Grammophon."[37] Hier ist keine andere Schlussfolgerung möglich, als dass der Rezensionsartikel die erste Phase von Van Rulers Studium der Barthschen Theologie widerspiegelt.

33 Van Ruler, In den strijd (Anm. 30), 140f.; 143.

34 A.a.O., 143; Karl Barth, *KD* I/1, 260.

35 Van Ruler, In den strijd (Anm. 30), 141: „Ebenso wie bei der Lehre vom Taufbund kann auch in der Lehre von der Schrift die neue Dogmatik von Barth für die spezifisch niederländische Theologie von Bedeutung sein. Denn wir alle kennen das Problem der Schriftgewalt in den Niederlanden." Van Ruler hat, einige Jahre nach den Beschlüssen von Assen 1926, mit diesen Worten vor allem die Reformierten im Blick.

36 Arnold A. van Ruler, *Kritisch Commentaar zur Theologie von Karl Barth*, verfügbar im Archiv Van Ruler (Universitätsbibliothek Utrecht) Inventarnummer I,684, 1; erstmals veröffentlicht in: George Harinck/Dirk van Keulen (Hg.), De receptie van Karl Barth in Nederland (Ad Chartas-Reeks 35), Amersfoort 2022, 217–230; im Folgenden beziehe ich mich auf diese Anmerkungen als: „Kritisch Commentaar", gefolgt von der Nummer der sechzehn Kritikpunkte; die Aussage, auf die ich mich hier beziehe, ist Teil der einleitenden Bemerkungen.

37 Puchinger, *Hervormd-gereformeerd* (Anm. 14), 356 (Hervorhebung durch Puchinger). Van Ruler spielt hier auf das Logo der British Gramophone Company an. Ein kleiner weißer Hund sitzt vor einem klassischen Grammophon und hört zu. Es scheint, als würde sein Herrchen durch den Trichter des Grammophons zu ihm sprechen.

3. Pfarrer in Kubaard und Hilversum: Zögern und implizite Kritik

Wie bereits erwähnt, begann Van Ruler im November 1933 seine Tätigkeit als Pfarrer in Kubaard. Er blieb dort für sechs Jahre.[38] Neben seiner Arbeit in der Gemeinde engagierte er sich in verschiedenen anderen Bereichen. So leistete er Beiträge zu den Diskussionen, die schließlich 1951 zur neuen reformierten Kirchenordnung führten.[39] Da er an verschiedenen Orten Vorträge hält, wird sein Name in den Niederlanden allmählich bekannt. Im Pfarrhaus findet er auch Zeit zum Studieren. Zunächst arbeitet er einige Jahre an einer Dissertation über das Werk von Ernst Troeltsch. Im Laufe der 1930er Jahre gibt er dieses Projekt jedoch auf. Stattdessen vertieft er sich in die Theologie von Abraham Kuyper. Dies führt zu seinem ersten Buch: „Kuypers idee eener christelijke cultuur".[40]

Wie steht es um Barth während Van Rulers Jahren in Kubaard? Man kann davon ausgehen, dass er Barth weiterhin gelesen hat. In seinen Veröffentlichungen findet sich darauf jedoch keinerlei Hinweis. Barth ist völlig abwesend. Es scheint, als sei Barth verschwunden. Was ist los? Auch hier gibt das Interview von Puchinger einen Hinweis. Als dieser ihn nach seiner Beziehung zu Barth fragt, antwortet Van Ruler:

> „Erst im friesischen Pfarrhaus kamen meine Zweifel zum Vorschein. Zunächst in Bezug auf das Verhältnis von Kirche und Staat – Hoedemaker und Barth sind nicht zu vereinbaren; darin glaube ich meinen Lehrer Haitjema nicht mehr zu verstehen. Dann kam Barths Wertschätzung des Alten Testaments als Spiegel der Ablehnung hinzu. Ich bin nämlich der Meinung, dass das Alte Testament das theokratische Bild ist, das uns auf dem Berg gezeigt wird. Weiterhin seine Ablehnung der Kindertaufe. Nun ja, und davon ausgehend, allgemein, seine Wertschätzung der Geschichte, des apostolischen Prozesses der Christianisierung und der Welt als bloße Bühne, auf der der Bund der Gnade dargestellt wird. Alles zusammengefasst: seine Konzentration auf alles Wertvolle in Christus."[41]

Im Januar 1940 zieht Van Ruler aus dem kleinen Dorf Kubaard in die Stadt Hilversum.[42] In den Jahren in Hilversum entwickeln sich seine Ideen zur Theokratie weiter. Er schreibt mehrfach darüber, insbesondere in sei-

38 Zu Van Rulers Jahren als Pfarrer in Kubaard siehe: Van Keulen, Inleiding (Anm. 4), 22–26.

39 *VW5B*, 78–387.

40 Arnold A. van Ruler, *Kuypers idee eener christelijke cultuur*, Nijkerk 1940.

41 Puchinger, *Hervormd-gereformeerd* (Anm. 14), 356.

42 Zu Van Rulers Jahren in Hilversum siehe: Van Keulen, Inleiding (Anm. 4), 26–34.

nen Büchern „Religie en politiek“ (Religion und Politik, 1945), „Visie en Vaart“ (Vision und Schwung, 1947) und „Droom en Gestalte“ (Traum und Gestalt, 1947). Der zweite Teil des Buches „Religie en Politiek“ besteht aus vierzehn Aufsätzen unter dem Titel „Theocratische grondlijnen“ (Theokratische Grundzüge).[43] Tatsächlich handelt es sich um ein eigenständiges Buch. Van Ruler erwähnt mehrmals den Namen Karl Barths, meistens in positiver Weise,[44] obwohl er auch einige Male Kritik äußert.[45] Wichtiger ist jedoch, dass Van Ruler in seinen „Theocratische grondlijnen“ ein eigenes Konzept entwickelt. Damit distanziert er sich implizit von Barth.[46]

Das Gleiche lässt sich über seine Dissertation „De vervulling van de wet“ (1947) sagen. Auch in diesem Buch wird Barths Name mehrfach erwähnt, sowohl in anerkennender als auch in kritischer Weise. Auffällig ist jedoch vor allem, dass Van Ruler seine eigene Theologie weiterentwickelt. Und in dieser Theologie distanziert er sich erneut implizit von Barth. Van Rulers Dissertation gliedert sich in zwei Teile. Im ersten Teil – „Achtergrond“ – legt er die Grundlage für den zweiten Teil – „Inhoud“ – in dem er seine eigene Sichtweise zur Erfüllung des Gesetzes entwickelt. Im ersten Teil folgt auf ein 46-seitiges christologisches Kapitel ein 145-seitiges pneumatologisches Kapitel.[47] Dies macht deutlich, dass Van Ruler die christologische Konzentration, die für Barths Theologie so charakteristisch ist, nicht länger akzeptiert. Es ist ein schönes Beispiel für die wachsende Distanz zwischen Van Ruler und Barth.

---

43 *VW6A*, 94–335.

44 Siehe beispielsweise: A.a.O., 141; 249; 278.

45 Siehe beispielsweise: A.a.O., 214f.

46 Vgl. H.M. de Knijff, K. Barth und A.A. van Ruler über Gesellschaft und Kultur, in: *Woorden tegen willekeur. Verzamelde opstellen*, Kampen 1989, 194–213; J. M. van 't Kruis, De *Geest als missionaire beweging. Een onderzoek naar de functie en toereikendheid van gereformeerde theologie in de huidige missiologische discussie*, Zoetermeer 1997, 125f.; J.P. de Vries, *Een theocratisch visioen. De verhouding van religie en politiek volgens A.A. van Ruler*, Zoetermeer 2011, insbes. 162–175.

47 Arnold A. van Ruler, *De vervulling van de wet. Een dogmatische studie over de verhouding van openbaring en existentie*, Nijkerk 1947, 72–117 und 118–262.

4. Professor in Utrecht: explizite Kritik und anhaltender Respekt

Am 3. Juni 1947, wenige Wochen vor seiner Promotion (1. Juli 1947), wird Van Ruler zum Professor der Niederländisch-Reformierten Kirche in Utrecht ernannt. Dieses Amt übt er bis zu seinem Tod am 15. Dezember 1970 aus.[48] In dieser langen Zeit setzt Van Ruler fort, was er begonnen hat: die Entwicklung seiner eigenen Theologie. An einer Stelle in seinem Werk beschreibt er die Aufgabe eines systematischen Theologen als mutiges, unabhängiges Denken, das sich nur um die Wahrheit kümmert.[49] Diese Beschreibung eignet sich hervorragend, um Van Rulers eigenes Werk zu charakterisieren.[50] Van Ruler erweist sich immer wieder als origineller Denker, der stets auf der Suche nach der Wahrheit ist und ohne zu zögern auch kontroverse Standpunkte vertritt. Bekannte Beispiele dafür sind seine Ideen zum sogenannten messianischen Intermezzo,[51] zu Kolonien[52] und zur Todesstrafe.[53]

In gewisser Weise kann man in diesem Zusammenhang auch Van Rulers Verhältnis zu Karl Barth erwähnen. Nach dem Zweiten Weltkrieg erhält die niederländische Theologie eine barthianische Prägung. Anfangs war dies vor allem in der Niederländisch-Reformierten Kirche der Fall. Barths Theologie fand beispielsweise in Miskotte einen starken Fürsprecher.[54] Nach der Veröffentlichung von Berkouwers „De triomf der genade in de theologie van Karl Barth" (1954) schlossen sich auch die Gereformeerden dem Barthschen

48 Zu Van Rufers Jahren als Professor in Utrecht siehe: Van Keulen, Inleiding (Anm. 4), 35–45.

49 *TW1*, 120: „Man ist in dieser Arbeit kein einladender Zeuge, sondern ein mutiger, unabhängiger Denker, der sich im Grunde genommen nicht um die Menschen kümmert, sondern nur um die Wahrheit."

50 Vgl. Van Keulen, Inleiding (Anm. 4), 13–15.

51 Van Ruler betrachtet die Inkarnation, die Innewohnung des Geistes, die Himmelfahrt, den Himmel, die Kirche, das Apostolat, die Theokratie usw. als „Zwischenspiel". Siehe beispielsweise: *TW1*, 139; *TW6*, 186; *VW2*, 402; 415; 448; *VW3*, 133; 412; *VW4A*, 303; *VW4B*, 102; *VW5A*, 220; 233; *VW6A*, 152; *VW6B*, 203; 379; 462; Van Ruler, *De vervulling van de wet* (Anm. 47), 107; 196; Arnold A. van Ruler, *Ik geloof. De twaalf artikelen van het geloof in morgenwijdingen*, Nijkerk 1968, 112; Gerrit C. Berkouwer/Adam S. van der Woude, *In gesprek met Van Ruler*, Nijkerk 1969, 60–64. Eng damit verbunden ist Van Rulers These, dass die besondere Offenbarung, die Inkarnation, die Kirche, das Amt usw. Notmaßnahmen Gottes sind, die im Eschaton aufgehoben werden. Vgl. zum umstrittenen Charakter dieses Theologumenon: Dirk van Keulen, Inleiding, in: *VW4*A, 17–40.

52 *VW6A*, 341–394; vgl. Dirk van Keulen, Inleiding, in: *VW6A*, 37–54.

53 Van Ruler, *VW6A*, 395–535; vgl. Van an Keulen, Inleiding (Anm. 52), 54–60.

54 Siehe den Beitrag von Rinse Reeling Brouwer über Miskotte in dieser Ausgabe.

Chor an.[55] Van Ruler passte nicht in dieses Bild. Obwohl er sich bewusst ist, dass er eine abweichende und etwas unbequeme Position einnimmt,[56] sucht er seinen eigenen Weg, auf dem er sich oft implizit oder explizit gegen Barth stellt. In dem Interview mit Puchinger sagt er: „Kurz gesagt, ich fühle mich dem gesamten Lebenswerk von Karl Barth zunehmend fremd und seufze unter der Selbstverständlichkeit, mit der man in der Theologie noch immer teilweise von seinen Grundgedanken ausgeht".[57]

Im Laufe seiner Professur nehmen die Einwände Van Rulers gegen Barths Theologie zu. Bei Zusammenkünften in den Jahren 1965, 1966 und 1967 am Theologischen Seminar Hydepark in Doorn fasst er diese zusammen. Das Dokument „Kritisch Commentaar op de theologie van Karl Barth" notiert nicht weniger als sechzehn Bedenken. Nicht alle Punkte – „es sind nicht mehr als Anmerkungen", sagt er[58] – sind gleichermaßen klar. Alles ist stichpunktartig notiert, und da er offenbar nie das Bedürfnis verspürt hat, dieses Dokument zu veröffentlichen, ist nichts im Detail ausgearbeitet. Dennoch wird doch einiges deutlich. Als Beispiel möchte ich einige der Punkte nennen.

Bevor ich dies tue, ist es jedoch sinnvoll, zunächst auf die Einleitung einzugehen. Van Ruler berichtet darin, dass er als überzeugter Barthianer begonnen habe und dass seine Bedenken und Vorbehalte „nach und nach" entstanden seien. Er merkt auch an, dass er dankbar für die Wende sei, die Barth in der Theologie herbeigeführt habe. Interessant ist auch eine Bemerkung, die Van Ruler an den Rand des Manuskripts geschrieben hat: „Mit Zögern, in aller Vorläufigkeit".[59] Die Bemerkung drückt zwei Dinge aus. Der erste Teil – „mit Zögern" – ist Ausdruck von Van Rulers Respekt vor Barth. Dieser Respekt geht jeder Kritik voraus. Der zweite Teil – „vorläufig" – macht deutlich, dass Van Rulers Sicht auf Barths Theologie nicht endgültig ist. Er ist stets bereit, seine Sichtweise zur Diskussion zu stellen und gegebenenfalls zu überarbeiten.

---

55 Siehe meinen Beitrag über Berkouwer in dieser Ausgabe.

56 Arnold A. van Ruler, *Kritisch Commentaar* (Anm. 36), Inleiding: „Viele werden sagen: Barth wurde falsch verstanden, alles ist theologisch darin enthalten. Man kann kaum anders denken".

57 Puchinger, *Hervormd-gereformeerd* (Anm. 14), 356.

58 Van Ruler, *Kritisch Commentaar* (Anm. 36), Inleiding.

59 A.a.O., Inleiding.

Der erste Kritikpunkt betrifft den „streng methodischen" Charakter von Barths Theologie.[60] Barth denkt konsequent von einem einzigen Ausgangspunkt aus. Das verleiht seiner Theologie einen monistischen Charakter. An anderer Stelle schreibt Van Ruler, dass Barth (ebenso wie Luther und Kohlbrügge) „Fragen und Antworten, die es auch gibt, [vernachlässigt] oder [...] ausgehend von der einen Antwort auf die eine Frage terrorisiert".[61] Van Ruler bringt verschiedene Argumente gegen Barths Methode vor.[62] Erstens passt eine solch strenge Methodik nicht zum Charakter der systematischen Theologie, denn „dazu ist sie zu sehr mit der Kunst verwandt" (bemerkenswert ist, dass Van Ruler Barth in einem anderen Dokument aus derselben Zeit als Künstler charakterisiert! – darauf komme ich später zurück). Zweitens „ist auch die Unterscheidung zur Philosophie zu zweifelhaft". Laut Van Ruler tun beide Disziplinen grob gesagt dasselbe: „alles bis auf den Grund durchdenken".[63] Drittens kann die systematische Theologie „niemals ganz zur Wissenschaft werden". Barths Methode verleiht der Dogmatik „etwas Exaktes, Positivistisches, Absolutistisches".[64] Dies ist insbesondere dann der Fall, „wenn man darüber hinaus die Dogmatik (die Theologie) als Funktion der Kirche betrachtet", denn „dann wird ihr auch noch die Autorität des Wortes Gottes zugeschrieben".[65] Van Ruler zufolge ist die Theologie im Allgemeinen und die Dogmatik im Besonderen keine Funktion der Kirche, sondern der „christianisierten und zu christianisierenden Gemeinschaft" – „sie gehört in die Schule".[66] Viertens hat Barth mit seiner Methode „die Predigt und die Dogmatik zu eng miteinander verbunden". Van Ruler zufolge haben beide ihre eigene Rolle: „Die Dogmatik ist nützlich und notwendig für

---

60 A.a.O., Punkt 1.

61 *VW1*, 92; vgl. a.a.O., 277; *VW2*, 188.

62 Van Ruler, *Kritisch Commentaar* (Anm. 36), Punkt 1.

63 *VW1*, 367 (in einem Aufsatz, der aus derselben Zeit wie „Kritisch Commentaar" stammt). Im Laufe der Jahre ist eine Entwicklung in Van Rulers Sichtweise auf das Verhältnis von Theologie und Philosophie zu beobachten. In seinen frühen Werken stellt er Theologie und Philosophie in scharfem Gegensatz zueinander; in späteren Werken verschwindet dieser Gegensatz und er stellt fest, dass es keinen wesentlichen Unterschied zwischen beiden Disziplinen gibt. Vgl. *VW1*, 155–179; 304; 319; 330; 367; *VW2*, 193–199; *VW3*, 311; *VW4B*, 142; *VW6A*, 99; *VW6B*, 209; 322.

64 Van Ruler, *Kritisch Commentaar* (Anm. 36), Punkt 1.

65 A.a.O., Punkt 1.

66 *TW2*, 78; *TW6*, 98; *VW1*, 134; 277f.; 320; 352; 382; 387; 393; 472; *VW2*, 321, *VW5B*, 220; *VW6B*, 463; Arnold A. van Ruler, *Oriënteringscolleges voor eerstejaars*, verfügbar im Archiv Van Ruler, Inventarnummer III,1, S. 1.

die Predigt – aber sie hat ihre eigene Position: Spiel". Schließlich führt Barths Methode zu enormen Spekulationen. Obwohl auch Van Ruler der Meinung ist, dass Spekulationen nicht vermieden werden können,[67] gehe Barth dabei zu weit. An anderer Stelle in seinem Werk gibt Van Ruler Beispiele für das, was er als spekulative „Monstrositäten" von Barths Theologie bezeichnet:

> „das Schema ‚die Schöpfung als äußerer Grund des Bundes und der Bund als innerer Grund der Schöpfung'; die These, dass Gott, indem er sich selbst als Gott des Menschen wählt, sich in dieser Wahl zu seinem Wesen konstituiert; das Adagium, dass Gott darin nicht nur noetisch, sondern auch ontisch aufgeht, dass er Gott in Christus ist; das Theologumenon, dass die Inkarnation nicht nur ein Perfectum, sondern ein permanentes Perficere ist; die beiläufige Bemerkung, die nicht mehr als ein Versprecher sein kann, dass Jesus von Nazareth die Welt erschaffen hat"[68]

Diese Kritik impliziert nicht, dass Van Ruler selbst jede Form der Systematisierung in der Theologie ablehnt. Es gibt „in der Vielzahl von Fragen und Antworten, wie sie mit Blick auf die Realität gestellt und gegeben werden, Zusammenhänge, strukturelle Verwandtschaften". Obwohl es viele Antinomien gibt und immer wieder Dissonanzen zu hören sind, erkennt man doch „immer und überall [...] denselben Gott". Es wäre „eine enorme Verarmung und Verflachung der Vernunft", „wenn sie sich nicht von den Antinomien anspannen ließe". Deshalb charakterisiert Van Ruler ein dogmatisches System als „ein einziges großes Zittern von einem Widerspruch zum anderen" und betont, dass wir in diesem Punkt noch viel von Hegel lernen können. Ein theologisches System kann jedoch niemals das Werk einer einzelnen Person sein. „Es lässt sich nicht in einer einzigen Dogmatik fassen". Ebenso wenig kann man „von einem bereits feststehenden System aus" arbeiten. Der Systematiker kann höchstens „auf ein noch im Entstehen begriffenes System hinarbeiten", ohne den Anspruch zu haben, dieses zu einem Ganzen vollenden zu wollen."[69] In Bezug auf die Struktur der Theologie sieht Van Ruler selbst „drei disparate Gesichtspunkte: die Trinität, das Reich Gottes und die Prädestination".[70]

67 *VW1*, 89f.; 142; 220; 313; 347; 491; *VW2*, 184f.; *VW3*, 310f.; *VW4A*, 139f.; *VW5A*, 241; 430 Van Ruler, *Ik geloof* (Anm. 51), 59.

68 *VW1*, 350 (und 361–362 für die Quellen bei Barth, die Van Ruler im Blick hat).

69 Alle Zitate nach Anmerkung 68: *VW1*, 91f.

70 Puchinger, *Hervormd-gereformeerd* (Anm. 14), 356.

Ein zweiter Kritikpunkt ist eng mit dem ersten verbunden. In Barths Theologie ist Christus das principium theologiae.[71] Einerseits, so Van Ruler, liege in dieser Konzentration auf Christus „etwas Bewegendes“ und sie sei „äußerst wichtig“. Die Theologie müsse „das Geheimnis der Christus-Realität und das darin enthaltene Salus ernst nehmen“.[72] Andererseits äußert Van Ruler dennoch einige Vorbehalte. Indem man nur auf Christus schaut „und darin den ganzen Gott findet“, werden Gott und Christus „auch miteinander vermischt“.[73] Hinzu kommt, dass Barth Christus „natürlich auch nur in der Heiligen Schrift“ findet. Aber Van Ruler fragt: Was ist dann das principium theologiae? Ist das Jesus Christus oder die Heilige Schrift? Eine weitere Überlegung berührt einen Kernpunkt von Van Rulers eigener Theologie. In der Heiligen Schrift findet Barth laut Van Ruler „nur Christus“. Aber was sollen wir dann mit dem Alten Testament anfangen? Ist das Alte Testament „Christuszeugnis!?“ Van Ruler ging zuvor ausführlich auf diesen Punkt in seiner berühmten und umstrittenen Broschüre[74] über die christliche Kirche und das Alte Testament ein.[75] Barth betrachtet Jesus Christus laut Van Ruler als „das letzte Ziel des Weges Gottes“.[76] Er selbst vertritt eine ganz andere Ansicht, wie aus einer Reihe von Fragen hervorgeht, die er Barth ausdrücklich stellt:

> „Geht es Gott in Israel wirklich um Jesus Christus oder geht es ihm in Jesus Christus vielmehr um Israel? In ähnlicher Weise könnte man fragen: Geht es Gott in den Völkern der Erde um das Volk Israel oder geht es ihm in Israel vielmehr um die Völker der Erde? Aber dann muss man auch bis zum bitteren Ende nachfragen: Geht es Gott in der Schöpfung wirklich um die Gnade, den Bund, das Heil, oder geht es ihm im Heil nur um seine geschaffene Wirklichkeit – dass sie vor seinem Angesicht bestehen kann?“[77]

71 Van Ruler, *Kritisch Commentaar* (Anm. 36), Punkt 2.

72 A.a.O., Punkt 2.

73 A.a.O., Punkt 2.

74 Vgl. Dirk van Keulen, „Inleiding“, in: *VW2*, 46–79.

75 Arnold A. van Ruler, *Die christliche Kirche und das Alte Testament*, München 1955; erstmals auf Niederländisch veröffentlicht in: *VW2*, 418–493; siehe insbesondere 436–461 zu: „Ziet het Oude Testament zelf reeds de Christus?“ (Sieht das Alte Testament selbst bereits Christus?).

76 *VW2*, 457.

77 A.a.O., 457f.

Ein dritter Kritikpunkt betrifft Barths Ablehnung der natürlichen Theologie. In Van Rulers Augen ist das „eine sehr bedauerliche Sache".[78] Durch Christus und die Schrift, so Van Ruler, „sehen wir die Schöpfung wieder". Und er fügt hinzu: „Das ist etwas anderes als Gnade!"[79] Man darf die Schöpfung nicht, wie Barth es seiner Meinung nach tut, als „Vorwegnahme der Inkarnation" betrachten.[80] Mit der Schöpfung hatte Gott „etwas anderes im Sinn als mit Christus". Die Tatsache, „dass ich da bin", ist etwas anderes als „dass ich erlöst bin".[81] Deshalb betont Van Ruler mehr als einmal, dass Gott nicht darin aufgeht, dass er gnädig ist.[82] Die Schöpfung mag zwar „ohne Salus" sein, das bedeutet jedoch nicht, dass sie ἄθεος, ohne Gott, ist.[83] In Van Rulers Augen ist es daher „blasphemisch zu sagen, dass Gott sich uns in der Schöpfung nicht aufdrängt".[84] Jedes Schema von Natur und Übernatur oder von Natur und Gnade muss abgelehnt werden, denn „die Natur ist gut, das einzig Gute: darum geht es."[85] Dies ist ein Kerngedanke der Theologie von Van Ruler. An vielen Stellen seines Werks betont er nämlich, dass es im christlichen Glauben zwar um Christus, um die Versöhnung, um die Rechtfertigung geht, aber dass es letztlich um etwas anderes geht: die Erlösung der Schöpfung und das Anbrechen des Reiches Gottes auf Erden. Zu diesem Zweck sind die besondere Offenbarung, die Inkarnation, die Versöhnung, die Kirche, das Apostolat, das Amt usw. als Notmaßnahme (die im Eschaton aufgehoben wird)[86] und als Mittel (und somit nicht als Ziel) hinzugekommen.[87] In diesem Zusammenhang kann Van Ruler auch sagen, dass es Gott um die Welt, das irdische Leben, das gewöhnliche Leben, die Menschheit,

78 Van Ruler, *Kritisch Commentaar* (Anm. 36), Punkt 4.

79 A.a.O., Punkt 4.

80 A.a.O., Punkt 5.

81 A.a.O., Punkt 5.

82 A.a.O., Punkt 7; *VW1*, 78; 508; *VW2*, 158; 241; 446; *VW3*, 99; 248; *VW4B*, 329; 759f.

83 Van Ruler, *Kritisch Commentaar* (Anm. 36), Punkt 4.

84 A.a.O., Punkt 4.

85 A.a.O., Punkt 4.

86 Siehe beispielsweise: A.a.O., Punkt 4; *VW1*, 216; 288; 445; *VW2*, 459; *VW4A*, 146; 183; 226; *VW4B*, 318; 350; 706; 758; *VW5A*, 215; 240; 280; 285; 569; 622; *VW5B*, 626; *VW6A*, 819; *VW6B*, 142; 203; 228; 391; 396; 804f.; vgl. auch: Dirk van Keulen, „Inleiding", in: *VW4A*, 17–40.

87 Siehe beispielsweise: Van Ruler, *Kritisch Commentaar* (Anm. 36), Punkt 4; *TW1*, 137; *TW2*, 85; *VW1*, 275, 288f., 464; *VW3*, 320, 448; *VW4A*, 147, 233, 244, 269, 301, 361, 375, 381; *VW4B*, 98, 124, 169, 390, 487, 758; *VW5A*, 232, 236, 261, 595; ebenda, *VW5B*, 209, 253, 626, 664, 741, 790, 848; ebenda, *VW6A*, 558, 613, 662, 831; ebenda, *VW6B*, 116, 145, 366, 483, 525, 690, 806, 820, 836.

die Heiligung usw. geht.[88] Deshalb ruft Van Ruler in seinem Werk auch dazu auf, das irdische Leben zu schätzen.[89]

Van Ruler sieht in Barths Theologie nicht nur eine Kontraktion der Schöpfung in Christus. Das Gleiche gilt für den Heiligen Geist. Der Geist wird von Barth „rein christologisch eingeengt".[90] Nach Ansicht von Van Ruler wird Barth der Ausgießung des Heiligen Geistes als Heilsereignis an sich nicht gerecht. Anstelle von Barths christologisch geprägter Theologie plädiert Van Ruler nicht für eine stärker pneumatologisch orientierte Theologie. Als Barth am Ende seines Lebens erklärt, dass alles in seiner Kirchlichen Dogmatik in einem stärker pneumatologisch geprägten Sinne umgeschrieben werden sollte,[91] ist Van Ruler nicht überzeugt: „Der Himmel bewahre uns davor", ruft er Puchinger zu.[92] Van Ruler sucht selbst nach einer trinitarischen Theologie.[93] Das ist nicht einfach. In der Geschichte der Kirche und der Theologie wurden immer wieder Versuche in diese Richtung unternommen, aber keiner dieser Versuche war seiner Meinung nach erfolgreich. Jedenfalls nicht vollständig. Calvin ist dem Ideal vielleicht „am nächsten gekommen".[94] Van Ruler räumt ein, dass er selbst auch nicht genau weiß, wie eine vollständig ausgearbeitete trinitarische Theologie aussehen sollte.[95] Aus diesem Grund kann er nur Anstöße geben, beispielsweise indem er auf die strukturellen Unterschiede zwischen der christologischen und der pneumatologischen Perspektive hinweist.[96]

Die christologische Einengung des Heiligen Geistes führt nach Van Rulers Ansicht auch zu einer „falschen Auffassung vom Geist und seinem Wirken".[97] Das Werk der Vermittlung wird bei Barth „als eigenständiges

88 Siehe beispielsweise: *VW1*, 274, 289; *VW2*, 293, 444, 458, 473; *VW3*, 118, 352, 384; *VW4A*, 184, 221, 237, 244, 264, 375, 436, 483; *VW4B*, 102, 122, 169, 177, 246, 390, 473, 480, 487, 489, 572, 705, 763, 771; *VW5A*, 183, 239, *259*, 570, 595, 600, 608, 643; ebenda, *VW5B*, 764; *VW6A*, 152, 193, 216v., 223, 354, 429, 556, 638; *VW6B*, 136, 189, 193, 203, 228, 257, 504, 525, 582, 805, 835, 864; Van Keulen, Inleiding (Anm. 51), 9.

89 Siehe beispielsweise seinen Aufsatz „De waardering van het aardse leven", in: *VW3*, 406–424.

90 Van Ruler, *Kritisch Commentaar* (Anm. 36), Punkt 8.

91 Siehe: Karl Barth, Nachwort, in: *Schleiermacher-Auswahl. Mit einem Nachwort von Karl Barth*, München/Hamburg 1968, 311–312.

92 *VW1*, 511; Puchinger, *Hervormd-gereformeerd* (Anm. 14), 356.

93 *VW1*, 262–280.

94 A.a.O., 262.

95 A.a.O., 262.

96 *VW4A*, 289–338; 369–391.

97 Van Ruler, *Kritisch Commentaar* (Anm. 36), Punkt 14.

Werk des Geistes zu wenig beachtet".[98] Infolgedessen hat Barth auch zu wenig Augenmerk für „die Vermittelbarkeit des Wirkens des Geistes".[99] Nach Van Ruler wirkt der Geist nicht unmittelbar, nicht wie ein Blitzschlag, nicht „senkrecht von oben". Der Geist wirkt vielmehr durch Mittel: „Worte, Brot, Wein, Wasser".[100] Tradition, Amt, Liturgie und Gemeinde werden von Barth, so Van Ruler, zu „mehr oder weniger selbstverständlichen Dingen" „ausgehöhlt". Man sollte sie vielmehr „als neues und eigenes Werk Gottes (des Heiligen Geistes)" verstehen.[101] Ähnliche Kritik äußert Van Ruler in Bezug auf die Anwendung des Heils bei Barth. In Barths Theologie ist der Mensch rein in Christus und im Ratschluss Gottes enthalten.[102] Infolgedessen kennt Barth nur die „applicatio salutis objectiva". Laut Van Ruler ist das unzureichend. Der Mensch ist nicht „ganz ein Objektivum".[103] Deshalb muss auch die subjektive Seite berücksichtigt werden. Van Ruler selbst war gerade am subjektiven Aspekt sehr interessiert. Aus diesem Grund kann es kein Zufall sein, dass seine Vorlesungen zur Dogmatik jahrelang der applicatio salutis subjectiva gewidmet waren.[104]

Diese Beispiele – und es gibt noch weitere: siehe seinen „Kritisch Commentaar op de theologie van Karl Barth" – machen deutlich, dass Van Ruler sich im Laufe der Jahre von Barth distanziert hat. Er stellt tiefgreifende Fragen zur Theologie seines Schweizer Kollegen. Diese beeinträchtigen jedoch nicht seinen Respekt für Barth. Obwohl er in seiner eigenen Theologie andere Wege eingeschlagen hat, verspürt er in einigen Veröffentlichungen auch das Bedürfnis, seinen Respekt für Barth zum Ausdruck zu bringen. So schreibt er anlässlich von Barths achtzigstem Geburtstag einen Artikel über ihn und spricht im Radio über ihn. Als Barth zwei Jahre später verstirbt, veröffentlicht er ein „In memoriam" über ihn. All diese Veröffentlichungen zeugen von Van Rulers Respekt für Barth.

98 A.a.O., Punkt 14.
99 A.a.O., Punkt 14.
100 A.a.O., Punkt 14.
101 A.a.O., Punkt 14.
102 A.a.O., Punkt 9.
103 A.a.O., Punkt 9.
104 Siehe: Arnold A. van Ruler, De vocatione, in: *VW4B*, 312–374.

Er charakterisiert ihn als „einen der großen Geister unserer Zeit“[105] und als „einen der Giganten der europäischen Kultur des 20. Jahrhunderts“.[106] Ein Mann mit einer unglaublichen Arbeitskraft. Er hat viele tausend Seiten geschrieben, die alle „lesenswert“ sind. „Es ist nie ein Buch von ihm erschienen, das nicht eine Überraschung war“.[107] Ein Mann auch mit einer enormen geistigen Kraft: ein „außergewöhnlich großes Gehirn“. „Er hat alle Probleme des menschlichen Denkens und des christlichen Glaubens durchdacht.“[108] Der Name Karl Barth markiert eine neue Ära in der christlichen Theologie. Aber Barth war nicht nur ein großer Gelehrter, er war auch ein Künstler: „So wie Mozart mit den Noten der Musik zu spielen versteht, spielt Barth mit den Worten und Gedanken.“[109] Bei Barth „sprudelt die ganze Dogmatik des Lebens. Die Musik des Ozeans rauscht durch die endlosen Seiten der umfangreichen Bände seiner Kirchlichen Dogmatik“.[110] Als Leser von Barths Werk fühlt man sich

> „wie ein Schwimmer auf den endlos langen Wellen des Atlantischen Ozeans. Die Sätze sind lang. Die Gedankengänge sind noch länger. Sein Denken greift immer weiter um sich herum, immer weiter vor sich hin. Immer wieder kommen die Wellen in der Brandung an den Küsten unseres irdischen, vergänglichen Daseins an. Aber gleichzeitig wird alles auch wieder zurückgezogen in den Ozean des Heilsgeschehens, von dem die Schrift erzählt. Es ist wunderbar, auf diesem langen Wellengang zu liegen. Es ist auch anstrengend. Alles ist so unglaublich tief und so unglaublich groß.“[111]

Ende der sechziger Jahre ist sich Van Ruler bewusst, dass die Popularität von Barth abnimmt. Seiner Meinung nach scheinen Bonhoeffer und die Gott-ist-tot-Theologie von Sölle, Altizer und Vahanian Barths Platz einzunehmen. Ist Barths Theologie „überholt und veraltet“?[112] Van Rulers Antwort ist eindeutig. Obwohl er sich „mit den Grundstrukturen von Barths Theologie keineswegs einverstanden erklären kann“, ist er der Meinung, dass

105 Arnold A. van Ruler, *Bij de tachtigste verjaardag van Karl Barth*, verfügbar im Archiv Van Ruler, Inventarnummer I,680, 1.

106 Arnold A. van Ruler, In memoriam Karl Barth, in: *Elseviers Weekblad* (21. Dezember 1968), 115.

107 Van Ruler, *Bij de tachtigste verjaardag* (Anm. 105), 1.

108 A.a.O., 1.

109 Van Ruler, In memoriam (Anm. 106), 115.

110 Van Ruler, *Bij de tachtigste verjaardag* (Anm. 105), 1.

111 Van Ruler, In memoriam (Anm. 106), 115.

112 Van Ruler, *Bij de tachtigste verjaardag* (Anm. 105), 2.

alles, was ihr entgegengehalten wird, „nicht viel mehr als leichter Schaum" ist.[113] Deshalb müssen wir laut Van Ruler weiterhin mit Barths Theologie diskutieren. „Nach den theologischen Stürmen unserer Zeit wird sich zeigen, dass sein Werk eine Substanz hat, mit der man sich nicht einfach so abfinden kann".[114]

5. Schlussfolgerung

Van Rulers Verhältnis zur Theologie von Karl Barth ist durch eine Wende gekennzeichnet. Mit dieser Wende steht er im Widerspruch zum Hauptstrom der zeitgenössischen Theologie in den Niederlanden und vertritt eine ganz eigene Linie in der niederländischen Barth-Rezeption.[115]

Als Barths Werk in den 1920er Jahren in den Niederlanden noch umstritten ist, erweist sich der junge Student Van Ruler in Groningen als treuer Anhänger. Wenn Barth sich äußerte, hörte er ihm zu, wie ein Hund seinem Herrn zuhört. In den Jahren als Pfarrer in Kubaard und Hilversum kamen allmählich Zweifel und Fragen auf. Er begann, seine eigene Theologie zu entwickeln, in der er sich implizit von Barth distanzierte. Als Professor in Utrecht setzte er die Entwicklung seiner eigenen Theologie fort. Während Barths Theologie in den Niederlanden Tausende von Anhängern findet, distanziert sich Van Ruler zunehmend von Barth und formuliert ausdrücklich seine Kritik. Diese Kritik beeinträchtigt jedoch nicht seinen Respekt für Barth. Inwieweit Van Ruler mit seiner Kritik an Barth Recht hatte, lasse ich hier offen. Das ist eine Frage für weitere Untersuchungen.

Im Gegensatz zu Barth fordert Van Ruler (1) „eine deutlich stärkere Betonung der eigenständigen Bedeutung des Geschaffenseins gegenüber dem in Christus geschenkten Heil"; (2) „eine viel stärkere Betonung des Wirkens des Heiligen Geistes in seiner eigenen Natur gegenüber dem Wirken Christi", (3) „viel mehr Aufmerksamkeit für die Kirche in ihrer Tradition, Liturgie und amtlichen Struktur" und (4) „viel mehr Raum für die Kultur und den Staat". Oder, wie er es in einem Satz zusammenfasst: „viel mehr Platz für den Menschen gegenüber dem Mittler". Dies kann jedoch nur erreicht werden,

---

113 A.a.O., 2.

114 Ebd.

115 Daher ist es eine echte Lücke, dass Van Ruler in Susanne Hennecke, *Karl Barth in den Niederlanden, Teil 1: Theologische, kulturelle und politische Rezeptionen (1919–1960)*, Göttingen 2014 keine Beachtung findet.

„indem man es in einem erbitterten Kampf gegen die geniale Konzeption von Karl Barth erobert".[116]

116 Alle Zitate: Van Ruler, In memoriam (Anm. 106), 116.

Dirk van Keulen

Die reformierte Kehrtwende

G.C. Berkouwer und Karl Barth

Der Freitagnachmittag des 11. Oktober 1940 ist ein wichtiger Moment im Leben von Gerrit Cornelis Berkouwer (1903–1996). Als reformierter Pfarrer im Amsterdamer Stadtteil Watergraafsmeer wurde er zum Professor für „neuere Theologie" an der Freien Universität ernannt.[1] An diesem Freitagnachmittag im Oktober 1940 hielt er seine Antrittsvorlesung. Diese trug den Titel: *Barthianismus und Katholizismus.*[2] Selten wird sich eine Antrittsrede im Nachhinein als so programmatisch erweisen wie die von Berkouwer.

Berkouwer gehört den Reformierten Kirchen in den Niederlanden (GKN) an. Diese bilden zu diesem Zeitpunkt eine etwas isolierte und nach innen gerichtete Gruppe.[3] Dies ist eine Folge der Entscheidung der Generalsynode der GKN im Jahr 1926, den Amsterdamer Pfarrer J.G. Geelkerken seines Amtes zu entheben und zu bestimmen, dass das Sprechen der Schlange und die beiden Paradiesbäume aus Genesis 3 sinnlich wahrnehmbare

---

1 Nach dem Krieg (1945) wurde Berkouwer zum ordentlichen Professor an der Freien Universität ernannt. Zunächst umfasste sein Lehrgebiet die Fächer Symbolik, Hermeneutik und neue Theologie. Von 1950 bis zu seiner Emeritierung im Jahr 1973 lehrte er unter anderem Dogmatik und Dogmengeschichte. Biografische Angaben zu Berkouwer sind zu finden bei: Cornelis van der Kooi, Berkouwer, Gerrit Cornelis, in: *Biografisch Lexicon voor de geschiedenis van het Nederlandse protestantisme*, Bd. 5, Kampen 2001, 51–55. Eine Übersicht über Berkouwers Veröffentlichungen bietet: Dirk van Keulen, *Bibliografie/Bibliography G.C. Berkouwer*, Kampen 2000. Mit einer Ergänzung in: Ders., *Bijbel en dogmatiek. Schriftbeschouwing en schriftgebruik in het dogmatisch werk van A. Kuyper, H. Bavinck en G.C. Berkouwer*, Kampen 2003, 661–663.

2 Gerrit C. Berkouwer, *Barthianisme en Katholicisme*, Kampen 1940.

3 Die Gereformeerde Kerken war eine kirchliche Abspaltung von 1886 unter Führung Abraham Kuyper innerhalb der *Nederlandse Hervormde Kerk*. Sie richtete sich gegen die als liberal empfundene Kirchenleitung und führte zur Bildung der *Nederduits Gereformeerde Kerken*, die sich 1892 mit der Christelijke *Gereformeerde Kerk* zur *Gereformeerde Kerken in Nederland* vereinigten.

Realitäten gewesen seien.[4] Damit zog sich die GKN in eine Bastion zurück. Man wähnte sich sicher hinter den Mauern einer strengen Bibelauslegung, die dazu führte, dass die Bibel wörtlich gelesen wurde. Von dieser Bastion aus wurden andere theologische Strömungen kritisiert.

Berkouwers Antrittsrede spiegelt das damalige Klima der GKN wider. Barthianismus und Katholizismus sind die beiden Fronten, von denen er sich zu diesem Zeitpunkt abgrenzt. Später in seiner Karriere wird sich Berkouwers Haltung stark ändern. Barth und Rom werden seine wichtigsten Gesprächspartner. Dies hat unter anderem zur Folge, dass er als Zuhörer zum Zweiten Vatikanischen Konzil eingeladen wird.[5] In diesem Beitrag geht es um sein Verhältnis zu Karl Barth: Wie hat sich dieses im Laufe der Jahre entwickelt? Ich muss mich dabei auf einige wenige Kernmomente beschränken. Sein Verhältnis zu Barth verdient es, noch einmal zum Thema einer Dissertation gemacht zu werden.

Der frühe Berkouwer

Berkouwers Antrittsvorlesung ist nicht das erste Mal, dass er über Barths Theologie schreibt. Soweit mir bekannt ist, ist ein vierseitiger Aufsatz über Barth und den heute fast vergessenen Theologen Erich Schaeder (1861–1936) in der Studentenzeitschrift *Fraternitas* seine erste Veröffentlichung über Barths Theologie.[6]

Wichtiger für das Verständnis der Sichtweise des jungen Berkouwer auf die Theologie von Karl Barth sind vier weitere Veröffentlichungen: (1) eine Serie von acht Artikeln über „Die Ethik von Karl Barth" im Frühjahr 1931 in der Wochenzeitschrift „*De Reformatie*";[7] (2) seine Dissertation „*Geloof en openbaring in de nieuwere Duitsche theologie*" (Glaube und Offenbarung *in*

4 Siehe dazu: Vgl. George Harinck (Hg.), *De kwestie Geelkerken. Een terugblik na 75 jaar*, Barneveld 2001; Maarten J. Aalders, *Heeft de slang gesproken? Het strijdbare leven van dr. J.G. Geelkerken (1879–1960)*, Amsterdam 2013.

5 Zu Berkouwers Verhältnis zum Katholizismus siehe: Dirk van Keulen, Afbrokkelen de scheidsmuren: G.C. Berkouwer en het rooms-katholicisme in de jaren vijftig, in: *De Nederlandse jaren van Johannes Willebrands (1909–1960)*, Bergambacht 2015, 73–84; Ders., G.C. Berkouwer and the Council, in: *Trajecta* 22 (2013), 15–28; Eduardo Echeverria, *Berkouwer and Catholicism: Disputed Questions*, Leiden/Boston 2013.

6 Gerrit C. Berkouwer, Erich Schaeder en Karl Barth, in: *Fraternitas* 12/9–10 (1926), 267–270.

7 Gerrit C. Berkouwer, De Ethiek van Karl Barth (I–VIII), in: *De Reformatie* 11/28–35 (1931).

der neueren deutschen *Theologie*) (1932);[8] (3) ein Aufsatz mit dem Titel „De dialectische Theologie“ in einem Sammelband über zeitgenössische religiöse Strömungen (1934);[9] und (4) das Buch *Karl Barth* (1936).[10]

Zwischen diesen vier Veröffentlichungen bestehen Unterschiede. Bestimmte Aspekte, Perspektiven und Fragen werden nur in einer der vier genannten Veröffentlichungen behandelt.[11] Dennoch weisen die Schriften große Übereinstimmungen auf. Dies ist darauf zurückzuführen, dass laut Berkouwer ab der zweiten Auflage von *Der Römerbrief* eine große Kontinuität in Barths Werk zu beobachten ist. Seine Theologie weist „einen einheitlichen Stil“ auf; er ist dabei, seine Theologie „zu einem konsequenten System auszubauen“; „die Grundstruktur ist dieselbe geblieben“.[12]

Berkouwer charakterisiert Barth als „einen großen Theologen, der sein ‚System' leidenschaftlich und unerbittlich, ironisch und messerscharf verteidigt“.[13] Der Kern des „Systems“ ist die „Souveränitätstheologie“ oder „die Lehre von Gottes freier und unverbindlicher Gnade“.[14] In Barths Theologie liegt der Schwerpunkt auf der Freiheit und Souveränität Gottes. Deshalb betont Berkouwer in seinem Aufsatz von 1934:

> „Oberflächlich betrachtet kann sein Werk – auch die neue Dogmatik – manchmal den Eindruck einer ermüdenden Wiederholung erwecken, aber diese Wiederholung, dieses Hören desselben Klangs von Anfang bis Ende, ist nichts anderes als die eine Botschaft, die Barth vermitteln will, die kritische Perspektive für Kirche und Theologie, die Korrektur, den dringenden ‚Mahnruf', der gerade durch die immer wieder notwendige Wiederholung seine kritische und korrigierende Kraft erhält, dass Gott nicht nur das erste, sondern auch das letzte Wort hat, dass Gott Gott ist und bleibt, auch – ja! – in seiner Gnade.“[15]

8 Gerrit C. Berkouwer, *Geloof en openbaring in de nieuwere Duitsche theologie*, Utrecht 1932.

9 Gerrit C. Berkouwer, De dialectische theologie, in: *Beproeft de geesten. Hedendaagsche stromingen op religieus gebied* (1934), Amsterdam ^{2}1939, 69–113. Im Folgenden beziehe ich mich auf die zweite Auflage.

10 Gerrit C. Berkouwer, *Karl Barth* (1936), Kampen ^{2}1937. Ich beziehe mich im Folgenden auf die zweite Auflage (aufgrund eines hinzugefügten „Vorworts zur zweiten Auflage“ umfasst diese Ausgabe zwei Seiten mehr).

11 Siehe dazu: Martien E. Brinkman, *De theologie van Karl Barth: dynamiet of dynamo voor christelijk handelen. De politieke en theologische kontroverse tussen Nederlandse barthianen en neocalvinisten*, Baarn 1983, 24–64.

12 Berkouwer, De dialectische theologie (Anm. 9), 71, 81; Ders., *Karl Barth* (Anm. 10), 24f.

13 Berkouwer, De dialectische theologie (Anm. 9), 72.

14 A.a.O., 80; Ders., *Karl Barth* (Anm. 10), 26.

15 Berkouwer, De dialectische theologie (Anm. 9), 73.

Der Grundgedanke von Barths Theologie besteht laut Berkouwer daher in der ständigen Betonung des Dualismus zwischen Zeit und Ewigkeit und des qualitativ unendlichen Unterschieds zwischen Gott und Mensch.[16] Das Endliche kann das Unendliche nicht fassen.[17] „Gott ist der vollkommen Transzendente, der Ewige, und der Mensch in seiner Begrenztheit als endliches und sündiges Geschöpf steht in Seinem Gericht, in der Krise des göttlichen Urteils.“[18] Deshalb kann Barth auch als „Theologe der Krise“ bezeichnet werden.[19]

Dieser Grundgedanke ist laut Berkouwer das alles beherrschende Motiv von Barths Theologie. Es ist der rote Faden, den er überall in seiner Theologie aufzeigen kann,[20] zum Beispiel in Barths Sicht der Prädestination,[21] der Gottheit Christi,[22] der Rechtfertigung und Heiligung,[23] den Sakramenten,[24] der Kirche,[25] dem Reich Gottes,[26] der Geburt aus der Jungfrau Maria,[27] der „Theologie des Kreuzes“[28] und der Ethik.[29] Dies gilt insbesondere für Barths Offenbarungslehre und Schriftlehre. Berkouwer hat darüber ausführlich in seiner Dissertation geschrieben. Da er sich dabei sehr kritisch zeigt, möchte ich etwas näher darauf eingehen.

Der Kern von Barths Offenbarungslehre besteht laut Berkouwer in den Worten: *Deus dixit*.[30] Er arbeitet dies heraus, indem er zeigt, wie dieses *Deus dixit* in Barths Lehre von den drei Gestalten des Wortes Gottes funktioniert.

16 Gerrit C. Berkouwer, *Karl Barth* (Anm. 10), 26f.

17 Berkouwer, De dialectische theologie (Anm. 9), 75; Ders., *Karl Barth* (Anm. 10), 26, 84, 197.

18 A.a.O., 28.

19 A.a.O., 50.

20 A.a.O., 76: „Von allen Seiten, von denen man sich Barth's Theologie nähert, wird man mit diesem konsequent durchgeführten Thema von Barth's Theologie in Berührung kommen: die Freiheit, die Souveränität und die Aktualität des Wortes Gottes“; vgl. 96.

21 Berkouwer, De dialectische theologie (Anm. 9), 102; Ders., *Karl Barth* (Anm. 10), 33.

22 Berkouwer, De dialectische theologie (Anm. 9), 102; Ders., *Karl Barth* (Anm. 10), 76.

23 A.a.O., 42f.

24 Berkouwer, De dialectische theologie (Anm. 9), 102; Ders., *Karl Barth* (Anm. 10), 67f.

25 Berkouwer, De dialectische theologie (Anm. 9), 79; Ders., *Karl Barth* (Anm. 10), 39f.

26 Berkouwer, De dialectische theologie (Anm. 9), 79; Ders., *Karl Barth* (Anm. 10), 104f.

27 A.a.O., 63f.

28 Berkouwer, De dialectische theologie (Anm. 9), 89; Ders., *Karl Barth* (Anm. 10), 71f.

29 Siehe die zuvor (Anmerkung 7) erwähnte Reihe von Aufsätzen aus der Wochenzeitschrift *De Reformatie*.

30 Berkouwer, *Geloof en openbaring in de nieuwere Duitsche theologie* (Anm. 8), 107, 124; Ders., *Karl Barth* (Anm. 10), 49.

Im Mittelpunkt steht dabei „der Gedanke der Subjektivität Gottes und der Subjektivität des Wortes Gottes".[31] So bildet die Freiheit und Souveränität Gottes auch den Kern von Barths Offenbarungslehre. Die Initiative für Gottes Offenbarung liegt ganz bei Gott. Wir Menschen können Gott in keiner Weise zwingen, sich zu offenbaren. Mit dem Gedanken der Subjektivität des Wortes Gottes ist gemeint, „dass das Wort niemals von Gott abstrahiert, losgelöst und somit auch niemals zu einer ‚Gegebenheit', einem ‚Objekt' werden kann, über das wir in irgendeiner Weise verfügen".[32] In seiner Offenbarung bleibt Gott selbst das Subjekt.

Dieser Gedanke der unaufhebbaren Subjektivität Gottes bildet dann auch den Kern von Barths Schriftlehre. Die Bibel ist für Barth Zeugnis von Gottes Offenbarung. Berkouwer betont, dass Barth dies nicht im Sinne der Schrift als (menschliche) „Urkunde der historischen Offenbarung" versteht, wie es in vielen theologischen Strömungen des 19. und frühen 20. Jahrhunderts der Fall ist. Aus diesem Grund zögert Berkouwer in seiner Dissertation nicht, seine Wertschätzung für das Denken über die Schrift in der dialektischen Theologie im Allgemeinen zum Ausdruck zu bringen: „Es lässt sich nicht leugnen, dass in der dialektischen Theologie mehr als bei verschiedenen neueren Theologen die Heilige Schrift als Wort Gottes betont wird". Er fährt jedoch sofort mit einer kritischen Bemerkung fort: „Es muss aber auch festgestellt werden, dass Barth die Heilige Schrift keinesfalls als objektive Gegebenheit, als direkte Offenbarung verstehen will, die zu uns gekommen ist, um uns zur Erkenntnis Gottes zu führen."[33] Laut Berkouwer zeigt sich dies in drei Merkmalen von Barths Schriftlehre:

1. Die Ablehnung der Lehre von der wörtlichen Inspiration: Laut Barth wird die Bibel mit Hilfe dieser Theorie zu einem himmlischen Diktat, zu „einem Orakel, in dem es um ‚menschliche Irrtumslosigkeit oder sonstige Vortrefflichkeit' geht". In diesem Moment *ist* die Bibel Gottes unfehlbare Offenbarung, über die Menschen verfügen können. Barth will davon nichts wissen. Gottes Offenbarung ist „immer indirekt, in der Offenbarung verborgen und in der Verborgenheit offenbart". Dies bedeutet für den Menschen eine Irritation, die im Glauben überwunden werden muss. In Bezug auf die Bibel ist es die Erkenntnis, dass das biblische Zeugnis durch und durch menschlich geprägt ist, das heißt, „dass Gott durch menschliche und ‚also'

31 Berkouwer, *Geloof en openbaring in de nieuwere Duitsche theologie* (Anm. 8), 109.

32 A.a.O., 109; vgl. Ders., *Karl Barth* (Anm. 10), 55.

33 Berkouwer, *Geloof en openbaring in de nieuwere Duitsche theologie* (Anm. 8), 110, vgl. 193.

fehlbare Zeugnisse spricht". Aus dieser Perspektive betrachtet, hat Barth – anders als Berkouwer – keine Einwände gegen die historisch-kritische Bibelforschung.[34]

2. Barths Kanonbegriff: Einerseits widersetzt sich Barth laut Berkouwer der Vorstellung, dass der Kanon abgeschlossen sei. Das würde nämlich eine Beeinträchtigung der Souveränität und Freiheit Gottes bedeuten. Gott wäre dann an den Kanon gebunden und könnte sich nur durch diesen abgeschlossenen Kanon offenbaren. Andererseits lehnt Barth die römisch-katholische Auffassung ab, dass es eine ununterbrochene Linie von Gottes ursprünglicher Offenbarung durch die gesamte Kirchengeschichte bis zur Kirche gibt. Auf diese Weise wird das Verhältnis zwischen Schrift und Kirche stabilisiert und „die Offenbarung in der Kirche unmittelbar gegenwärtig gemacht". Auch das ist eine Beeinträchtigung der Freiheit Gottes. Barth widersetzt sich daher einer solchen direkten, ununterbrochenen Linie: „Niemand kann über das Wort Gottes verfügen". „Es gibt keine faktisch vorhandene Offenbarung Gottes in der Kirche, an der sich die Kirche orientieren kann, sondern die Schrift ist der Ort, an dem immer wieder die ‚Entscheidung' fällt". Genau aus diesem Grund hält Barth dennoch am Kanonbegriff fest. Die Kirche besitzt also Gottes Offenbarung nicht im Sinne einer „Offenbartheit". Stattdessen bedeutet der Offenbarungscharakter des Wortes Gottes, dass es sich um „eine wirkliche Offenbarung, ein Handeln Gottes durch das Medium der Heiligen Schrift" handelt. So betont Barth, laut Berkouwer, „das immer aktuelle Sprechen Gottes in seiner Offenbarung".[35]

3. Barths Betonung der Subjektivität des Wortes Gottes. Dies ist laut Berkouwer der Brennpunkt von Barths Offenbarungslehre und Schriftlehre, in der alle Linien zusammenlaufen. Das Wort Gottes ist keine Gegebenheit, die in der Welt vorhanden ist und über die Menschen verfügen können. Im Wort Gottes tritt Gott selbst als handelndes Subjekt in Erscheinung: „Das Wort Gottes ist nicht etwas ‚Gegebenes', das wir vor uns haben, oder in der Na-

---

34 A.a.O., 111, 204; Ders., *Karl Barth* (Anm. 10), 57f.; Ders., In de greep der kritiek, in: *Gereformeerd Theologisch Tijdschrift* 38 (1937), 169–173; Ders., *Het probleem der Schriftkritiek*, Kampen 1938, 27–34; Ders., Hedendaagsche Schriftbeschouwing, in: *Bondsboekje* 1939 (o. O. o. J. [1939], Ausgabe der Vereinigung „De Gereformeerde Mannenbond"), 16f.

35 Berkouwer, *Geloof en openbaring in de nieuwere Duitsche theologie* (Anm. 8), 111, 204; Ders., *Karl Barth* (Anm. 10), 57f.; Ders., In de greep der kritiek (Anm. 34), 169–173; Ders., *Het probleem der Schriftkritiek* (Anm. 34), 27–34; Ders., Hedendaagsche Schriftbeschouwing (Anm. 34), 16f.

tur, oder in der Geschichte, in Christus oder in der Bibel, sondern es ist die Offenbarung ‚einer uns begegnenden Person'".[36]

Von großer Bedeutung für Berkouwers frühe Barth-Interpretation ist dann die Art und Weise, wie er dies mit Barths Glaubensbegriff verbindet. Ausgehend vom zentralen Motiv der unaufhebbaren Subjektivität Gottes lehnt Barth jede Form des Subjektivismus ab. Das führt laut Berkouwer zu Aussagen, in denen es so scheint, als würde die menschliche Subjektivität im Glauben vollständig ausgeschaltet. Gott kann nur erkannt werden, weil er sich offenbart. Da Gott jedoch Subjekt seiner Offenbarung bleibt und der Mensch über Gottes Offenbarung nicht verfügen kann, wird der Mensch als gläubiges Subjekt aufgehoben. Der Mensch wäre nur dann Subjekt und bliebe es auch, wenn Gottes Offenbarung ein Objekt wäre, über das der Mensch in Erkenntnis verfügen könnte. Das ist jedoch nicht der Fall: Vom Menschen aus gibt es keinen Weg zu Gott. Der Mensch besitzt kein Organ, um Gottes Offenbarung in sich aufzunehmen.[37] So erweckt Barth laut Berkouwer den Eindruck, dass die „Korrelation" zwischen Glauben und Offenbarung durch die Streichung des einen Pols, des menschlichen Glaubens, unterbrochen wird.[38]

Ausgehend von der von Kuyper und Bavinck bestimmten Theologie innerhalb der GKN kritisiert Berkouwer vor allem zwei Vorannahmen von Barths Theologie. Erstens widersetzt er sich der Vorstellung, dass man, wenn man von Gottes Offenbarung als einer Gegebenheit ausgeht, von Gott selbst abstrahiert: „Es scheint uns eine der Hauptfragen für die Beurteilung der ‚dialektischen' Theologie zu sein, ob diese Kritik an der Offenbarung als ‚Offenbartheit', als ‚gegebene' Offenbarung richtig ist und ob diese Betrachtung tatsächlich von Gott abstrahiert und ein ‚Gegebenes', das in unserer Reichweite liegt, als Gottes Offenbarung wertschätzt, ohne Gottes aktuelles Sprechen zu benötigen."[39] Zweitens kritisiert Berkouwer Barths Betonung des aktuellen Sprechens Gottes. Laut Berkouwer wird Barth damit dem his-

36 Berkouwer, *Geloof en openbaring in de nieuwere Duitsche theologie* (Anm. 8), 115f.; Ders., *Karl Barth* (Anm. 10), 62, 196.

37 Berkouwer, *Geloof en openbaring in de nieuwere Duitsche theologie* (Anm. 8), 121; vgl. Ders., *Karl Barth* (Anm. 10), 75, 200.

38 Der Begriff „Korrelation" ist ein Schlüsselbegriff in der Theologie von Berkouwer. Siehe später Anmerkung 62.

39 Berkouwer, *Geloof en openbaring in de nieuwere Duitsche theologie* (Anm. 8), 207.

torischen Charakter der Offenbarung Gottes nicht gerecht,[40] wirft er tiefgreifende Fragen hinsichtlich des Verhältnisses zwischen Gott einerseits und Mensch und Welt andererseits auf[41] und wird er gerade Gottes Freiheit nicht gerecht. Berkouwer schreibt:

> „Die Leugnung einer ‚gegebenen', unmittelbaren Offenbarung ist nichts anderes als eine Leugnung der Freiheit Gottes, eine solche Offenbarung zu gewähren [...]. Nicht der Gedanke der Freiheit und der Macht Gottes, sich zu offenbaren, ist falsch, sondern es ist falsch, dass dieser Gedanke der Macht dazu benutzt wird, den absolut verbindlichen Charakter einer ‚gegebenen' Offenbarung gegen eine ‚willkürliche' Offenbarung Gottes auszutauschen."[42]

Aus diesem Zitat wird deutlich, dass für Berkouwer eine „faktische, real in der Geschichte vorhandene Offenbarung" und eine „gegebene" Offenbarung unverzichtbar sind. Er lokalisiert diese in der Bibel. Dies muss laut Berkouwer nicht auf Kosten der Aktualität des Sprechens Gottes gehen. Denn da die Schrift laut Berkouwer verbal inspiriert ist,[43] spricht Gott in ihr im Hier und Jetzt des heutigen Lesers. Schließlich wird aus dem Zitat deutlich, dass es laut Berkouwer in Barths Theologie Willkür in Gottes Offenbarung gibt. In seiner Dissertation geht Berkouwer kaum darauf ein, was er damit meint. Unmittelbar nach dem Zitat schreibt er lediglich:

> „Es scheint uns unbestreitbar, dass hier ein Zusammenhang zwischen der ‚aktualistischen' Theologie und dem occamistischen Nominalismus besteht. [...] Wir haben den starken Eindruck, von der potentia ordinata zurückgedrängt zu werden zur potentia absoluta von Duns Scotus, mit dem Unterschied, dass nicht wie bei Scotus praktisch nur mit der potentia ordinata gerechnet wird, sondern vielmehr die potentia absoluta zum beherrschenden Prinzip der Theologie geworden ist."[44]

---

40 A.a.O., 208, vgl. 210; Ders., De dialectische theologie (Anm. 9), 95; Ders., *Karl Barth* (Anm. 10), 30–33.

41 Berkouwer, *Geloof en openbaring in de nieuwere Duitsche theologie* (Anm. 8), 211f.

42 A.a.O., 215; vgl. Ders., De dialectische theologie (Anm. 9), 115, 123.

43 Zu Berkouwers früherer Schriftbetrachtung siehe: Van Keulen, *Bijbel en dogmatiek* (Anm. 1), 285–350.

44 Berkouwer, *Geloof en openbaring in de nieuwere Duitsche theologie* (Anm. 8), 215; vgl. 242: „In der Annahme der Schriftopenbarung mit absoluter Autorität liegt keine menschliche Begrenzung der Freiheit Gottes, sondern die Ablehnung der occamistischen Auffassung dieser Freiheit".

Auf Berkouwers Dissertation wird unterschiedlich reagiert. Die Unterschiede spiegeln die Trennlinien zwischen den kirchlichen Konfessionen in den Niederlanden zu dieser Zeit wider. Der damals noch reformierte Pfarrer – später wurde er zum Professor an der Theologischen Hochschule in Kampen ernannt – G. Brillenburg Wurth schreibt eine ausführliche Rezension ohne jegliche Kritik in der *Gereformeerd Theologisch Tijdschrift*. Er bezeichnet Berkouwers Buch als „eine hervorragende Orientierung in den großen Fragen, die die Theologie unserer Zeit bewegen", und „einen gewichtigen Beitrag zur Apologie unseres reformierten Bekenntnisses".[45] Anders fällt die Rezension von Miskotte in der Zeitschrift *Onder Eigen Vaandel* aus. Er beginnt mit Lob: „Dies ist ein gutes, ein solides Buch". Die Wahl des Themas sei „sehr glücklich", der Aufbau der Studie sei gut, der Autor habe „seine Autoren viel und genau gelesen" und „die Darstellung sei im Allgemeinen fair und ausgewogen". Auf den folgenden Seiten zeigt Miskotte jedoch, dass Berkouwers (frühe) Interpretation von Barth falsch ist. Zu Berkouwers These, dass Barth die Korrelation zwischen Glauben und Offenbarung aufhebt, merkt Miskotte an: „Diese Fragestellung ist falsch und zerstört das Gegebene, den Gegenstand der Bemühungen des Autors. Ist Barth denn so unverständlich, dass ein intelligenter und wohlwollender Forscher zu einer solchen Ausflucht greift?" Bezeichnend ist auch Miskottes Kritik am Vorwurf des Occamismus:

> „Dies ist außerdem Barths Fehler (sagt Dr. B.), dass er beispielsweise schreibt: Keine seiner (Gottes) Taten und Gaben ‚an sich', abstrahiert von ihm, kann zweideutige, Gewissheit begründende, zwingende Autorität sein, denn eine solche Betrachtung ‚an sich' ist nicht möglich, und Barth hält sie doch für möglich! Missverständnis! Eine solche Abstraktion ist im Glauben tatsächlich ‚unmöglich' und auch in der Theologie als Akt des Glaubens ‚unmöglich', aber sie ist im menschlichen Subjekt sehr wohl möglich und unter anderem gerade in der neocalvinistischen Theologie immer wieder möglich, tatsächlich vorhanden und nachweisbar. Barth wird dann weiter occkhamistisch interpretiert, als wäre er ein Anhänger von [...] Hans Michael Müller und dieser wiederum kein Abtrünniger von Barth und ein häretischer Verfechter des Aktualitätsgedankens."[46]

45 Gerrit Brillenbrug Wurth, Rezension von G.C. Berkouwer, Glaube und Offenbarung in der neueren deutschen Theologie, in: *Gereformeerd Theologisch Tijdschrift* 34 (1933) 143–146 (Zitate 146).

46 Kornelis H. Miskotte, Rezension von G.C. Berkouwer, Geloof en openbaring in de nieuwere Duitsche theologie, in: *Onder Eigen Vaandel* 9 (1934) 262–267 (Zitate 262, 264, 265); vgl. 267: „Bei aller Wertschätzung für sein theologisches Wissen und Lob für seinen Fleiß (die an sich durch das Versagen gegenüber Barth nur geringfügig verringert

Kritik wie diese wird Berkouwer dazu veranlasst haben, sich weiter mit Barths Theologie zu beschäftigen und ihr einige Jahre später ein neues Buch mit dem Titel *Karl Barth* zu widmen. Wie sehr ihn die Kritik von Miskotte getroffen hat, zeigt sich beispielsweise in der „Vorbemerkung", die er der zweiten Auflage voranstellt. Darin schreibt er unter anderem über die „von einigen Rezensenten vorgebrachten Einwände, die sich in dem Vorwurf zusammenfassen lassen: Misunderstood! [...]". Das scheint eine direkte Reaktion auf Miskottes „Missverständnis!" zu sein.

In seinem Buch *Karl Barth* geht Berkouwer näher auf den Vorwurf des Occamismus ein.[47] Es ist kein Zufall, dass er dies im Kapitel über „Das Grundmotiv von Barths Theologie" tut, das den Kern des Buches bildet. In Barths Werk liege ein großer Schwerpunkt auf der „Vorbehaltlichkeit" des freien Sprechens Gottes. Um dies richtig zu verstehen, weist Berkouwer auf einen Unterschied zwischen Barth und Occam hin:

> „Barth geht nicht von einer positiven Offenbarung aus, die dann vom verborgenen Gott wieder in Frage gestellt werden kann. Barth kennt nur eine Offenbarung. Bei Occam gab es eine positive Ordnung, die noch einen dominierenden Platz einnahm und im Hintergrund stand, dann die ‚Vorbehalte' der göttlichen Souveränität. Bei Barth gibt es diesen Dualismus in *dieser* Form nicht. Aber nur, weil alle positiv gegebene Offenbarung vom aktuellen Wort Gottes absor-

---

wird) bleibt *dies* für uns der Hauptkritikpunkt an diesem Werk, dass der Autor so sehr Zuschauer im Kampf seiner Brüder und Genossen geblieben ist und so wenig verstanden hat, dass darin nicht Unglaube, Zweifelsucht, künstliche Problematik (obwohl sicherlich all das auch mitspielt, wie könnte es auch anders sein?) das Wesentliche ist, sondern ein neuer, uns von Gott auferlegter Kampf, um den Glauben an die Heilige Schrift als Gottes Wort zu aktueller und verbindlicher Klarheit zu bringen, zum Heil der Kirche Christi, zum ausdrücklichen Segen auch für die Welt, die sich hinter den alten und neu zusammengeflickten Inspirationstheorien versteckt und sich gegen die wahre und wesentliche Autorität des Wortes verschanzt. Die meisten der jüngeren Theologen unter uns leiden unter dieser Aufgabe. Man muss zugeben, dass es nicht verwunderlich ist, wenn sie, als sie aufblicken, überrascht den bekannten Konstantin über sich entdecken, der sie ‚mit einem trüben Blick auslacht' und wie ein ‚Cherub von oben' mit Mitleid auf die Arbeit eines Jahrhunderts der Theologie herabblickt, als auf diese „Welt, die so durcheinander gewirbelt ist, vor die schmerzhafte Wahl gestellt zu werden, sich selbst als schwerhörige Querulanten zu betrachten oder das ‚selige Kindchen' für einen imaginären Zuschauer" (die Rezension wurde neu veröffentlicht in: K.H. Miskotte, *Verzameld Werk, Teil 2. Karl Barth*, herausgegeben von A. Geense und H. Stoevesandt , Kampen 1987, 250–257).

47 In dem Artikel De dialectische Theologie (Anm. 9) wird es nur auf Seite 103 erwähnt.

biert wird. Und darin besteht trotz aller Unterschiede doch eine unbestreitbare Verwandtschaft."[48]

Berkouwer hält trotz des Unterschieds zwischen Occam und Barth den Vorwurf des Occamismus aufrecht. Der Grund, warum er so viel Wert darauflegt, ist, dass seiner Meinung nach in Barths Theologie „die Beständigkeit", die Verlässlichkeit aus Kirche und Theologie entfernt wird. Denn

> „Occam ließ eine positive Offenbarung gelten, und Barth gibt diese positive *gegebene* Offenbarung – zumindest grundsätzlich – der historischen Kritik preis und lehrt, dass Gottes eigentliche Offenbarung *durch* die gegebenen ‚Formen' hindurchgeht, aber dennoch niemals mit dem Gegebenen identifiziert werden darf. [...] Da bei Barth der Weg zu einem positiven ‚Gegebenen' als Ausgleich für die Unsicherheit versperrt ist, wird die Souveränität Gottes bei Barth vollständig durch das Prinzip der *Aktualität* bestimmt. Das Wort Gottes muss aus der Umklammerung des ‚Gegebenen' ‚befreit' werden, und das ist nur in der Aktualität und Kontingenz des göttlichen Wortes möglich. Die Souveränität Gottes kann laut Barth nur durch das aktualistische Offenbarungskonzept aufrechterhalten werden, in dem sich die göttliche Offenbarung zwar *durch das ‚Gegebene'* manifestieren kann, aber dennoch *jenseits* des Gegebenen als Stimme, als Wirklichkeit Gottes bleibt. In jeder direkten Offenbarung wird diese Souveränität Gottes ‚vermenschlicht', denn dann ist sie an unsere vergängliche menschliche Wirklichkeit gebunden."[49]

In Barths Theologie wird laut Berkouwer „alles in Kirche und Theologie unsicher und wankelmütig". „Es ist zutiefst die *Zuverlässigkeit* Gottes, die in Barths Theologie auf dem Spiel steht, das ‚Verlassen' auf Sein Wort. Gottes Offenbarung wird ihres Sinns beraubt, wenn gegenüber allem ‚Gegebenen' auf die ‚tiefere' ‚Wirklichkeit' des verborgenen Gottes verwiesen wird."[50] Das Thema der Gewissheit des Glaubens und der Zuverlässigkeit Gottes war in den 1930er Jahren sehr prägend für den theologischen Kurs innerhalb der GKN. Es war beispielsweise auch prägend für die Schriftbetrachtung.[51]

Wie wird auf das Buch *Karl Barth* reagiert? Man kann sagen: auf die gleiche Weise wie auf seine Dissertation. Der Kampener Professor A.G. Honig schreibt eine ganz und gar wohlwollende Rezension in der *Gereformeerd Theologisch Tijdschrift*. Die Lektüre sei ihm „ein Vergnügen" gewesen. Er

48 Berkouwer, *Karl Barth* (Anm. 10), 91f.

49 A.a.O., 92f. (Hervorhebung durch Berkouwer).

50 A.a.O., 94f. (Hervorhebung durch Berkouwer); vgl. Gerrit C. Berkouwer, *Een halve eeuw theologie. Motieven en stromingen van 1920 tot heden*, Kampen 1974, 57.

51 Vgl. Van Keulen, *Bijbel en dogmatiek* (Anm. 1), 622f.

erwartet, dass das Buch „einen dauerhaften Platz in der Barth-Literatur einnehmen wird" und schließt mit den Worten: „Die ‚konfessionelle' Richtung bei uns möge dieses Buch sorgfältig und vor Gott erwägen und erkennen, dass gegenüber der Theologie Barths ein entschiedenes ‚Nein' der Heiligen Schrift und unserer Konfession geboten ist". Damit macht Honig auch deutlich, wie sehr Berkouwers Buch *Karl Barth* mit der damals allgemein vorherrschenden Ablehnung von Barths Theologie innerhalb der GKN im Einklang steht.[52] Kernpunkt dabei war – wie Jan Veenhof schreibt –, „dass Barth der Schrift als Aufzeichnung der Offenbarung nicht gerecht wird".[53]

Miskotte schweigt sich in *Onder Eigen Vaandel* darüber aus. In seinem Tagebuch lesen wir: „Buch von Berkouwer in der Elizabethstraat gekauft: Barth beunruhigt weiterhin die Neocalvinisten".[54] Die Kritik aus reformierten Kreisen kommt diesmal von Berkhof. Er rezensiert Berkouwers Buch in der Zeitschrift *Libertas ex Veritate*. Da sich diese Rezension als sehr wichtig für Berkouwers Rezeption von Barths Theologie erweisen wird, ist hier ein langes Zitat angebracht. Berkhof schreibt:

> „Dr. B. sagt also: Wenn Barth konsequent wäre, müsste er jede Zuverlässigkeit Gottes leugnen und damit jede wesentliche Offenbarung aufheben [...]. Wenn Barth konsequent wäre......; darin liegt der Kern der Kritik. Darin liegt auch der Grund, warum diese Kritik Barth letztendlich doch nicht trifft. Denn sie geht von Vorannahmen aus, die Barth nicht teilt. Die dialektische Theologie will kein System sein. Ein System ist ein Gedankengut, das sich logisch aus einem bestimmten Prinzip entwickelt und das konsequent sein muss oder gar nicht sein darf. Die neo-calvinistische Theologie, für die Dr. B. eintritt, ist ein solches System, an das daher der Anspruch der Konsequenz gestellt werden kann [...]. Die dialektische Theologie will kein solches System sein, sondern Verweis auf, Dienst an der Offenbarung Gottes. Deshalb hat sie konsequenterweise auch kein Interesse daran. Sie hat nur ein Interesse daran, auf ihre Weise wiederzugeben, was Gott in seiner Offenbarung sagt. Deshalb kann man nicht so von der göttlichen Vorbehaltung sprechen, wie Dr. B. es tut, nämlich als wäre dies das Prinzip, von dem diese Theologie ausgeht [...]. Dr. B. hat offenbar nicht

52 Anthonie G. Honig, Rezension von G.C. Berkouwer, Karl Barth, in: *Gereformeerd Theologisch Tijdschrift* 37 (1936) 267f.

53 Jan Veenhof, Het GTT ging een eeuw lang mee. Hoofdmomenten uit een geschiedenis van honderd jaar theologiseren, in: *Theologie op de drempel van 2000. Terugblik op 100 jaar Gereformeerd Theologisch Tijdschrift*, Kampen 1999, 32.

54 Kornelis H. Miskotte, *Verzameld Werk*, Bd. 5B. *Uit de dagboeken 1935–1937*, samengesteld en toegelicht door A. C. den Besten/H. Breebaart-Miskotte/E. Kuiper-Miskotte, Kampen 2001, 209.

> gesehen, dass diese Forderung nach Konsequenz aus seinen neo-calvinistischen Annahmen hervorgeht, die Barth nicht teilt. Das ist schade, denn dadurch hat er auch die Gelegenheit verpasst, das relative Recht der dialektischen Theologie gegenüber der neo-calvinistischen anzuerkennen. Die erste wirft der letzteren geradezu vor, systemisch zu sein, ein eigenes Zentrum außerhalb des aktuellen Sprechens Gottes zu besitzen. Der Neo-Calvinismus findet den archimedischen Punkt in der Wiedergeburt, von dem aus dann das gesamte christliche Leben wie aus einem ‚Keim' ‚organisch erblüht' […], ohne dass theologisch ausreichend berücksichtigt wird, dass dieses Leben, um fortbestehen zu können, von Augenblick zu Augenblick den Mittelpunkt über sich suchen muss, in der Offenbarung der Gnade Gottes, die den Sünder, auch den frommen Sünder, gerecht spricht."[55]

Das ist eine grundlegende Kritik an Berkouwer. Ausgehend von seinen eigenen neocalvinistischen Vorannahmen hätte Berkouwer Barths Theologie missverstanden.

Und Barth selbst? In einem Interview anlässlich seines 90. Geburtstags erzählt Berkouwer von Barths Reaktion:

> „1936 habe ich ein kritisches Buch über Barth geschrieben. 1939 war Barth wieder in Holland, um Vorträge zu halten. Einer meiner Kollegen sagte zu Barth: ‚Haben Sie sein Buch gelesen?'. Er antwortete: ‚Ja, der Band war schön'. Das war sehr demütigend, aber trotzdem habe ich am Abend eine Stunde lang mit Barth gesprochen. Darauf bin ich immer ein bisschen stolz gewesen. Danach fragten sie ihn erneut nach unserer Beziehung. Er sagte: ‚Ja, wir haben miteinander gesprochen, und ich denke, er hätte auch ein schönes Buch über mich schreiben können.'"[56]

Der spätere Berkouwer

In seinen Werken aus der Vorkriegszeit ist Berkouwers Rezeption von Barths Theologie also äußerst ablehnend. Wie ging es weiter? Als Neunzigjähriger erzählt er zwei damaligen Theologiestudenten – Wilko Nijkamp und Willemien Lammers – etwas, das meines Wissens in keiner anderen seiner Veröf-

55 Hendrikus Berkhof, Dr. Berkouwers boek over Karl Barth, in: *Libertas ex Veritate. Orgaan der S.S.R. Groot-gereformeerd studentenblad* 7 (1936), 104–106.

56 Wilko A. Nijkamp/Willemien Lammers, Zoeken naar „waar Waarheid oplicht", in: *Kabats, het faculteitsblad van de Theologische Faculteit aan de Vrije Universiteit* 6/5 (Juni 1993), 4; vgl. Yko van der Goot, De receptie van Barth in Nederland, in: *Rondom het Woord* 25 (1983), 85.

fentlichungen zu finden ist: „Henk Berkhof hat eine Kritik zu meinem ersten Buch von 1936 geschrieben. Diese Kritik war richtig."[57] Berkhofs Rezension hat ihn also zum Nachdenken gebracht. Auch das Gespräch mit Barth selbst im Jahr 1939 wird ihn zum Nachdenken gebracht haben.

Anfangs merken wir davon jedoch wenig. Berkouwers Antrittsvorlesung über *Barthianismus und Katholizismus* (1940), mit der ich diesen Beitrag begonnen habe, ist ebenso wie alle früheren Veröffentlichungen über Barths Theologie kritisch im Ton. Als Neunzigjähriger erzählt er, dass er während der Kriegsjahre „den zweiten Teil von Barths Dogmatik über die Erwählung" – gemeint ist *KD II/2* (1942) – gelesen habe und davon „zutiefst beeindruckt" gewesen sei.[58] Das hindert ihn jedoch nicht daran, 1947 erneut ein kritisches Buch zu schreiben: *Karl Barth und die Kindertaufe*.[59]

In diesem Buch argumentiert Berkouwer, dass zwei Motive Barth dazu veranlasst hätten, die Kindertaufe abzulehnen.[60] Erstens gäbe es laut Barth einen „grundlegenden Strukturunterschied" zwischen Israel und der Kirche: „Die Beschneidung [war] an die Gemeinschaft des Natürlichen, des Blutes gebunden, während die Taufe mit der Geburt aus Gott verbunden ist".[61] Dieser strukturelle Unterschied veranlasst Barth nicht nur zur Ablehnung der Kindertaufe, sondern auch zu einer scharfen Ablehnung der Idee der Volkskirche und des damit verbundenen Gedankens des corpus christianum. Zweitens spielt Barths Sichtweise auf das Verhältnis zwischen Glauben und Taufe eine Rolle bei seiner Ablehnung der Kindertaufe: Das Hören, Glauben und Bekennen des Evangeliums muss dem Empfang des Sakraments der Taufe vorausgehen. Beide Motive – Berkouwer bezeichnet sie als das „Corpus-Christianum-Motiv" und das „Korrelationsmotiv" – werden in dem Buch ausführlich diskutiert, ebenso wie ihre Rezeption innerhalb der niederländischen Kirche und Theologie.[62] Im Vergleich zu seinen früheren Veröffentlichungen über Barths Theologie sind in *Karl Barth und die Kindertaufe* Unterschiede und Gemeinsamkeiten festzustellen. Ein wichtiger Unterschied ist die Tatsache, dass der Vorwurf des Occamismus nicht mehr vorkommt. Ein zweiter Unterschied ist in seiner Verwendung des Begriffs „Korrelation" in Bezug auf Barths Theologie zu erkennen. Wäh-

57 Nijkamp/Lammers, Zoeken naar „waar Waarheid oplicht" (Anm. 56), 5.

58 A.a.O., 5.

59 A.a.O., 39–51 und 52–76.

60 Gerrit C. Berkouwer, *Karl Barth en de kinderdoop*, Kampen 1947, 21.

61 A.a.O., 21.

62 A.a.O., 135–160.

rend er zuvor in seiner Dissertation argumentierte, dass Barth die Korrelation zwischen Glauben und Offenbarung aufhebt, ist er nun der Meinung, dass sein Schweizer Kollege in Bezug auf die Kindertaufe die Korrelation zwischen Glauben und Taufe falsch versteht, indem er zu viel Gewicht auf den menschlichen Glauben legt.[63] Trotz dieser beiden Unterschiede ist die Übereinstimmung mit Berkouwers Vorkriegsrezeption von Barths Theologie jedoch nach wie vor groß. Dies zeigt sich insbesondere in seiner Analyse des „Hintergrunds" von Barths Ablehnung der Kindertaufe. Laut Berkouwer liegt dieser in Barths Sichtweise des Verhältnisses von Natur und Gnade und in seiner scharfen Ablehnung jeder Form von Naturtheologie. In diesem Zusammenhang kritisiert er auf mehreren Seiten Barths Exegese von Genesis 1 und 2. Er bezeichnet diese als „spekulativ" und als „Allegorese".[64] Damit wird Barth „der großartigen Bedeutung der wahrhaft historischen Abfolge von Schöpfung, Sündenfall und Erlösung" nicht gerecht.[65] Und:

> „Es geht ihm [Barth; DvK] nicht darum, den historischen Paradieszustand als gut und sündlos zu qualifizieren. Von dem gewaltigen historischen Bruch in der Geschichte, durch den das Wort aus Genesis 1,31 wie ein vernichtendes und anklagendes Urteil über diese ganze Welt in Sünde und Elend klingt, wird bei

63 Berkouwer räumt Barth ein, „dass die Korrelation für die Sakramentenlehre von wesentlicher Bedeutung ist", betont aber auch, dass „es sehr wichtig ist, den Charakter dieser wesentlichen Korrelation klar zu verstehen. Denn im Laufe der Geschichte wurde diese Korrelation mehrfach verzerrt, indem man den ‚Glauben' als eine ‚Conditio' in einem ganz besonderen Sinne zu betrachten begann". In einer für Berkouwer typischen Weise beschreibt er, wie man diese Korrelation „klar" sehen kann: „Beim Nachdenken über die Korrelation zwischen Glauben und Heil, Glauben und Sakrament hängt alles davon ab, ob man die Funktion des Glaubens klar versteht. Dieser ‚Glaube' ist nicht unser ‚Beitrag', der zur Konstitution des Heils beiträgt, sondern bildet den Weg, der durch Gottes souveränen und gnädigen Willen bestimmt ist, auf dem wir zur Annahme des Heils gelangen und so im Glauben Gott die Ehre geben" (Berkouwer, *Karl Barth en de kinderdoop* [Anm. 60], 70f.). Gewöhnlich wird für den für Berkouwers Theologie bestimmenden – aber auch oft missverstandenen – Begriff „Korrelation" auf seine 1949 erschienene Studie *Geloof en rechtvaardiging* verwiesen. Meiner Meinung nach zeichnen sich die Konturen des Korrelationsbegriffs bereits in diesem Zitat ab. Zum Korrelationsbegriff in Berkouwers Theologie siehe: Van Keulen, *Bijbel en dogmatiek* (Anm. 1), 352–365; Ders., Het correlatiebegrip van G.C. Berkouwer. Een poging tot terminologische verheldering, in: *Correlatie. Tussen bijbelwetenschap en systematische theologie*, Apeldoorn 2010. 9–22; Brinkman, *De theologie van Karl Barth* (Anm. 11), 78–83.

64 Berkouwer, *Karl Barth en de kinderdoop* (Anm. 60), 115–121 und 126–132.

65 A.a.O., 127.

> Barth nichts sichtbar. Barths Dogmatik repräsentiert ein weit fortgeschrittenes Stadium der kritischen Tradition gegenüber der Paradiesgeschichte."[66]

Aus Zitaten wie diesen wird deutlich, dass Berkouwer in seinem Buch *Karl Barth und die Kindertaufe* Barths Theologie nach wie vor aus seiner eigenen neocalvinistischen Perspektive heraus liest und kritisiert, die zu diesem Zeitpunkt noch immer von den Beschlüssen von Assen 1926 geprägt ist. Dasselbe gilt für eine Reihe von vier Artikeln über Barths Schriftverständnis, die Berkouwer im Mai und Juni 1951 für das *Gereformeerd Weekblad* schreibt.[67] Darin wird die frühere Kritik an Barths Schriftverständnis wiederholt,[68] obwohl man auch sagen muss, dass Berkouwer in anderen Veröffentlichungen aus diesen Jahren mehr Wertschätzung für Barth zu entwickeln scheint.

Die große Wende findet im Jahr 1954 mit der Veröffentlichung des umfangreichen Buches *De triomf der genade in de theologie van Karl Barth* (Der Triumph der Gnade in der Theologie von Karl Barth) statt.[69] In diesem Buch wird eine ganz andere Haltung sichtbar. Berkouwer liest Barth nämlich nicht mehr aus seinem eigenen Denkrahmen heraus, sondern versucht, ihn von innen heraus zu verstehen.[70] Wie der Titel des Buches schon sagt, sieht er im „Triumph der Gnade" den Kern von Barths Theologie. Er schreibt zum Beispiel: „Triumphale Theologie, die vom Triumph der Gnade sprechen will, nur so kann man die Gesamtheit von Barths Werk von Anfang an charakterisieren".[71] An anderer Stelle im Buch verbindet er dies mit Barths „christologischer Konzentration":

66 A.a.O., 120.

67 Gerrit C. Berkouwer, De Schriftbeschouwing van Karl Barth, in: *Gereformeerd Weekblad* 6 (1950–1951), 356, 362, 369f. und 377f.

68 Vgl. Van Keulen, *Bijbel en dogmatiek* (Anm. 1), 393–396.

69 Vgl. Brinkman, *De theologie van Karl Barth* (Anm. 11), 88–96.

70 Vgl. Van der Goot, De receptie van Barth in Nederland (Anm. 56), 82, wo Berkouwer einräumt, dass seine anfängliche Haltung gegenüber Barth nicht darin bestand, dass er „wirklich versuchte, ihn zu verstehen".

71 Gerrit C. Berkouwer, *De triomf der genade in de theologie van Karl Barth*, Kampen 1954, 34; vgl. 14: „Aus unzähligen expliziten Aussagen [...] sowie aus dem gesamten Aufbau seiner Dogmatik geht hervor, dass dieses Motiv [der Triumph der Gnade; DvK] zum eigentlichen Leitmotiv geworden ist"; und 35: „Bei Barth begegnen wir keiner Dogmatik pessimistischer Prägung, sondern einer Theologie der Gnade, der radikalen und universellen Gnade, in der sich der Triumph Gottes offenbart". Siehe auch Ders., *Een halve eeuw theologie* (Anm. 50), 67ff.

> „Barths Theologie [ist] eine Form des theologischen Denkens, in der [...] immer umfassendere Entfaltung und Reflexion und in bewusster christologischer Konzentration die Triumphalität der Gnade im Mittelpunkt steht".[72]

Dieser Triumph der Gnade ist laut Berkouwer nicht nur in Barths *Kirchlicher Dogmatik*, sondern auch schon in dessen früheren Werken erkennbar. Er weist also vor allem auf die Kontinuität in Barths Werk hin, obwohl er nicht leugnen will, dass in dessen frühen Werken das Licht manchmal hinter den Gewitterwolken versteckt zu sein scheint.[73] Deshalb stimmt er mit dem deutschen Theologen H. Vogel überein, dass in der ersten Phase bei Barth „der Schwerpunkt auf der Gnade *im Gericht* lag" und dass es Barth in einer späteren Phase mehr um „die *Gnade* im Gericht" geht.[74] So kommt mit fortschreitender Zeit das Motiv des Triumphs der Gnade in Barths Theologie immer deutlicher zum Ausdruck.

Das Buch gliedert sich in zwei Teile, die durch ein „Intermezzo" verbunden sind. Im ersten, beschreibenden Teil bietet Berkouwer eine ausführliche Analyse des Motivs des Triumphs der Gnade in Barths Schöpfungslehre, Prädestinationslehre, Versöhnungslehre und Eschatologie sowie in Barths Polemik gegen Rom. Im zweiten Teil seines Buches folgt dann eine Bewertung. Von Anfang an macht er seine Wertschätzung deutlich. Er beginnt den zweiten Teil nämlich mit:

> „Man könnte sich die Frage stellen, ob mit dem starken und dominierenden Motiv des Triumphs der Gnade nicht bereits im Prinzip die Entscheidung über die Wahrheit und Bedeutung von Barths Theologie gefallen ist. Muss diese Entscheidung nicht a priori positiv ausfallen, wenn die Gnade Gottes auf so konsequente Weise in den Mittelpunkt gestellt wird? [...] Liegt nicht gerade in der Hinweisung auf den Triumph der Gnade und die Freude des Evangeliums die Garantie für den biblischen Charakter dieser Theologie?"[75]

Bezeichnend für seine Wertschätzung ist auch, was er nach mehr als 150 Seiten kritischer *Auseinandersetzung* schreibt:

> „Auch wenn es notwendig bleibt, immer wieder im Licht des Wortes Gottes über die Komponenten des Triumphs der Gnade nachzudenken, bleibt es doch immer eine bewegende Angelegenheit, über eine Theologie nachzudenken,

72 Berkouwer, *De triomf der genade in de theologie van Karl Barth* (Anm. 71), 46.

73 A.a.O., 34ff.

74 A.a.O., 45.

75 A.a.O., 187.

> die sich so konsequent in allen Teilen mit dem Triumph der Gnade befassen will. Denn immer wieder hören wir biblische Worte der Freude und des Sieges, gleichzeitig mit den vielen Zeugnissen und Warnungen vor der Beeinträchtigung der souveränen Gnade Gottes."[76]

Dennoch erspart Berkouwer Barth nicht seine Fragen und seine Kritik. So fragt er sich beispielsweise in Bezug auf Barths Hamartiologie, ob diese nicht zu spekulativ ist[77] und ob darin die Realität der Sünde ausreichend ernst genommen wird.[78] Außerdem distanziert er sich von Barths Ansichten über die Universalität der Versöhnung[79] und kritisiert das, was er als Barths Theopaschitismus bezeichnet.[80]

Mit dieser „kritisch-sympathischen Studie"[81], die bald darauf ins Englische[82] und Deutsche[83] und später auch ins Koreanische[84] übersetzt wurde, erntete Berkouwer im In- und Ausland viel Anerkennung. Bezeichnend für die Wertschätzung in den Niederlanden sind die beiden Rezensionen, die Miskotte in *Kerk en Theologie* und in *In de Waagschaal* dem Buch widmete. Er bezeichnet das Buch seines reformierten Kollegen als „gelungen".[85] Berkouwer gibt „Schlag auf Schlag die reinste Interpretation [...], unterstützt durch eine Auswahl präzise platzierter Zitate".[86] Deshalb gilt: „Ehre und

76 A.a.O., 345.

77 A.a.O., 216, 228, 242.

78 A.a.O., 226f. Illustrativ für Berkouwer ist die Art und Weise, wie Barth über die Dämonen denkt. Siehe: A.a.O., 70ff., 232f.; vgl. auch Gerrit C. Berkouwer, *De daemonen in Barth's dogmatiek*, in: *Gereformeerd Weekblad* 6 (1950–1951), 57. Jahre später betonte Berkouwer, dass die Fragen nach der Realität des Bösen nicht nur theologische Fragen seien, sondern auch „Fragen der Lebenserfahrung, die aus der erschütternden Erfahrung der Mächte des Bösen und des Verderbens hervorgehen" (Berkouwer, *Een halve eeuw theologie* [Anm. 50], 89f.).

79 Berkouwer, *De triomf der genade in de theologie van Karl Barth* (Anm. 71), 258–293.

80 A.a.O., 294–324.

81 Van der Kooi, Berkouwer, Gerrit Cornelis (Anm. 1), 54.

82 Gerrit C. Berkouwer, *The Triumph of Grace in the Theology of Karl Barth*, Grand Rapids 1956.

83 Gerrit C. Berkouwer, *Der Triumph der Gnade in der Theologie Karl Barths*, Neukirchen Kreis Moers 1957.

84 Gerrit C. Berkouwer, *The Triumph of Grace in the Theology of Karl Barth*, Seoul 1962 (englischsprachige Titelseite mit anschließendem koreanischem Text); später erschien eine zweite koreanische Übersetzung, basierend auf der englischen Übersetzung: Gerrit C. Berkouwer, *Karl Bartheu Shinhoch*, Seoul 1975.

85 Kornelis H. Miskotte, De triomf der genade, in: *Verzameld Werk*, Bd. 2, Kampen 1987, 300 (diese Besprechung erschien zuerst in: *Kerk en Theologie* 6 [1955], 1–14 und 99–116).

86 A.a.O., 307.

Dank, mein Bruder, für die große Kraft deiner Argumentation, aber auch für die sanfte Kraft deiner anhaltenden Einwände".[87] Miskotte schreibt auch, dass die Veröffentlichung von *De triomf der genade* für die Barthianer oder Barth-Kenner mit „einer gewissen Beschämung" einhergeht: „Dass ausgerechnet das beste Buch in den Niederlanden über Barth aus dieser Ecke, aus dieser Phalanx kommen musste! Es ist beschämend für die Pagen und die Paladine".[88] Diese Beschämung „muss sie dazu bewegen, ihrerseits nicht mehr umfassend auf das frühere Barth-Buch von Berkouwer zurückzukommen, denn das war schlimm, aber wirklich, durch dieses Buch ist es reichlich wieder gutgemacht worden".[89] Da Berkouwer mit vielen falschen Charakterisierungen und Etikettierungen von Barths Theologie kurzen Prozess macht, bezeichnet Miskotte ihn als „Barths Knappe".[90] Auch Berkhof, der eine so wichtige Rolle bei Berkouwers Umschwung in Bezug auf Barths Theologie gespielt hat, findet Anerkennung. Er sieht *De triomf der genade* als „einen meisterhaften Versuch eines synthetischen Verständnisses".[91]

Als *„Der Triumph der Gnade"* erscheint, schickt Berkouwer das Buch selbst an Barth.[92] Dieser antwortet mit einem langen Brief, aus dem seine Wertschätzung spricht.[93] Kurze Zeit später (1955) bringt er seine Wertschätzung für das Buch auch im Vorwort zu *KD IV/2* zum Ausdruck:

> „Indem ich zum Schluß dieses Vorwortes eile, darf ich nicht vergessen, daß ich etwas gutzumachen habe. Ich meine […] den heftigen Ausfall, den ich im Vorwort zu Band III,4 gegen die holländischen Neocalvinisten *in globo* erhoben habe. Des Menschen Zorn tut nur selten, was vor Gott recht ist, und wenn er sich *in globo* ergeht, ganz bestimmt nicht. Dieses muss ich bekennen, nachdem mir das mir und der ‚Kirchlichen Dogmatik' im besonderen zugewendete große Buch *De Triomf der Genade in de Theologie van Karl Barth* (1954) von dem jener Gruppe angehörigen Kollegen *G.C. Berkouwer* in Amsterdam zur Kenntnis gekommen ist, das bei aller Reserve und Kritik mit solcher Sorgfalt, Gutwilligkeit

87 Kornelis H. Miskotte, Eén zwaluw maakt al lente, in: *In de Waagschaal* 10 (1954–1955), 622.

88 A.a.O., 622.

89 A.aO., 300.

90 A.a.O., 303. Vgl. zu dieser Charakterisierung den Brief von G.C. Berkouwer an K.H. Miskotte vom 17. März 1954, zu finden in: Van Keulen, *Bijbel en dogmatiek* (Anm. 1), 648.

91 Hendrikus Berkhof, De methode van Berkouwers theologie, in: *Ex auditu verbi*, Kampen 1965, 47.

92 Nijkamp/Lammers, Zoeken naar „waar Waarheid oplicht" (Anm. 56), 5.

93 Karl Barth an G.C. Berkouwer, datiert vom 30. Dezember 1954, zu finden in: Van Keulen, *Bijbel en dogmatiek* (Anm. 1), 643–645.

> und christlicher *aequitas* geschrieben ist, daß ich – in der Hoffnung, es gebe dort noch Andere seinesgleichen – die in ihrer Allgemeinheit bösen Worte, die ich damals (seit Jahrzehnten gereizt und dann plötzlich ausbrechend) ausgestoßen habe, in aller Form zurücknehmen möchte. Es gibt offenbar auch ‚Fundamentalisten', mit denen sich reden läßt".[94]

Auffällig an diesen Worten ist, dass Barth Berkouwer durchaus als „Fundamentalist" charakterisiert. Obwohl Barth später im Vorwort bemerkt, dass er selbst auch schon dafürgehalten worden sei, meint er dies in abwertendem Sinne.

Einige Jahre später reagiert Barth inhaltlich auf Berkouwers Buch in einem achtseitigen Exkurs in *KD IV/3*. Einerseits drückt Barth darin seine Wertschätzung für Berkouwers Studie aus: „[Er] hat zweifellos den Finger auf einen wichtigen Punkt gelegt". Andererseits fühlt sich Barth von Berkouwer dennoch nicht ganz verstanden. Indem er vom Triumph der Gnade als dem alles beherrschenden Motiv spricht, erweckt Berkouwer laut Barth den Eindruck, dass in seiner Theologie ein bestimmtes Prinzip über Sünde, Böses, Teufel und Tod triumphiert. Stattdessen bevorzugt Barth den von J. Chr. Blumhardt entlehnten Ausdruck „Jesus ist Sieger!".[95] Berkouwer reagierte seinerseits Jahre später mit der Bemerkung, dass „mit dem ‚Triumph der Gnade' (auch im Titel) nur die Gnade Jesu Christi, des Herrn, gemeint sein kann (‚Jesus ist Sieger')". Dennoch räumt er ein: „Die Sorge um eine ‚Systematisierung' ist legitim".[96]

Fazit

Berkouwers Rezeption der Theologie von Karl Barth ist also durch eine große Kehrtwende gekennzeichnet. In den 1930er und 1940er Jahren stand er aufgrund seines eigenen neocalvinistischen Hintergrunds Barths Theologie sehr ablehnend gegenüber. Später in den 1950er Jahren änderte sich dies.

94 Karl Barth, *KD IV/2*, ix–x. Illustrativ ist auch, was Barth an Bromiley schrieb: „Ich respektiere aufrichtig den Ernst, mit dem ein Mann wie Berkouwer mich *studiert* und *dann* seine kritischen Bedenken angemeldet hat. Ihm habe ich denn auch eingehend geantwortet" (Karl Barth an Dr. Geoffrey Bromiley, Basel, 1. Juni 1961, in: *Briefe 1961–1968* [GA V], hg. von J. Fangmeier und H. Stoevesandt, Zürich 1975, 7). Siehe auch Barths „Gespräch mit Methodistenpredigern 1961", in: *Gespräche 1959–1962* (GA IV), hg. von E. Busch, Zürich 1995, 189f.; und Barths Gespräch mit „Tübinger Stiftlern" 1964, in: *Gespräche 1964–1968* (GA IV), hg. von E. Busch, Zürich 1997, 80.

95 Karl Barth, *KD IV/3*, 197–206.

96 Berkouwer, *Een halve eeuw theologie* (Anm. 50), 87.

Der große Wendepunkt war die Studie *De triomf der genade* aus dem Jahr 1954, in der er versuchte, Barth von innen heraus zu verstehen, ohne dabei unkritisch zu werden. Das Buch *De triomf der genade* markiert auch einen Wendepunkt in der Rezeption von Barths Theologie innerhalb der GKN. Stand man innerhalb dieser Kirchengemeinschaft zunächst allgemein sehr kritisch gegenüber Barths Denken, so wächst nach *De triomf der genade* unter Berkouwers Einfluss die Wertschätzung für Barths Werk. Daher markiert diese Studie auch die allgemeine reformierte Kehrtwende in der Rezeption von Barths Theologie.

Gerard van Zanden

Sola scriptura in Zeiten der Säkularisierung[1]

Die Theologie Karl Barths, erarbeitet von Frans Breukelman

Frans Breukelman (1916–1993) war eine der markantesten Persönlichkeiten der niederländischen Theologie des 20. Jahrhunderts. Der Mann mit dem wilden lockigen Haar und der großen Pfeife gilt als Gründer oder Inspirator der Amsterdamer Schule, einem Kollektiv gleichgesinnter Exegeten, Bibelwissenschaftler und systematischer Theologen, die zwischen etwa 1960 und 1990 mehr oder weniger mit der theologischen Fakultät der Universität Amsterdam verbunden waren.[2] Charakteristisch für Breukelman – und deutlich weniger charakteristisch für die meisten seiner Amsterdamer Schüler – ist, dass er sich als Bibeltheologe dem dogmatischen Werk von Karl Barth verdankt, von ihm geleitet und auch normativ an es gebunden wusste.

In diesem Artikel wird beschrieben, wie diese Verbundenheit zum Ausdruck gekommen ist.[3] Anschließend zeigen wir, wie Breukelman von den Entscheidungen, die in der Theologie Barths getroffen werden, zu der Vision einer theologischen Revolution gelangt ist, und wir zeigen beispielhaft, wie Breukelman dies in seiner *Biblischen Theologie* ausarbeiten wollte (§ 2).[4]

---

1 Ursprünglich auf niederländisch unter dem Titel „Sola scriptura in tijden van decularisatie. De theologie van Karl Barth verwerkt door Frans Breukelman" erschienen in: George Harnick/Dirk van Keulen (Hg.), *De receptie van Karl Barth in Nederland* (Ad Chartas-Reeks 35), Amersfoort 2022, 287–302. Die Übersetzung fertigte Corneli Vinke an.

2 Zum Verhältnis zwischen Breukelman und dem Amsterdamer Kontext siehe: Gerard van Zanden, De Bijbelse Theologie van Frans Breukelman in Amsterdamse Context, in: *ACEBT* 30 (2015), 37–52.

3 Einige Passagen aus diesem Artikel sind Teil meiner Dissertation über Breukelmans biblisch-theologisches Projekt: Gerard van Zanden, *Bij het begin beginnen. Het bijbelstheologische project van Frans Breukelman*, Utrecht 2019. Darin wird dieses Thema genauer und ausführlicher behandelt.

4 Die ersten beiden Unterabschnitte erschienen in vereinfachter Form zuvor als Gerard van Zanden, De Nadere Reformatie van Frans Breukelman, in: *Ophef* 20 (1/2017), 25–31.

Wir schließen mit einer Beschreibung dessen, was Breukelman „die letzte Linie, die es aushält“[5], nannte (§ 3).

1. Ein eigenwilliger Pfarrer aus Simonshaven

Breukelman wuchs in einem liberalen Umfeld auf und lernte im Jahr 1938 Barths Theologie kennen.[6] Das Theologiestudium, das er einige Jahre zuvor in Leiden begonnen hatte, in der Hoffnung, Antworten auf die Lebensfragen zu finden, die sich ihm während seiner von Krankheit geprägten Jugendjahre gestellt hatten, konnte ihn nur mäßig zufriedenstellen. Die Entdeckung der Theologie Barths war ein Wendepunkt:

> „Ich sehe mich noch in der Buchhandlung De Kler in Leiden, als ich [Kirchliche Dogmatik] I,2 kaufte. Ich dachte: ‚Wenn ich hier finde, worum es in der Theologie geht, dann studiere ich weiter.‘ Nun, und ja, dann hat mich das enorm fasziniert. Die Lehre vom Wort Gottes, dem Wórt, dem Wort Góttes. Gott spricht! Und dann die Lehre von der Heiligen Schrift. So hat es eigentlich angefangen.“[7]

Während seines Vikariats bei G.C. van Niftrik in Rijnsburg katechisierte Breukelman anhand von Rudolf Kittels *Die Geschichte des Volkes Israel* (1909). Doch nach und nach wurde ihm klar, dass er mit Kittels historischem Ansatz die Jugend nicht zufriedenstellend unterrichten konnte. Seine katechetischen Schwierigkeiten fanden ein Ende, als er 1942 die Bücher *Bijbels abc* (1941) und *Het waagstuk der prediking* (1941) las, die beide von K.H. Miskotte verfasst waren, der zu dieser Zeit als Pfarrer der Hervormden[8] Gemeinde von Amsterdam tätig war und in den Niederlanden der wichtigste Befürworter der Theologie von Karl Barth war. Durch Miskotte kam Breukelman mit den Werken der deutsch-jüdischen Philosophen Martin Buber (1878–1965) und Franz Rosenzweig (1886–1929) in Kontakt. Barth und Miskotte ließen Breukelman vermuten, dass seine bis dahin vor allem

5 Originalzitat: „de laatste linie die het houdt“.

6 Eine ausführlichere Biografie findet sich bei: Rinse H. Reeling Brouwer, *De man en zijn karwei. Over Frans Breukelman*, Gorinchem 2012, 1–27.

7 Ype Bekker/Dussie Hofstra u. a. (Hg.), *Gesprekken met Frans Breukelman*, 's-Gravenhage 1989, 11.

8 Die *Nederlandse Hervormde Kerk* (Niederländisch-reformierte Kirche) war die im 16. Jahrhundert entstandene reformierte Volkskirche der Niederlande, die bis ins 19. Jahrhundert eine quasi-offizielle Stellung innehatte und 2004 in der *Protestantse Kerk in Nederland* (PKN) aufging.

gefühlsmäßige Abneigung gegen die Theologie seiner Jugend durchaus theologische Gründe haben könnte: Entsprach diese Theologie tatsächlich der biblischen Lehre über Gott und musste sie daher als legitim angesehen werden? Respektierte sie den Offenbarungscharakter der Bibel ausreichend? Bei Buber und Rosenzweig fand Breukelman eine Art des Bibellesens und -übersetzens, die im Gegensatz zu der ihm bekannten liberalen Lesart die biblischen Texte „in ihrer ganzen Fremdheit" zum Klingen brachte. Nach Buber ist jede literarische Stilform in der Bibel an die Botschaft der Texte gebunden. Form und Inhalt sind untrennbar miteinander verbunden; zusammen bilden sie die biblische Botschaft. Die Kombination aus der Theologie von Barth und Miskotte einerseits und dieser „Sprache der Botschaft" von Buber und Rosenzweig andererseits bildet die Grundlage für die eigenwillige Art und Weise, in der Breukelman die Disziplin der biblischen Theologie gestaltete.

Als Niederländisch-reformierter Pfarrer war Breukelman in Ritthem (1943–1948) und Simonshaven (1948–1968) tätig. Vom Pfarrhaus in Simonshaven aus schrieb er 1952 und 1953 eine polemische Artikelserie über die Bibelübersetzung der Niederländischen Bibelgesellschaft (1951), mit der er in theologischen Kreisen in den Niederlanden landesweit bekannt wurde.[9] Die Artikel gaben den Ton für sein gesamtes theologisches Werk an, das er später in seiner *Bijbelse Theologie* ausarbeitete.[10]

Im Jahr 1954 hatte Miskotte Breukelman gedrängt, einen Artikel für *Antwort* zu schreiben, eine Festschrift, die 1956 zu Ehren von Barths siebzigstem Geburtstag erscheinen sollte. Breukelman gelang es jedoch nicht, eine akzeptable und veröffentlichungsfähige Abgrenzung für seine Studie über „Dogmatik als Hermeneutik" zu finden,[11] woraufhin Miskotte selbst einen

9 Die Artikelserie ist in *Bijbelse Theologie* II/2, 363–496 enthalten. Anlässlich von Genesis 39,9 schreibt er im ersten Artikel: „Die Form enthält hier nicht nur einen Inhalt, sondern ist gleichzeitig selbst ein Teil des Inhalts." Er verweist dabei auf drei Artikel aus Martin Buber/Franz Rosenzweig, *Die Verdeutschung*, Berlin 1936 und *KD* I/2, 545–548, in denen Barth über „die notwendige Form jenes Inhalts" schreibt. *Bijbelse Theologie* II/2, 363–369.

10 Zu Breukelmans Lebzeiten erschienen drei Hefte der *Bijbelse Theologie* (BT). Nach seinem Tod im Jahr 1993 kamen noch sieben weitere, von anderen herausgegebene Hefte hinzu. Für einen inhaltlichen Überblick über die schließlich erschienenen Bände siehe Rinse Reeling Brouwer, De tien cahiers van de Bijbelse Theologie. Een overzicht, in: *Bijbelse Theologie in praktijk* (Om het levende woord 20), Kampen 2012, 27–45.

11 Ein späterer Versuch, die Studie zu einem Buch auszuarbeiten, schlug ebenfalls fehl; die Studie blieb unvollendet und erschien posthum in *BT* IV/2, 5–75.

hermeneutischen Aufsatz einreichte.[12] Zehn Jahre später wurde Breukelman erneut eingeladen, einen Beitrag zu einer Festschrift für Barth zu leisten. Diesmal wurde er von Hinrich Stoevesandt gebeten, einen exegetischen Artikel einzureichen.[13] Ursprünglich hatte Breukelman vor, einen Beitrag über „das prophetische Zeugnis Israels"[14] oder über die Rolle des „Erstlings" im Buch Genesis[15] einzureichen, aber es gelang ihm nicht, über diese Themen einen Aufsatz zu schreiben, der innerhalb des geforderten Umfangs blieb. Er beschloss daher, einen Teil seiner Matthäus-Studie zu einem Artikel umzuarbeiten. Die Redaktion des Festbandes reagierte begeistert auf Breukelmans Beitrag.[16] So erschien in *Parrhesia* doch noch ein Artikel aus der Feder von Breukelman.[17]

12 Kornelis H. Miskotte, Die Erlaubnis zum schriftgemäßen Denken, in: *Antwort. Festschrift zum 70. Geburtstag von Karl Barth*, Zürich 1956, 29–51.

13 Brief von Breukelman an Miskotte (12. Oktober 1964). Wir konnten nicht herausfinden, ob Miskotte, wie zehn Jahre zuvor, dabei eine Rolle gespielt hat, aber dies ist zu vermuten.

14 Im selben Brief: „Ich habe zunächst erwogen, einen Artikel zum Thema zu schreiben: Das prophetische Zeugnis Israels über *die* Geschichte im Tanach hat als durchweg antiheidnisches Zeugnis in der Verkündigung und Glaubensreflexion der Kirche nie richtig funktioniert – mit all den Unglücksfällen, die sich daraus aufgrund der permanenten Ethnisierung ergeben haben, der die Kirche nicht gewachsen war, mit dem räumlichen Schema *natura* – gratia – gloria – bis wir nun in der K.D. zum ersten Mal eine kirchliche Dogmatik erhalten haben, die in ihrer Struktur – wie es sein sollte – vollständig mit der Struktur der Theologie des Tenach übereinstimmt, durch die radikale christologische Konzentration, die die Eliminierung *aller* natürlichen Theologie bedeutet, im primär zeitlich-geschichtlichen Schema: Schöpfung – Versöhnung – Erlösung als Ermöglichung, Erfüllung, Vollendung der Geschichte."

15 „Danach habe ich überlegt, einen Artikel über den Bekhor, den Erstgeborenen im Buch Genesis, zu schreiben: Das Leben der Menschenkinder ist ein Leben ante et post primogenitum natum. In jedem seiner vier Hauptteile verdeutlicht das Buch Genesis die Tragweite dessen, indem es dieses ante et post primogenitum natum dem gegenüberstellt, was dadurch aufgehoben und zunichte gemacht wird: das Leben der Menschenkinder als ein Leben ante et post catastropham [...]. Von hier aus hätte man dann über die Strukturänderung in Barths K.D. schreiben können – nicht mehr die Reihenfolge *lex* - evangelium –, die u. a. darin besteht, dass nun nicht mehr das Geschehen zwischen Gott und den Menschen beschrieben wird – wie es in der traditionellen Dogmatik der Fall war – als ein Geschehen ante et post hominem lapsum (und historisierend: doctrina legis/foedus *naturae* ante lapsum – doctrina evangeliae/foedus *gratiae* post lapsum) beschrieben wird, sondern als das Geschehen der einen Bundesgeschichte ante et post Jesum Christum natum."

16 Brief von Miskotte an Breukelman (8. Dezember 1964).

17 Frans Breukelman, Eine Erklärung des Gleichnisses vom Schalksknecht: Matthäus 18,23–35, in: *Parrhesia. Karl Barth zum achtzigsten Geburtstag am 10. Mai 1966*, Zürich 1966,

Breukelman war 1966 bei der Präsentation von *Parrhesia* anwesend, und als einer der Mitwirkenden wurde er anderthalb Jahre später, am 22. und 23. Oktober 1967, zu einem Essen im Restaurant Bruderholz in der Nähe von Barths Haus eingeladen.[18] Am ersten Tag dieses Treffens entfaltete sich eine heftige Diskussion. Im Mittelpunkt standen die Kontrahenten Eberhard Jüngel und Frans Breukelman.

Jüngel bestritt, dass Israel einen bestimmten Vorrang vor den Heiden habe. Breukelman verteidigte den fortdauernden Vorrang Israels und plädierte für das Alte Testament und „Israels Denkweise" als unverzichtbares *Vorverständnis* für das richtige Verständnis des Neuen Testaments. Der alte Barth hörte zu, ohne etwas zu sagen, aber als Busch Barth am nächsten Tag von zu Hause abholte, um zur Fortsetzung der Sitzung zu fahren, sagte er zu ihm, dass er in dieser Auseinandersetzung grundsätzlich auf der Seite Breukelmans gestanden habe.[19]

1968 wurde Breukelman zum Hauptdozenten für Hermeneutik an der theologischen Fakultät der Universität Amsterdam ernannt. In dieser Funktion würde er sich für eine Art des Bibellesens engagieren, bei der die theologischen Dimensionen der Texte wie von selbst zum Ausdruck kommen. Seine Hauptmotivation dafür war eine wichtige Grundlinie in der Theologie Barths, in der er ein großes revolutionäres Potenzial sah.

261–287. Siehe auch Eberhard Busch, Frans Breukelman – Tenach, in: *Eén zo'n mannetje. Frans Breukelman en zijn invloed op tijdgenoten*, Kampen 2004, 166–168, hier 167.

18 Eberhard Busch erinnert sich an Breukelmans riesige Tabakspfeife und seine imposante Erscheinung: „Man konnte ihn eigentlich nicht übersehen, mit seiner großen, kräftigen Statur, seinem imposanten Kopf, umrahmt von langen Locken." Ebd. Die beiden genannten Anlässe dürften die einzigen gewesen sein, bei denen sich die Wege von Barth und Breukelman physisch gekreuzt haben; seit seiner Lektüre von *KD* I/2 um 1938 sah sich Breukelman vor allem als Fernschüler. Breukelmans Name muss Barth aus Miskottes Briefen bekannt gewesen sein. Siehe Kornelis H. Miskotte, *Verzameld werk*, Bd. 2, Kampen 1987, 506–530.

19 Karl Barth, *Gespräche 1964–1968* (GA IV), hg. von Eberhard Busch, Zürich 1997, 397–398. Vgl. Eberhard Busch, *Meine Zeit mit Karl Barth. Tagebuch 1965–1968*, Göttingen 2011, 484–485.

2. Die theologische Revolution bei Barth

„Entweder mache ich das, was die meisten Europäer tun, nämlich der Kirche den Rücken kehren, oder ich bin dabei, wenn es wieder neu beginnt", so Breukelman in einem Interview aus dem Jahr 1981.[20] Breukelman hatte etwas Revolutionäres vor Augen: einen „Neuanfang" in einer „extremen Krisensituation".[21] Anhand eines Vortrags, den er 1978 unter dem Titel „Die theologische Revolution in der Theologie Karl Barths und das Zeitalter der Revolution" hielt, lässt sich zeigen, warum er die Zeit für eine theologische Revolution für reif hielt.

2.1 Breukelman und Marquardt in Woudschoten

Auf der Jubiläumskonferenz der Niederländischen Christlichen Studentenvereinigung[22] 1978 wurden sowohl Breukelman als auch F.-W. Marquardt als Redner eingeladen. Im Mittelpunkt der Konferenz stand der Tambacher Vortrag von Barth aus dem Jahr 1919, „Der Christ in der Gesellschaft", der gerade ins Niederländische übersetzt worden war.[23] Breukelman wurde gebeten: „aufzuzeigen, welche großen Entscheidungen in der Theologie von Karl Barth getroffen wurden und wie diese gleichzeitig als politische Entscheidungen zu betrachten sind".

Es war Zeit für eine sozialistische Revolution in der Theologie – so hatte es zumindest Marquardt in seiner umstrittenen Habilitationsschrift *Theologie und Sozialismus. Das Beispiel Karl Barths* (1972) behauptet. Er hatte gezeigt, dass Barths Theologie und seine politischen Standpunkte eng miteinander verschmolzen waren, und argumentierte, dass der spätere Verfasser der *Kirchlichen Dogmatik* im Wesentlichen der sozialistische Dorfpfarrer aus Safenwil geblieben war. Marquardt behauptete, dass theologische

20 Frans Breukelman, Van de mens moet je zeggen dat hij niet had moeten ontstaan. In gesprek met Frans Breukelman, in: *HN Magazine* 37 (2. Mai 1981), 3–4, hier 4.

21 Originalzitat: „Nieuw begin", „extreme crisissituatie".

22 Die Nederlandse Christen-Studenten Vereniging (NCSV) war eine niederländische christliche Studentenvereinigung, die von 1896 bis 1985 bestand. Sie organisierte Sommerlager, unterstützte kirchliches und studentisches Leben und wandelte sich im Verlauf der 1960er–70er Jahre zunehmend zu einer politisch orientierten Bewegung. (Ergänzung Corneli Vinke).

23 *Der Christ in der Gesellschaft 1919/ Tambach heute*, Zeist o. J. [1978].

Theoretisierung eine entsprechende politische Praxis erfordere. Eine solche Praxis habe laut Marquardt (und mit ihm den linken Studenten) zu lange gefehlt, obwohl sie doch in Form des Sozialismus vorhanden gewesen sei.[24]

Von Breukelman bekamen die Besucher der Konferenz, soweit sie nach einer theologischen Grundlage für eine sozialistische Revolution suchten, nicht das zu hören, was sie vielleicht gerne gehört hätten. Der Begriff theologische Revolution sprach Breukelman zwar sehr an, aber aus ganz anderen Gründen als Marquardt und die meisten Studenten.

Das Manuskript von Breukelmans Vortrag[25] zeigt, dass Breukelman den Begriff „theologische Revolution" in Barths kritischer Besprechung von Emil Brunners Schleiermacher-Buch *Die Mystik und das Wort: Der Gegensatz zwischen moderner Religionsauffassung und christlichem Glauben, dargestellt an der Theologie Schleiermachers* (1924) wiedergefunden hat, in der er die Notwendigkeit einer theologischen Revolution beschreibt, um über die „Schleiermacher'sche Häresie" hinauszukommen.[26] Barth merkt an, dass Schleiermacher als einer der größten Geister seiner Zeit einzuschätzen ist. So leicht, wie Brunner an Schleiermacher vorbeikommen zu können schien, konnte es daher nicht sein. Das bringt Barth zu folgender Frage:

> „Steht es so, daß die Schleiermachersche Häresie keine zufällige Einzelerscheinung ist, sondern der gigantische Exponent einer nicht allzu fern von der Reformation selbst anhebenden Mißentwicklung, ist es dann nicht klar, daß die ‚Gegenleistung',[27] das vollkräftige, überlegene Ja, das ein wirklich ‚erledigendes'[28] Nein Schleiermacher gegenüber tragen sollte, in einer theologischen Revolution bestehen müßte, die in ihrer Tiefe und Energie wahrlich nicht kleiner sein dürfte als die Reformation selber?"[29]

---

24 Siehe Helmut Gollwitzer, Geleitwort, in: *Theologie und Sozialismus. Das Beispiel Karl Barths*, München 1972, 10–13.

25 Breukelmanarchiv, i085.

26 Originalzitat: „Schleiermacheriaanse ketterij"

27 Der Begriff, den Heinrich Scholz in seinem Buch über Schleiermacher *Christentum und Wissenschaft in Schleiermachers Glaubenslehre. Ein Beitrag zum Verständnis der Schleiermacherschen Theologie* (^{2}1911) benutzt.

28 Brunner fragt in seinem Schleiermacher-Buch: „So ist denn also ‚Schleiermacher erledigt'?".

29 Karl Barth, Brunners Schleiermacherbuch (1924), in: *Vorträge und kleinere Arbeiten 1922–1925* (GA III), hg. Holger Finze, von Zürich 1990, 401–425, hier 424. Vgl. Karl Barth, *Die Theologie Schleiermachers. Vorlesung Göttingen Wintersemester 1923/24* (GA II), hg. von Dietrich Ritschl, Zürich 1978, 462.

Hier ist zu lesen, wie Barth schon früh in seiner theologischen Laufbahn auf vorsichtige und wegen der Implikationen sogar etwas zögerliche Weise ein theologisches Programm formuliert, dessen großer Ausführender und Anführer er selbst werden wird.

Laut Barth konnte es aufgrund einer bestimmten „Mißentwicklung", die im Schoß der Reformation begann, zu einer Schleiermacherschen Theologie kommen. Aus seinen übrigen Werken verstehen wir, dass er auf das Phänomen der sogenannten „Und-Theologie" abzielt, einer Theologie, die mehrere Prinzipien vertritt und sich damit nicht an das erste der Zehn Gebote hält.[30] Das gesamte theologische Werk Barths kann als konsequente Umsetzung einfacher Gotteserkenntnis betrachtet werden.

Das Besondere an Breukelmans Interpretation und Verarbeitung von Barths theologischer Entdeckung ist die Art und Weise, wie er einige Jahrzehnte später, in seinem eigenen Kontext von Kirchenaustritt und Säkularisierung, Heil in Barths theologischer Entdopplung sah.

> „Die Dogmatik bei Barth sieht ganz anders aus als früher. Aufgrund der Schrift müssen die Dinge nun anders gesagt werden, als sie 1800 Jahre lang gesagt wurden. […] Jedes Mal, zu jeder Zeit muss die Schrift in der Menschheit mit ihren Philosophien, Mythologien, Ideologien, Psychologien, Soziologien und Religionen neu interpretiert werden. Diese Interpretation muss in Konfrontation mit den bestehenden Philosophien erfolgen, immer wieder aufs Neue. Und dann geht es darum, wer von wem gewinnt und wer von wem kritisiert wird. Wer muss wen entmythologisieren? Müssen wir die Bibel entmythologisieren oder muss die Bibel uns mythologisieren? Die Ekklesia lebt in einem ständigen Kampf und hat die natürliche Neigung, zu einer Synthese mit den bestehenden Philosophien zu gelangen. Man schöpft dann aus zwei Quellen, und sogar im niederländischen Glaubensbekenntnis steht, dass Gott sich auf zwei Arten offenbart: in der Schöpfung und in seinem Wort. Das hat die gesamte Kirchengeschichte dominiert. Und damit hat Barth gebrochen und die Konsequenzen dieses Bruchs in seiner Dogmatik konsequent umgesetzt."[31]

Um deutlich zu machen, wie sich diese theologische Revolution zu der gesellschaftlichen Revolution verhält, für die in den 70er Jahren so viel Interesse bestand, unterscheidet Breukelman in seinem Vortrag klar zwischen verschiedenen Arten von (1) „menschlichen Revolutionen" und zwei an-

30 In *Die Theologie Schleiermachers* spricht Barth von einer „Entartung der protestantischen Theologie" (A.a.O., 461). Vgl. *KD* IV/3, 113–114.

31 Breukelman, Van de mens (Anm. 20), 4.

deren Formen der Revolution, nämlich (2) Barths „theologischer Revolution“, die die Theologie entdoppeln will, und (3) einer biblischen „Revolution Gottes“, von der die beiden Ausgaben von Barths Kommentar zum Römerbrief sprechen. Es ist Gottes Revolution, die das Kriterium für menschliche Revolutionen sein muss. Die „revolutionäre Denkweise“ muss von Gottes Revolution (wie in der Bibel beschrieben) über die theologische Revolution (Barth) zu den menschlichen Revolutionen (wie dem Sozialismus) führen.

2.2 Das Prinzip der Reformation als Prinzip der Revolution

Damit sind wir dem Grundprinzip von Breukelmans „revolutionärer“ Theologie auf die Spur gekommen. Um dies deutlich zu machen, erscheint es hilfreich, in klassischer Weise zwei miteinander korrespondierende Prinzipien zu unterscheiden: ein materielles theologisches Prinzip (eine zentrale Lehre) und ein formales theologisches Prinzip (die maßgebliche theologische Erkenntnisquelle).

Breukelmans materielles Prinzip entspricht dem von Barth und ist rein soteriologischer Natur: In der Tradition der Reformation steht für ihn die Rechtfertigung aus Gnade durch den Glauben an Christus allein im Mittelpunkt (*sola gratia, sola fide*). Das heißt: Durch nichts anderes als den Glauben an Christus kann der Mensch vor Gott gerecht werden. Außerhalb von ihm sucht man vergeblich nach festem Boden, und außerhalb von ihm gibt es kein Heil. In Übereinstimmung mit Barths Bekämpfung der Und-Theologie in seinem Versuch, über Schleiermacher hinauszukommen, wendet Breukelman dieses materielle Prinzip nicht nur in der Versöhnungslehre an, sondern auf alle theologischen Teilgebiete, auch auf die Ontologie und Epistemologie der Rechtfertigung durch Gott.[32] Bei Barth sehen wir die Notwendigkeit, diesen Schritt zu tun, am deutlichsten im vierten Absatz seiner bereits zitierten Streitschrift gegen Emil Brunner aus dem Jahr 1934 formuliert, in dem er den reformatorischen Gehalt von Brunners Naturtheologie untersucht:

> „Wir sind heute, wenn wir wirklich die ‚reformatorische‘ Linie gegenüber dem Katholizismus und gegenüber dem Neuprotestantismus innehalten wollen, zweifellos auch in der Gnadenlehre […] nicht in der Lage, die Sätze Luthers und Calvins zu wiederholen, ohne sie gleichzeitig schärfer auszuziehen, als sie selbst

32 Vgl. *KD* II/1, § 25–27 „Die Erkenntnis Gottes“. Siehe *BT* IV/1, 479–480.

> es getan haben. […] Noch folgenschwerer ist aber die faktische Nichtexistenz des Thomas im 16. Jahrhundert darin geworden, dass den Reformatoren der im katholischen System bestehende entscheidende Zusammenhang zwischen dem Problem der Rechtfertigung einerseits und dem Problem der Gotteserkenntnis andererseits, zwischen Versöhnung und Offenbarung, nicht in seinem ganzen Umfang deutlich sein konnte."[33]

Indem er die Rechtfertigung so explizit mit der Gotteserkenntnis und die Versöhnung mit der Offenbarung verbindet, geht Barth angesichts seines veränderten Kontextes („Wir sind *heute…*") bewusst einen Schritt weiter als die Theologen der Reformation. Auch in diesen grundlegenden theologischen Fragen muss eine Entflechtung stattfinden: Nicht nur Versöhnung und Rechtfertigung, sondern auch die Erkenntnis Gottes ist eine Heilsangelegenheit. Barth stellt fest, dass die reformatorische Theologie in jeder Hinsicht einen intrinsisch soteriologischen Charakter hat.

Breukelmans formales theologisches Prinzip entspringt diesem materiellen Prinzip. Obwohl er sich auch hier in der Tradition von Barth und der Reformation bewegt, setzt er doch andere Akzente. Wenn die Rechtfertigung durch Gott das einzig gültige materielle Prinzip sein darf, muss konsequent von Gottes Selbstoffenbarung ausgegangen werden. Aber während der Dogmatiker Barth den Schwerpunkt ganz auf Christus als die *erste* Gestalt des offenbarten Wortes (das *solo Christo)* legt, bringt Breukelman das *sola scriptura* voll zur Geltung und stellt die *zweite* Gestalt des Wortes in den Mittelpunkt.[34] In diesem formalen Prinzip liegt ein erster wichtiger Akzentunterschied zwischen Breukelmans theologischem Werk und dem von Barth. Breukelman versucht zu beweisen, dass die entdoppelte theologische Denkrichtung oder Denkstruktur als solche in der Bibel *als Text* wiederzufinden ist.

Wenn Breukelman von einer „Revolution Gottes" spricht, bezieht er sich auf das revolutionäre Potenzial dieses materiellen und formalen Prinzips – vorausgesetzt, dass sie als *einzige* Prinzipien gültig gemacht werden, also als tatsächliche *Sola-Aussagen.* Seiner Meinung nach hat genau das in der Theologiegeschichte bisher gefehlt. Er vermutet, dass die Ursache dafür nicht nur in dem liegt, was wir als Nichtanerkennung des adäquatesten materiellen Prinzips, nämlich dem der einfachen Gotteserkenntnis, beschrieben haben,

---

33 Karl Barth, *Nein! Antwort an Emil Brunner* (Theologische Existenz heute 14), München 1934, 37–38. Vgl. *BT* IV/2, 5–75, hier 71–74 und *KD* II/1, § 26.2.

34 Siehe hierzu *KD* I/1, § 4 und *KD* I/2, § 19–21.

sondern auch in der Nichtanerkennung des adäquatesten formalen Prinzips. Laut Breukelman hat man die Bibel zu lange innerhalb hermeneutischer Rahmenbedingungen studiert, die dem Inhalt der Bibel selbst fremd sind und dadurch die Botschaft der Bibel eher verschleiern als verdeutlichen. Wer das formale Prinzip *sola scriptura* wirklich voll zur Geltung bringen will, muss durch den Umgang mit der Schrift selbst entdecken, „wie sie gelesen werden will", das heißt: Bei der Suche nach einer angemessenen Lektüre der Bibel müssen die biblischen Texte auf die hermeneutischen Implikationen ihrer literarischen Strukturen hin untersucht werden, und man muss lernen, auf textuelle Hinweise zu achten, die hermeneutische Anhaltspunkte enthalten.

Wenn es um eine theologische Revolution geht, die auf Gottes Revolution folgt, geht es Breukelman darum, eine neue, radikale theologische Haltung anzunehmen. So wie Barth in der Dogmatik ausgehend von der Besonderheit der Selbstoffenbarung Gottes versuchte, sich den allgemein üblichen Theorien und Methoden anzunähern anstatt umgekehrt, so versuchte Breukelman durch die im vorangegangenen Absatz beschriebene Methode der theologischen Exegese, die Schrift als Gestalt der Selbstoffenbarung Gottes zu respektieren, indem er sie so weit wie möglich für sich selbst sprechen ließ.[35]

Im folgenden Abschnitt werden wir ein Beispiel dafür geben, wie diese „großen" hermeneutischen Gedanken in der „kleinen" Praxis der Exegese Gestalt annehmen.

2.3 Die soteriologische Denkweise von Gott in der Bibel

Breukelman sah sein eigenes Projekt weniger als biblisch-theologischen Gegenpol zu Barths dogmatisch-theologischem Projekt, sondern vielmehr als biblisch-theologische Ergänzung zu Barths dogmatischem Werk und als dessen exegetische Begründung dafür. In seinen Studien zu Genesis und Matthäus hat er versucht zu zeigen, dass (1) die biblischen Texte tatsächlich von einer Denkweise von Gott aus zeugen und somit (2) eine intrinsisch *soteriologische* Ausrichtung haben. Diese beiden sind durch den Grundsatz

35 Miskotte nennt diese Haltung bei Barth in „Über Karl Barths Kirchliche Dogmatik. Kleine Präludien und Phantasien" die „Vorrangstellung der Wirklichkeit".

des *Seins in der Tat* untrennbar miteinander verbunden: Wo Gott ist, dort handelt er, und wenn Gott handelt, tut er dies zum Heil der Menschen.

Aber wie funktioniert das? Um dies zu verdeutlichen, erscheint es sinnvoll, an dieser Stelle auf eine von Breukelman exegetisierte Bibelstelle einzugehen, aus der sehr deutlich hervorgeht, wie Breukelman die Bewegung von Gott aus im Text der Bibel erkennt und wie sich daraus ergibt, dass Gottes Selbstoffenbarung intrinsisch soteriologisch ist. Es handelt sich um Breukelmans Exegese der ersten drei Schöpfungstage (Genesis 1,1–13). Die wichtigsten Aspekte von Breukelmans Exegese werden stichpunktartig wiedergegeben.

(1) In seiner Exegese von Genesis 1 lenkt Breukelman zunächst die Aufmerksamkeit auf die Rolle des Redakteurs (des „Erzählers").[36] Er geht davon aus, dass dieser Redakteur ein Kerygma zu verkünden hat und die Komposition seines Textes in den Dienst dieses Kerygmas stellt, sowohl in den großen Linien als auch in den kleinsten Details.

(2) Was die Grundzüge betrifft, sieht Breukelman ebenso wie Barth in KD III/1, im Gegensatz zu der unter Alttestamentlern üblichen scharfen Unterscheidung zwischen der „Urgeschichte" (Genesis 1–11) und der „Vätergeschichte" (Genesis 12–50), die beiden Teile der Genesis ineinander übergehend. Bereits in seinem souveränen Schöpfungswerk hat Gott das Heil der Menschen im Blick: Die geschaffene Natur wird für das Heilswerk vorbereitet. Er nimmt das Böse selbst auf sich, die „Wüste und Leere" wird zurückgedrängt, damit der Mensch leben kann. Genesis 1 sollte daher nicht als neutrales „Vorwerk" zur Bundesgeschichte betrachtet werden, sondern kann für sich genommen schon soteriologisch verstanden werden: Gottes gnädige Zuwendung zum Menschen beginnt mit der Schöpfung.

(3) „Erschaffen" bedeutet, dass Gott etwas völlig Neues erschafft (*creatio ex nihilo*).[37] Das Heilswerk entspringt also allein aus Gottes Willen und Handeln, nicht aus noch etwas anderem außerhalb von ihm.

(4) Am ersten Schöpfungstag werden Licht und Dunkelheit *zeitlich* voneinander getrennt. Das bedeutet, dass „die Gefahr, dass der Tag des Menschen von einer nicht mehr endenden Nacht verschlungen wird, abgewendet ist".[38] Auch hier hat Gott also das Heil des Menschen im Blick.

36 *BT* I/3, 1–3.

37 A.a.O., 8.

38 A.a.O., 33. Originalzitat: „de dreiging, dat de dag van de mens door ene niet meer eindigende nacht wordt verzwolgen, is afgewend".

(5) Am zweiten Schöpfungstag werden die Wasser *räumlich* (vertikal) durch eine Wölbung oder eine Kuppel voneinander getrennt. „Die Wölbung repräsentiert den Himmel. Für den Menschen auf der Erde, für den die Wölbung den Himmel repräsentiert, ist sie jedoch *pars pro toto* der Himmel selbst, so dass am Ende von Gen. 1,6–8 gesagt werden kann: ‚dem Gewölb rief Gott: Himmel!'. Durch das, was der Verkünder über das Gewölbe als die sichtbare Unterseite des Himmels zu sagen weiß, kann er doch alles über den Himmel selbst sagen: Als schützende Kuppel über der Erde ist der Himmel die Sphäre des völlig Verborgenen, von der *Heil* zu erwarten ist."[39] Die Heilsbewegung vom Himmel zur Erde, das heißt: von Gott zu den Menschen, ist bereits in der Schöpfung eingebaut.

(6) Am dritten Schöpfungstag werden Erde und Meer erneut räumlich (horizontal) voneinander getrennt, damit die Erde ein sicherer Ort für den Menschen zum Wohnen sei. Auch hier findet also eine Heilshandlung Gottes statt.

Dies zeigt, wie sehr Breukelman in der textlichen Komposition von Genesis 1 eine soteriologische Tendenz erkennt. Konsekutiv setzt Gott in allen Dimensionen souverän Grenzen für alles, was den Menschen in seiner Existenz bedrohen könnte, und schafft für ihn einen Ort, an dem es sich gut leben lässt. So kommt Breukelman nach einer ausführlichen Erörterung des Textes und seiner Auslegungsgeschichte zu folgendem Schluss:

> „Das Licht wird Tageslicht *Gottes für sein Volk* sein, und die Wölbung wird *Himmel Gottes für sein Volk* sein, und das Trockene wird *Erde Gottes für sein Volk* sein. [...] Die gesamte geschaffene Wirklichkeit – der Himmel und die Erde, das Meer und alles, was darin ist – ist daher eine Wirklichkeit zwischen Gott und dem Menschen als Partner des Bundes. [...] Der Glaube Israels [...] fragt in erster Linie nach dem ‚Sinn des geschichtlichen Daseins' aller Wesen. Dies hat zur Folge, dass in der gesamten biblischen Verkündigung alles, was mit der unermesslichen ‚Natur' zu tun hat, klein gehalten wird, untergeordnet und dienlich für das, was sich zwischen Gott und den Menschen dialogisch als ‚Geschichte' von *debharim* abspielen will. Dies geschieht bereits in der Schöpfungsgeschichte von *Elohim* am Anfang der Bibel."[40]

Anschließend stellt Breukelman in einer für seine biblische Theologie typischen Weise einen direkten Zusammenhang zwischen seiner Exegese und der kirchlichen Verkündigung her:

---

39 A.a.O., 9, unter Verweis auf *KD* III/3, 517.

40 *BT* I/3, 69–70.

> „Und in biblischer Weise müssen auch wir im ‚verbi divini ministerium' der ecclesia inmitten der Völker die ‚natura' unter der Kontrolle der Geschichte halten. Andernfalls bläht sich die Natur auf und wird zum Einzigen und Allumfassenden, und wir – Gott und seine Menschen und die gesamte *Geschichte* der *Debharim* – werden von der Natura verschlungen und müssen in einem Meer aus Natura ertrinken."[41]

Im Vergleich zu Barth, der in seiner Schöpfungslehre in KD III/1 ähnliche exegetische Beobachtungen macht, ist es für Breukelman charakteristisch, dass die soteriologische Denkfigur Gottes bei ihm eine enorme Spannung mit sich bringt, gerade weil sie intrinsisch soteriologisch ist und außerhalb von Gottes Heilshandeln kein Heil zu erwarten ist. Alles hängt von dem einen Gott ab: das Gute in der Wirklichkeit, in der sich der Mensch befindet; der Sinn und Zweck seiner Existenz; die Gewissheit einer heilsamen Zukunft wie das Kommen des Reiches Gottes; und so weiter. Außer Gott selbst gibt es keine zweite Quelle, die etwas Wahres darüber behaupten könnte, geschweige denn eine endgültige Antwort darauf geben könnte. Da es auf der objektiven Seite nur einen Gott gibt, der es verdient, Gott genannt und als solcher verehrt zu werden, gibt es auf der subjektiven Seite auch nur einen „einzige[n] Trost im Leben und Sterben."[42] Dann hängt alles davon ab, ob dieses in der Bibel beschriebene Heilsgeschehen wahrhaftig ist – und dann ist auch das richtige Verstehen und Auslegen der Schrift zu einer entscheidenden Angelegenheit geworden.

Hierin liegt also neben dem zuvor beschriebenen Unterschied in der Betonung der ersten oder zweiten Gestalt des Wortes als wichtigste Offenbarungsquelle ein zweiter Unterschied zwischen Barth und Breukelman. Während man in Barths Theologie immer wieder Anlass gefunden hat, ihm vorzuwerfen, er bagatellisiere die Realität des Bösen und des Gottlosen, betrachtet und erlebt Breukelman, obwohl auch er darauf besteht, dass Christus durch Kreuz und Auferstehung bereits den Sieg errungen hat, das menschliche Dasein doch viel mehr als einen Kampfplatz, auf dem die umkämpfte Seele sich über Wasser halten muss, indem sie sich inmitten aller Gnadenlosigkeit dieser Welt an ihre letzte Zuflucht klammert: Gottes Gnade. Alles hängt davon ab, ob Christus als das Licht der Welt tatsächlich in der Lage sein wird, diese dunkle Welt zu erleuchten. In einer Welt voller Übel muss dem Menschen immer wieder *verkündet* werden, dass der Sieg über

---

41 A.a.O., 70.

42 *Heidelberger Katechismus*, Frage 1.

das Böse tatsächlich ein für alle Mal errungen ist. Die Wahrhaftigkeit des biblischen Zeugnisses muss erfahren oder angeeignet werden. Bei Breukelman spielt diese Aneignung eine viel prominentere Rolle als bei Barth.

3. Der Tanach als letzte Bastion

Es wurde nun beschrieben, wie Breukelman, inspiriert von Barth, in seinem biblisch-theologischen Projekt ein revolutionäres Potenzial sah. Wenn Kirche und Theologie etwa 500 Jahre nach der Reformation nun wirklich den Schritt zu „allein die Schrift", *sola scriptura*, wagen würden, könnten sie wieder aufblühen.

Wie viele seiner Zeitgenossen bewertete Breukelman den Säkularisierungsprozess nicht nur negativ. Der institutionelle Niedergang der Kirche hatte seiner Meinung nach in gewisser Weise auch etwas Läuterndes: Mit dem Wegfall alter Gewissheiten wurde es auch möglich, allerlei intellektuellen und moralischen Ballast hinter sich zu lassen. Breukelman ging es mit seiner theologischen Revolution daher nicht um die Wiederherstellung der Niederländisch-Reformierte Kirche oder darum, die Kirche zu neuem Aktivismus zu motivieren. Vielmehr sollte und müsse sich die Kirche in einer so stark veränderten und sich wandelnden Welt wieder auf ihre eigentliche Berufung durch Gott konzentrieren. In einer Studie, die Breukelman auf einem Symposium anlässlich des 80. Geburtstags von Miskotte im Jahr 1974 vorstellte, beschreibt er dies als eine durch den stark veränderten Kontext hervorgerufene Frage nach einer kirchlichen und theologischen „Linie, die Bestand hat":

> „Die Frage ist immer, wie wir als Ecclesia gegen alles in der Welt, in der wir leben, bestehen können. Durch all das wird man auf eine Linie zurückgeworfen, die Bestand hat. [...] Ich meine: Konfrontiert mit der Realität der Welt, in der wir leben, werden wir auf den Tenach zurückgeworfen. Wenn wir es schaffen und nicht in Verzweiflung und Chaos (*tohu wabohu*) versinken, dann durch den Tenach, der genau auf alles zutrifft, was uns bewegt und bedroht. Das ist die ‚Modernität' dieses Zeugnisses, von der Miskotte an verschiedenen Stellen spricht. Er hat ständig demonstriert, suggeriert, angeboten, erfahren lassen, dass man in den Verwirrungen des heutigen Lebens und der heutigen Welt direkt aus den Texten selbst Orientierung erhält; diese wunderbare Erfahrung, dass Erwartungen geweckt werden, dass Wort und Gegenwort direkt aus den Texten in die Welt von heute entspringen."[43]

---

43 Frans Breukelman, Miskotte's inspiratie: Tenach en dogmatiek, in: *BT* IV/2, 219–229, 229.

In der Bildsprache einer „Linie, die hält" oder einer „letzten Linie" erkennen wir die Vorstellung einer Kirche, die sich gegen eine überwältigende Macht von außen verteidigen muss. Die feindliche Macht wird mit folgenden Begriffen charakterisiert: „die Realität der Welt, in der wir leben", „Verzweiflung", „Chaos", das, was uns „bewegt und bedroht", „Verwirrungen".

Breukelmans biblisch-theologisches Projekt zielte nicht darauf ab, eine solche Linie zu errichten, sondern diese Linie wiederzufinden. Breukelman weist darauf hin, dass der *Tenach* die letzte Linie ist, die standhält. Diese Linie wurde bereits von Gott selbst errichtet. Sie ist in der Komposition der alttestamentlichen Schrift und im weiteren Sinne in der Komposition des aus dem Alten Testament verstandenen Neuen Testaments enthalten.

> „Kurz gesagt: Die Kirche ist bedroht, wir alle im Glauben. Wie sollen wir dem begegnen? Die Wege sind unpassierbar, das ist klar. […] Und dann sieht man im Werk von Miskotte: Wir werden von einer Linie auf die andere zurückgeworfen – wie weit? Zurückgeworfen auf das 17. Jahrhundert, und von dort aus können wir wieder? Nein, das geht nicht! Zurückgeworfen auf die Reformatoren? Nein! Zurückgeworfen auf das Neue Testament? Nein! Und genau das geschieht im zwanzigsten Jahrhundert: Wir werden zurückgeworfen auf das antiheidnische Zeugnis des Tenach, und von dort aus werden wir standhalten können. […] Diese völlig entchristlichte und säkularisierte Welt im Griff des allgegenwärtigen Heidentums... […] Man sieht sehr deutlich, dass es so absolut nicht mehr weitergehen kann, aber dann stellt sich die große Frage, mit der ich mich mein ganzes Leben lang beschäftigt habe: Gibt es noch einen Weg?"[44]

Breukelman skizziert die Situation in der säkularisierten Nachkriegs-Niederlande als einen Rückfall ins Heidentum. Der Grund dafür liegt darin, dass selbst das Neue Testament für sich genommen keine Linie bietet, die es aufrechterhält. Nicht weil das Neue Testament als solches misstrauisch betrachtet werden muss, sondern weil das Neue Testament für den modernen Menschen erst dann wirklich verständlich wird, wenn er lernt, das Alte Testament als „anti-heidnisches Zeugnis" zu lesen, das heißt, wenn er lernt, es im Hinblick auf Gottes Heilswirken an Israel zu lesen, das sich inmitten der heidnischen Völker befindet. Dann wird man selbstverständlich entdecken, dass die Bundesgeschichte inhärent christologisch geprägt ist, und damit öffnet sich auch das Neue Testament, wo sich zeigt, dass Jesus von Nazareth der vorhergesagte Messias ist.

---

44 Frans Breukelman, „Hou nou toch eens op met die Amsterdamse School. Gesprek met Frans Breukelman", in: *Interpretatie* 1/6 (September 1993), 2.4–9, hier 6.

Es geht darum, dass diese Linie wiederentdeckt und endlich in ihrem vollen Wert geschätzt wird. Der moderne Leser muss sich wieder auf die biblischen Texte konzentrieren. Nur wenn die biblische Botschaft wieder innerhalb eines Interpretationsrahmens erklärt wird, der durch den Text der Bibel selbst vorgegeben ist, werden Kirche und Theologie hinter dieser „letzten Linie, die hält", in der Lage sein, dem modernen Heidentum Widerstand zu leisten. Exegetische Arbeit, die den Text als Text respektiert, weist dem modernen Menschen einen verständlichen und gangbaren „dritten Weg" auf, da dieser Text, wie wir gesehen haben, eine intrinsische soteriologische Bedeutung hat und direkte Auswirkungen auf die Gegenwart hat. Diese biblische Radikalisierung würde nichts weniger als eine vollständige Umwälzung, eine *Revolution* in Kirche und Theologie bedeuten: Durch die Ausübung theologischer Exegese und biblischer Theologie könnte das biblische Kerygma wieder klar in den Vordergrund gerückt werden, und mittels der kirchlichen Verkündigung könnte das transformierende Potenzial des Wortes Gottes kraftvoll aktiviert werden.

Rein den Hertog

Die Gemeinde als Gleichnis

Zum theologischen und missionarischen Gehalt eines ekklesiologischen Bildes

1. Einleitung

Die Frage nach der theologischen Bedeutung der raumzeitlichen Kirche stellt sich heute mit neuer Dringlichkeit. Angesichts gesellschaftlicher Umbrüche, wachsender religiöser Indifferenz und der Erfahrung innerkirchlicher Erosion drängt sich die Notwendigkeit auf, das Wesen und den Auftrag der Kirche nicht nur pragmatisch, sondern theologisch wieder zu durchdenken. Dabei geht es insbesondere um die Frage, wie die Kirche als gesellschaftlich-wirkliche Gestalt des Leibes Christi in ihrer öffentlichen Präsenz glaubwürdig und zeugnishaft für das Evangelium einstehen kann.

Dass grundlegende Fragen nach dem Wesen der Kirche weiterhin offen sind, zeigt sich nicht zuletzt an gegenwärtigen Verarbeitungen bereits etablierter Bilder wie dem der Kirche als Kontrastgemeinschaft oder als Hermeneutik des Evangeliums, die exemplarisch für eine breitere und andauernde Diskussion über die Gestalt und Sendung der Kirche stehen.[1] Bemerkens-

* Ich danke Rinse Reeling Brouwer für die Durchsicht einer früheren Fassung dieses Beitrags und für seine hilfreichen Anmerkungen.

1 Das Bild der Kontrastgemeinschaft – jedenfalls in der Weise, wie es von Stanley Hauerwas entfaltet wird – wird zum Beispiel von Dick Wolters in seiner Dissertation aufgegriffen und weitergeführt: Dick Wolters, *De kerk als contrastgemeenschap. Kerk-zijn in een seculiere tijd*, Vianen 2024. Das von Lesslie Newbigin geprägte Bild der Kirche als Hermeneutik des Evangeliums wird von Shawn Behan theologisch ausgearbeitet: Shawn Behan, *The Congregation as Hermeneutic of the Gospel. Investigating Lesslie Newbigin's Answer to Questions about the Credibility of the Gospel in a Pluralistic World*, Wilmore 2022. Ich verweise hier auch gerne auf ein anderes Bild: die Kirche als Gabe. Dieses wurde im ökumenischen Kontext – insbesondere im Rahmen des Ökumenischen Rates der Kirchen – aufgegriffen und findet eine kreative und theologisch weiterführende Verarbeitung bei Michael Moynagh, *In Giving the Church. The Christian Community Through the Looking*

wert ist dabei, dass das von Barth entwickelte Bild der Kirche als „Gleichnis des Reiches Gottes“ bislang nur eine randständige Rolle im ekklesiologischen und missionarischen Diskurs gespielt hat – obwohl es im Rahmen seiner Lehre vom prophetischen Amt Jesu Christi in der Kirchlichen Dogmatik IV/3 eine theologisch dichte und konzeptionell tragfähige Ausarbeitung erfahren hat, die zugleich eine erhebliche missionarische Relevanz erkennen lässt.[2] Dieses Bild eröffnet einen Zugang zum Verständnis der Kirche, der weder abstrakt-systematisch verengt noch soziologisch nivelliert ist, sondern sich unmittelbar aus dem Vollzug der göttlichen Selbstoffenbarung im Leben und Zeugnis der Gemeinde ergibt.

Ziel dieses Beitrags ist es, die theologische Herkunft, den sachlichen Gehalt und insbesondere die missionarische Relevanz des Bildes der Kirche als Gleichnis des Reiches Gottes zu untersuchen. Die These lautet, dass dieses Bild einen ekklesiologischen Denkrahmen erschließt, der sowohl erkenntnistheoretisch als auch kritisch wirksam ist: Die Kirche wird nicht als selbstgenügsame Institution verstanden, sondern als zeichenhafte, zur Teilhabe befähigende Gestalt der Gegenwart Christi, in der sich Gottes Wahrheit ereignishaft und analog erschließt. Ihre Bedeutung wird nicht primär durch äußere Analyse erfasst, sondern im Hören, Feiern und Glauben mitvollzogen – in einer Praxis, die sie selbst eröffnet. Ihre missionarische Aufgabe besteht darin, nicht sich selbst zu präsentieren, sondern einen Raum zu eröffnen, in dem andere der versöhnten Wirklichkeit begegnen können, die sie bezeugt.

Dieser Beitrag geht in drei Schritten vor: Zunächst wird Barths Bild der Gemeinde als Gleichnis des Reiches Gottes innerhalb seiner Versöhnungslehre in der KD verortet und ausgelegt. Sodann wird dieses Bild in Beziehung

Glass of Generosity, London 2022, entfaltet er ein Verständnis der Kirche als „gift“ (im Sinne von Gabe, nicht im deutschen Wortsinn), das auf originelle Weise die ekklesiologische Bedeutung von Großzügigkeit und Hingabe erschließt und systematisch vertieft. Im Zusammenhang mit der missionarischen Berufung der raum-zeitlichen Gemeinde verweise ich außerdem auf die Studie von Gregg Okesson, der ausführlich über Gestalt und Sendung der Gemeinde reflektiert und das Konzept des „thick witness“ entwickelt. Vgl. Gregg Okesson, *A Public Missiology: How Local Churches Witness to a Complex World*, Grand Rapids 2020.

2 *KD* IV/3, 906–910. Zwei Theologen, die das Bild der Kirche als Gleichnis aufgegriffen haben, sind Hans-Georg Geyer und der amerikanische Missiologe Darrell L. Guder. Letzterer verarbeitet Barths Denken sowie das Bild der Gemeinde als Gleichnis im Hinblick auf die amerikanische Diskussion über „missional church“. Vgl. Hans Georg Geyer, *Andenken. Theologische Aufsätze*, Tübingen 2003, 402ff., und Darrell Guder, *Called to Witness. Doing Missional Theology*, Grand Rapids 2015, 140ff.

gesetzt zu Barths Konzeption profaner Gleichnisse, um Konvergenzen und Unterschiede zu klären. Abschließend werden einige missionarische Konsequenzen dieses ekklesiologischen Bildes im Blick auf die theologische Erkenntnistheorie, das Reich Gottes und die Welt aufgezeigt.

2. Die Konzeption der Gemeinde als Gleichnis in Barths Kirchlicher Dogmatik

Es ist weder möglich noch notwendig, im Rahmen dieses Artikels einen vollständigen Überblick über die von Barth in der KD IV entworfene Ekklesiologie zu geben.[3] Daher beschränke ich mich auf einige einleitende Bemerkungen zur Stellung des Bildes der Gemeinde als Gleichnis innerhalb der Versöhnungslehre. Dabei nähere ich mich dem Thema in zunehmend stärkerer Fokussierung, bis das Bild des Gleichnisses deutlich hervortritt.

---

3 Ein Überblick über Barths Ekklesiologie lässt sich – ohne Anspruch auf Vollständigkeit – in den folgenden Büchern und Aufsätzen finden: Kimlyn Bender, *Karl Barth's Christological Ecclesiology*, Eugene 2013; Eberhard Busch, Die Kirche am Ende ihrer Welt-geltung, in: *Das Wort, das in Erstaunen setzt, verpflichtet. Dankesgabe für Jürgen Fangmeier*, Wuppertal/Zürich1994, 83–97; Maarten den Dulk, Eine Gesellschaft mit einem Gedicht als Grundsatz: Über Karl Barths Ekklesiologie in KD IV/3, § 72, in: *Zeitschrift für dialektische Theologie* 20 (1/2004), 21–36; John Flett, Versammlung, Auferbauung und Sendung der christlichen Gemeinde, in: *Karl Barth als Lehrer der Versöhnung (1950–1968). Vertiefung – Öffnung – Hoffnung*, Zürich 2016, 117–137; H.-Th. Goebel, Die Entbehrlichkeit der Kirche für die Welt und die Unentbehrlichkeit der Welt für die Kirche, in: *Zeitschrift für dialektische Theologie* 20 (1/2004), 37–55; Georg Plasger, Kirche als ökumenisches Ereignis. Die Einheit der Kirchen in der einen Kirche Jesu Christi, in: *Karl Barth im europäischen Zeitgeschehen (1935–1950): Widerstand – Bewährung – Orientierung*, Zürich 2010, 471–483; Georg Plasger, Verborgene Wirklichkeit. Das Volk Gottes im Weltgeschehen, in: *Zeitschrift für Dialektische Theologie* 34 (2/2018), 59–75; Rinse Reeling Brouwer, *Karl Barth and Post-Reformation Orthodoxy*, Oxon/New York 2016, 149–176; Annelore Siller, Kirche *für die Welt: Karl Barths Lehre vom prophetischen Amt Jesu Christi*, Zürich 2009; Henning Theißen, *Die berufene Zeugin des Kreuzes Christi: Studien zur Grundlegung der evangelischen Theorie der Kirche*, Leipzig 2013.

2.1 Die Ekklesiologie in Barths Versöhnungslehre

Nachdem Barth bereits in seiner Lehre von der Erwählung einen ersten Ansatz zur Ekklesiologie entwickelt hat,[4] entfaltet er in seiner Versöhnungslehre eine ausgearbeitete Lehre von der Kirche. Dabei trifft er nahezu unmittelbar eine theologisch bedeutsame Entscheidung: Die Behandlung der Ekklesiologie ist Bestandteil des zweiten Glaubensartikels. Während in traditionellen dogmatischen Entwürfen die Lehre von der Kirche dem dritten Glaubensartikel zugeordnet wird, ist sie für Barth in der Christologie verwurzelt. Die jeweiligen Titel (und Inhalte) der Abschnitte, die sich in KD IV mit der Kirche beschäftigen, verweisen zwar auf die unverzichtbare Rolle des Heiligen Geistes im Reden von der Gemeinde, doch ist sie im Grundsatz als Gemeinschaft Teil von Gottes versöhnendem Handeln in Christus. Vor diesem Hintergrund ist es verständlich, dass Barth die Gemeinde immer wieder als die irdisch-geschichtliche Existenzform Christi bezeichnet. Mit Recht kann bei Barth daher von einer christologischen Ekklesiologie gesprochen werden.[5]

Im Rahmen seiner Versöhnungslehre behandelt Barth die Kirche in drei Schritten. Zunächst spricht er in § 62, im Zusammenhang mit dem priesterlichen Amt Christi, von der Sammlung der Gemeinde. Hier erörtert er unter anderem die vier klassischen Kennzeichen der Kirche. Sodann folgt in § 67, im Kontext des königlichen Amtes Christi, die Ausführung zur Erbauung der Gemeinde. Hier geht es unter anderem um die kirchliche Ordnung. Schließlich kommt er in § 72, im Rahmen des prophetischen Amtes Christi, auf die Sendung der christlichen Gemeinde zu sprechen. Da das Reden von der Gemeinde als Gleichnis hier seinen Ort hat, soll dieser Punkt im Folgenden etwas näher betrachtet werden.

2.2 Die Sendung der Kirche im Licht des prophetischen Amtes Christi

Barths Behandlung des prophetischen Amtes Christi im Rahmen der Versöhnungslehre hat in der theologischen Diskussion zu Recht Aufmerksamkeit gefunden. Er beschränkt das Reden von der Versöhnung nicht auf das

4 Eine aufschlussreiche Darstellung des Hintergrunds und der Entwicklung von Barths Verständnis der Erwählung in ihrer Beziehung zur Kirche bietet Reeling Brouwer, *Karl Barth and Post-Reformation Orthodoxy* (Anm. 3), 161ff.

5 Vgl. den Titel von Benders Monographie über die Kirche bei Barth (vgl. Anm. 3): Karl Barths Christological Ecclesiology.

„Geschehen" von Kreuz und Grab, sondern zeigt in KD IV/3, dass auch die Offenbarung dieses Versöhnungsgeschehens sowie das davon ausgehende Zeugnis integrale Bestandteile der Versöhnung selbst sind. Im Zentrum steht dabei die erkenntnistheoretische Frage, wie menschliche Erkenntnis der göttlichen Versöhnung überhaupt möglich ist. Implizit antwortet Barth hier auf die feuerbachsche Projektionsthese: Erkenntnis Gottes ist nicht das Ergebnis menschlicher Selbstreflexion oder religiöser Phantasie, sondern Antwort auf die objektive, freie Selbstmitteilung Gottes in Jesus Christus. Christus ist nicht Objekt theologischer Konstruktion, sondern Subjekt göttlicher Offenbarung – als Mittler, Ausleger und Verkündiger des Evangeliums. Auch im Blick auf das Bild der Kirche als Gleichnis ist es – wie sich zeigen wird – entscheidend, diesen erkenntnistheoretischen Horizont mitzuführen.

Im Zusammenhang des prophetischen Amtes Christi spricht Barth in KD IV/3 von der Sendung der Kirche. Seine ekklesiologischen Überlegungen machen deutlich, dass die Kirche von Anfang an in die Bewegung Christi zur Welt hineingenommen ist – nicht als selbstständige Akteurin, sondern als Zeugin der durch Christus geschehenen Versöhnung. Sie hat keine eigene Mission, sondern ist in ihrem Wesen Teil der göttlichen Selbstmitteilung: Der auferstandene Christus selbst ist Mittler, Ausleger und Verkündiger des Evangeliums.

Ohne dass Barth sich explizit auf die Internationale Missionskonferenz in Willingen (1952) bezieht, entfaltet er damit eine theologische Perspektive, die dem dort formulierten Konzept der missio Dei grundlegend verwandt ist: Mission ist nicht primär eine Aktivität der Kirche, sondern Ausdruck des Handelns des dreieinigen Gottes in der Geschichte. Doch während die Willinger Formulierung die göttliche Sendung programmatisch in den Vordergrund stellt, bleibt ihre konkrete theologische Füllung vielfach diffus. Wie John Flett betont, droht missio Dei ohne klare Verankerung in der besonderen Sendung des Sohnes und des Geistes zu einem „trinitarischen Vorwort" zu werden, hinter dem sehr unterschiedliche, teils widersprüchliche missionstheologische Positionen auftreten können.[6]

---

6 Für das Verhältnis zwischen Karl Barth und der Missio Dei Theologie siehe: John Flett, *The Witness of God: The Trinity, Missio Dei, Karl Barth, and the Nature of Christian Community*, Grand Rapids 2010. Meine Analyse in diesem Aufsatz versteht sich als ein Versuch, die theologischen Voraussetzungen der missio Dei-Konzeption im Licht von Barths Lehre vom prophetischen Amt zu klären und aufzuzeigen, wie sich daraus eine konsequent weltgerichtete Ekklesiologie ergibt, die die Sendung der Kirche strikt vom Handeln Gottes in Christus her denkt. Ich bin der Überzeugung, dass insbesondere das

Barth hingegen insistiert darauf, dass Gottes Wesen und Handeln nicht zu trennen sind. Die Versöhnung ist nicht nur ein Heilsereignis, sondern ein kommunikativer Vollzug, in dem Gott sich selbst in Christus offenbart – und zwar in der Welt. Die Kirche existiert, weil Christus lebt und wirkt; ihre Sendung ergibt sich nicht aus kirchlichen Zielvorgaben, sondern aus ihrer Teilhabe an der fortgesetzten Bewegung Gottes auf die Welt hin. Mission ist somit nicht Ergänzung, sondern Konsequenz der Versöhnung.[7]

2.3 Exzentrische Existenz

Ich schärfe die Perspektive noch ein bisschen weiter und fokussiere auf den zweiten Abschnitt von § 72, in dem Barth das Bild der Kirche als Gleichnis entwickelt. In diesem Zusammenhang befasst er sich eingehend mit der Thematik der Gemeinde für die Welt. Die Gemeinde lebt, so Barth, exzentrisch, da sie durch Christus zum Leben gerufen wurde und Anteil an seinem prophetischen Amt hat. Ihre Sendung ist keine Wiederholung seiner Sendung, keine Verlängerung oder Fortsetzung, wohl aber steht die ihr verliehene Kraft in einer gewissen Entsprechung zu seiner Kraft – auch wenn sie dieser sowohl qualitativ als auch quantitativ nicht gleichkommt.

Nach Barth ist die Gemeinde der Ort, an dem sich die Wahrheit über die Welt im Licht der göttlichen Versöhnung erschließt – eine Wahrheit, die Menschen befähigt, ihre Mitverantwortung für die Welt in solidarischer Weise wahrzunehmen. Dass diese Aussage theologisch tragfähig ist, gründet nicht in spekulativen Entwürfen oder soziologischen Beobachtungen, sondern im Glauben – im Sinne einer fides quaerens intellectum. Dass die Kirche für die Welt da ist, ist eine Glaubensaussage: Sie entspringt dem Zeugnis der Heiligen Schrift und dem gemeinsamen Bekenntnis der Kirche. Solche Aussagen können nur von der Position der Hörenden des göttlichen Wortes her getroffen werden, also von Menschen, die sich durch dieses Wort zur Erkenntnis und zum Gehorsam rufen lassen. In diesem Hören erschließt sich,

von Barth verwendete Konzept des Gleichnisses hilfreich ist, um die Kirche als zeugnisförmige, vorläufige Gestalt der göttlichen Versöhnung in der Welt zu verstehen und ihre missionarische Existenz theologisch zu verorten.

7 Vgl. Siller, *Kirche für die Welt* (Anm. 3). Siller interpretiert Barths Lehre vom prophetischen Amt Christi als theologischen Schlüssel zur ekklesiologischen Selbstbestimmung der Kirche in ihrer Weltverantwortung.

dass die Kirche für die Welt da ist, weil Gott selbst sich in Christus der Welt zugewandt hat. Diese Aussage ist daher nicht weniger wahr als die zentrale Wahrheit, dass Jesus Christus sich für die Welt hingegeben hat – eine Wahrheit, die immer wieder neu verstanden, bezeugt und gelebt werden will.

Barth legt besonderen Wert darauf, dies zu betonen: Die Gemeinde bleibt jederzeit auf das Wort angewiesen, kann nur im Bekenntnis zu Christus in der Welt handeln und ist ihrem Wesen nach nichts anderes als eine dankbare Antwort auf Jesu Zuwendung zu ihr.

2.4 Die Gemeinde als Gleichnis

Barth schließt die Sektion über die Gemeinde für die Welt mit dem Bild der Gemeinde als Gleichnis ab. Im Anschluss an Jesu Gebrauch von Gleichnissen in den Evangelien – in denen alltägliche Situationen einen Zugang zum Geheimnis des Reiches Gottes eröffnen – versteht auch Barth die Kirche in entsprechender Weise: nicht als das Reich Gottes selbst, wohl aber als eine zeugnishafte Gestalt desselben. In den Worten Barths:

> „Die von ihr verschiedene Wirklichkeit, die sie als solches Gleichnis bezeichnet und darstellt, ist das in der Auferstehung Jesu Christi (als dem terminus a quo ihrer eigenen geschichtlichen Existenz) anhebend und partikular schon offenbare, in Jesu Christi letzter Erscheinung (als dem terminus ad quem ihrer eigenen Geschichte) endgültig und universal zu offenbarende Reich Gottes. Und das ist das «Reich Gottes»: die Aufrichtung der alleinigen, Alles durchdringenden und bestimmenden Herrschaft Gottes, des Wortes und des Geistes Gottes, im ganzen Raum seiner Schöpfung. Jesus selbst ist dieses Reich in seiner ganzen Vollkommenheit. In ihm ist ja diese Gottesherrschaft aufgerichtet."[8]

Diese Gleichnisstruktur steht jedoch nicht für sich allein, sondern bildet das vierte und letzte Glied einer Reihe von grundlegenden Aussagen über das Wesen der Kirche. In dieser vierschrittigen Bestimmung der Gemeinde – ihrer Herkunft aus dem befreienden Wort und Geist Gottes, ihrem Bekenntnis zu Jesus Christus als dem für alle Menschen bestimmten Herrn, ihrer Antwort auf die Initiative Christi in Gehorsam und Vertrauen, und schließlich ihrer Gleichnisgestalt – erschließen sich die theologischen Dimensionen ihres Seins in gegenseitiger Ergänzung, Klärung und auch Relativierung.[9] Das

---

8 *KD* IV/3, 906f.

9 A.a.O., 899–906.

Bild der Gemeinde als Gleichnis ergibt sich also innerlich aus ihrer theologischen Grundkonstitution: Weil sie ihr Dasein allein der befreienden Macht des göttlichen Wortes und der Wirksamkeit des Heiligen Geistes verdankt, weil sie in ihrem Bekenntnis zu Jesus Christus ihre Gestalt empfängt, und weil dieses Bekenntnis eine gehorsame Antwort auf die Initiative des lebendigen Christus ist, wird sie als Gemeinschaft, die von Christus herkommt und auf Christus hin lebt, zu einer Gleichnisgestalt seines Reiches. Die Gemeinde kann in dieser Welt nur sie selbst sein, indem sie – vorläufig und fehlbar – das zur Darstellung bringt, was ihr in der Offenbarung Jesu Christi begegnet ist: die rettende und herrschende Gegenwart Gottes.

Die Bestimmung der Kirche als Gleichnis des Reiches Gottes gewinnt daraufhin ein besonderes Profil durch Barths Verständnis dieses Reiches als personale Herrschaft Jesu Christi: „Jesus selbst ist dieses Reich in seiner ganzen Vollkommenheit. In ihm ist ja diese Gottesherrschaft aufgerichtet." Dieses Königtum ist nicht abstrakt oder eschatologisch-ferne Realität, sondern gegenwärtige Wirklichkeit im erhöhten Christus. In dieser Perspektive grenzt sich Barth deutlich sowohl von der föderaltheologischen Fixierung auf ein prästabiliertes Gnaden- und Werkbundschema als auch von heilsgeschichtlichen Modellen ab, die das Reich Gottes in eine lineare Abfolge von Heilsphasen einbetten. Stattdessen eröffnet er eine gegenwärtige, christologisch-zentrierte Sichtweise, in der die Kirche als Gleichnis nicht nur aus der Geschichte Jesu Christi hervorgeht, sondern auch auf seine gegenwärtige Königsherrschaft bezogen ist.[10]

In dieser Gleichnisstruktur liegt eine doppelte Spannung: Einerseits ist die Kirche real am Heilsgeschehen beteiligt, andererseits bleibt sie stets eine vorläufige und fehlbare Gestalt desselben. Sie ist nicht mit der Versöhnung identisch, sondern verweist in Wort und Tat auf sie. Als irdisch-geschichtliche Existenzform Jesu Christi – also als konkrete, zeitlich-räumliche Gestalt seines gegenwärtigen Wirkens in der Welt – ist die Gemeinde ein Gleichnis Christi selbst. Sie ist nicht mehr als ein Gleichnis der bereits geschehenen und der noch ausstehenden Offenbarung, aber auch nicht weniger. Sie wird nicht zu einem alter Christus, empfängt jedoch in ihrer ihr zugewiesenen Zeugnishaftigkeit eine analoge Herrlichkeit von ihm – nicht aus eigenem Vermögen, sondern aus seiner realen Präsenz.

Das Bild vom Gleichnis macht deutlich: Die Gemeinde kann das Reich Gottes in der Schöpfung weder errichten noch offenbaren – beides ist das

10 Siehe hierzu: Reeling Brouwer, *Karl Barth and Post Reformation Orthodoxy* (Anm. 3).

Werk Christi. Was sie jedoch vermag, ist, auf dieses Reich und seine Offenbarung hinzuweisen. Sie ist Gleichnis des prophetischen Wirkens Jesu Christi – ein Reflex und eine Replik seiner Herrlichkeit.

Wenn das zutrifft, muss sie erkennen, dass ihr Dasein auf die Welt hin ausgerichtet ist. Deshalb kann sie niemals Selbstzweck sein. Das Bild des Gleichnisses besitzt damit offenkundig eine eindeutig missionarische Ausrichtung: Es zeigt, dass die Gemeinde dazu berufen ist, in der Welt ein Abbild des Reiches Christi zu sein.

Es ist hier hervorzuheben, dass das Bild der Gemeinde als Gleichnis eine Berufung der christlichen Gemeinschaft impliziert: Als Zeugin des Evangeliums ist die Gemeinde dazu berufen, in bewusster Orientierung auf ihre Entsprechung mit dem Reich Gottes hin zu leben und zu handeln. Wie sie dieser Berufung konkret Gestalt geben kann, hat Barth teilweise bereits in § 67 – im Zusammenhang mit dem Aufbau und der Ordnung der Gemeinde – entfaltet und er behandelt dies im Übrigen in den beiden folgenden Abschnitten von § 72, in denen es um den Auftrag und den Dienst der Gemeinde geht. Die Kirche ist – unter dem Vorzeichen der Christologie – das Subjekt der Entsprechung mit dem Reich Gottes.[11]

3. Gleichnisse in der Profanität

Wer jedoch mit der Kirchlichen Dogmatik Karl Barths vertraut ist, weiß, dass dieser bereits früher im Rahmen seiner Versöhnungslehre eine ausführliche und theologisch bedeutsame Auseinandersetzung mit dem Phänomen der Gleichnisse vorgenommen hat.[12] Im ersten Teilband des dritten Teils der Lehre von der Versöhnung – genauer gesagt in dem einleitenden Paragraphen § 69 „Die Herrlichkeit des Mittlers“ – verweilt Barth ausführlich bei den Gleichnissen des Himmelreichs in der Profanität.[13] Im Rahmen

---

11 Geyer bringt es folgendermaßen zum Ausdruck: „Die Methode der Analogie, verstanden als die subjektive Seinsweise der christlichen Gemeinde in ihrer geschichtlichen Aktivität, ist darum stets auch das Mandat ihrer Konstitution, d.h., sie ist Auftrag und Aufgabe der Entdeckung und Entwicklung gleichnishafter Verhältnisse in der jeweiligen historischen Gegenwart der Gemeinde und damit auch in ihrem Verhältnis zum Leben der Menschen in Staat und Kultur.“ Geyer, *Andenken* (Anm. 2), 403.

12 Barth setzt sich mit dem Konzept der „Gleichnisse“ nicht erst in seiner Versöhnungslehre auseinander; bereits in seinem Tambacher Vortrag von 1919 verwendet er es: Karl Barth, Der Christ in der Gesellschaft, in: *Das Wort Gottes als Aufgabe der Theologie: Gesammelte Vorträge*, München 1929, 53ff. Siehe Fußnote 17 weiter unten in diesem Beitrag.

13 *KD* IV/3, 95ff.

seiner sogenannten „Lichterlehre" entwickelt er dort das Konzept profaner Gleichnisse des Reiches. Damit stellt sich die Frage, wie sich die profanen Gleichnisse in der Welt und die Gemeinde als Gleichnis Christi zueinander verhalten.

3.1 Das Licht Christi und die Gleichnisse des Reiches

Barth eröffnet den dritten Teil seiner Versöhnungslehre mit der Darstellung Jesu Christi als dem Licht des Lebens – einzigartig, vollkommen und unvergleichlich. Jesus ist das vollkommene Wort Gottes über sich selbst und über den Menschen und steht insofern ohne Konkurrenz. Diese Exklusivität schließt jedoch nicht aus, dass es auch außerhalb von Christus Lichter geben kann. Als Herr der Welt ist Gott in der Lage, auch außerhalb der Kirche wahre Worte hörbar werden zu lassen. In diesem Zusammenhang spricht Barth von Gleichnissen des Reiches Gottes. Solche Gleichnisse sind jedoch keine eigenständigen Offenbarungsquellen; ihre Aussagekraft und Wirksamkeit beruhen nicht in sich selbst, sondern allein in der Wirklichkeit Christi.

Diese Gleichnisse stehen in einem Verhältnis der Analogie zum Wort Gottes. Sie können wahr sein, sofern sie (1) inhaltlich mit dem Evangelium übereinstimmen, (2) eine gewisse Zurückhaltung wahren und sich nicht selbst als das Wort ausgeben, und (3) Frucht bringen für den Aufbau der Gemeinde. Nur unter diesen Bedingungen kann die Kirche sie als Kommentar zur Heiligen Schrift verstehen. Gleichnisse sind demnach sekundäre Phänomene: zeichenhafte Gestalten, die nicht das Heil selbst sind, sondern in indirekter Weise darauf verweisen.

Barth nennt in diesem Zusammenhang zunächst die primären wahren Worte, die im Raum der Heiligen Schrift und der Verkündigung der Gemeinde gesprochen werden. Doch auch diese gewinnen ihren Charakter als Gotteswort allein durch die gegenwärtige Wirklichkeit Jesu Christi. Die Gleichnisse des Reiches Gottes sind allerdings nicht auf den Bereich der Kirche beschränkt. Sie können auch jenseits ihrer institutionellen und konfessionellen Grenzen in Erscheinung treten. Auch in diesen Fällen handelt es sich nicht um formale oder abstrakte Mitteilungen eines fernen Schöpfers oder Weltenherrschers, sondern um die Selbstmitteilung Gottes, der als Vater im Sohn durch den Heiligen Geist handelt. In solchen Gestalten wird sichtbar, dass es keinen Bereich des sogenannten Profanen gibt, der sich dem Wirken und der Gegenwart Gottes entziehen könnte.

Barth verzichtet in diesem Zusammenhang bewusst auf konkrete Beispiele, da diese aus seiner Sicht von der eigentlichen Sache ablenken könnten. Die Konzentration auf einzelne Fälle würde leicht den Blick verstellen für die grundlegende theologische Einsicht, dass sich Christus auch jenseits der sichtbaren Grenzen der Kirche zu erkennen gibt. Zudem hängt dieser Verzicht eng mit dem ereignishaften Charakter solcher Gleichnisse zusammen: Sie lassen sich nicht statisch fixieren oder exemplarisch festhalten, sondern ereignen sich in lebendiger Bewegung. Auf diese Dynamik werde ich im weiteren Verlauf des Aufsatzes noch näher eingehen.

Die Schöpfung ist Schauplatz des Gleichnisses: Sie spricht, trägt Lichter in sich, ist aber keine Quelle der Offenbarung. Gleichnisse sind keine Beweisorte oder zusätzlichen Offenbarungsmomente, sondern verweisende Signale – unvollkommen, vorläufig und ganz abhängig von dem Zentrum, auf das sie deuten: Jesus Christus. Die Welt bringt solche Gleichnisse nicht aus sich selbst hervor, sondern empfängt sie – im Raum, der durch Christus bereits versöhnt ist.

3.2 Theologische und erkenntnistheoretische Perspektiven

Zur sogenannten Lichterlehre Barths ist im Laufe der Jahre eine beachtliche Sekundärliteratur entstanden, auf die an dieser Stelle nicht im Einzelnen eingegangen werden kann.[14] Die folgenden zwei grundsätzlichen Beobachtungen erscheinen jedoch im Blick auf das Thema dieses Beitrags als unerlässlich.

---

14 Ich beschränke mich auf einen Verweis auf die folgenden Werke und Aufsätze: Hendrikus Berkhof / Hans-Joachim Kraus, *Karl Barths Lichterlehre*, Zürich 1978; Jan van Helden, *Reformed Modernity: Discerning the work oft he Spirit in humanist solidarity culture in Western Europe from a Reformed Perspective*, Amsterdam 2022, 177 ff; George Hunsinger, *How to Read Karl Barth: The Shape of His Theology*, New York/Oxford 1991, 234–280; Christian Link, *Die Welt als Gleichnis: Studien zum Problem der natürlichen Theologie*, München 1976; Christian Link, Karl Barths Verständnis der »wahren Worte«, in: *Karl Barth als Lehrer der Versöhnung* (Anm. 3), 363–379.

3.2.1 Gleichnisse als Ausdruck der realen Präsenz Christi

Erstens, Barth entwickelt seine Konzeption der Gleichnisse des Reiches Gottes im Rahmen der Versöhnungslehre. Sie sind somit nicht als ein randständiges oder illustratives Phänomen zu verstehen, sondern als integraler Bestandteil der dogmatischen Antwort auf das formale Grundproblem der Versöhnung: Wie wird die in Jesus Christus geschehene Versöhnung in Raum und Zeit gegenwärtig und wirksam?[15] Gleichnisse sind, theologisch gesprochen, die Weise, in der Christus seine versöhnende Gegenwart in der Welt geschichtlich aufleuchten lässt.

Wie Siller in ihrer Studie überzeugend darlegt, liegt der Schlüssel zum Verständnis dieser Gestalten in der Mittlerschaft Christi, der in seiner Person sowohl an der Herrlichkeit Gottes als auch am raumzeitlichen, geschichtlichen Dasein des Menschen Anteil hat. In ihm berühren sich göttliche Ewigkeit und menschliche Zeitlichkeit. Diese doppelte Partizipation ermöglicht, dass bestimmte weltliche Gestalten – in Analogie zur Inkarnation – zum Ort der realen Präsenz Christi werden können. Die Gleichnisse des Reiches sind solche „Räume" oder „Gestalten" seiner fortdauernden Selbstmitteilung in der Welt.[16]

Was sich in einem solchen Gleichnis ereignet, ist strukturell vergleichbar mit dem, was sich in der Menschwerdung ereignet: Gott macht sich in der Zeit erkennbar. Er tritt in eine konkrete, weltlich gebundene Gestalt ein, um sich selbst zu offenbaren. Diese Offenbarung ist nicht einmalig in dem Sinn, dass sie sich nicht mehr wiederholen ließe – im Gegenteil: Gerade weil es Gott selbst ist, der sich in diesen Gestalten zu erkennen gibt, gründet in seiner Treue und Freiheit die Möglichkeit einer stets neuen Selbstmitteilung.

Gott wiederholt sich in vielfältigen Formen seiner Offenbarung, indem er sich in unterschiedlichen geschichtlichen Konstellationen zur Sprache bringt. So werden weltliche Gleichnisse möglich: Gott selbst nimmt die zeitliche Welt in seine Selbstinterpretation auf. Die Gleichnisse sind daher nicht autonome religiöse Symbole, sondern theologisch verstanden Ausdrucksformen der göttlichen Selbsterschließung – verwiesen auf Christus, gegründet in seiner realen Gegenwart, getragen von der Bewegung des Geistes.[17]

15 Link, *Die Welt als Gleichnis* (Anm. 14), 298.

16 Siller, *Kirche für die Welt* (Anm. 3), 273ff.

17 Vgl. Link, *Die Welt als Gleichnis* (Anm. 14), 299ff. Darin besteht der wesentliche Unterschied im Gebrauch gegenüber dem Tambacher Vortrag: Während Barth die Gleichnisse im Vortrag von 1919 lediglich als zeigende Hinweise und nicht als Ort göttlicher Ge-

3.2.2 Die Gleichnisse im Horizont der theologischen Erkenntnistheorie

Zweitens – und im Zusammenhang mit dem ersten Punkt – ist es von entscheidender Bedeutung, Barths sogenannte „Lichterlehre" vor dem Hintergrund seiner Auseinandersetzung mit dem Phänomen der natürlichen Theologie zu lesen. In gewisser Hinsicht lässt sich das, was Barth in KD IV/3 entfaltet, als eine Weiterführung, zum anderen aber auch als eine Differenzierung seiner früheren, scharfen Zurückweisung jeder Form natürlicher Theologie verstehen – sowohl in der berühmten Kontroverse mit Emil Brunner als auch in früheren Teilen der Kirchlichen Dogmatik. Diese hermeneutische Perspektive ist deshalb wichtig, weil sie verdeutlicht, dass es sich beim Begriff der Gleichnisse um eine Fragestellung innerhalb der theologischen Erkenntnistheorie handelt.

Die grundlegende Frage, die sich im Rahmen der Ekklesiologie allgemein und der Gleichnistheorie im Besonderen stellt, ist die nach der Möglichkeit, Gott in dieser Welt zu erfahren und zu erkennen. Es geht dabei nicht um ein autonomes menschliches Erkenntnisvermögen, sondern um die Weise, in

genwart versteht, gelten sie in seiner Versöhnungslehre als konkrete Gestalt der realen Präsenz Christi. Vgl. Siller, *Kirche für die Welt* (Anm. 3), 281–283. In einem Schreiben machte Rinse Reeling Brouwer mich darauf aufmerksam, dass Barth in seiner Versöhnungslehre – stärker als noch im Jahr 1919 – den Akzent darauf legt, dass Jesus selbst es ist, der das Gleichnis stiftet. Etwas wird nur deshalb zum Gleichnis, weil Jesus es dazu macht. Barth formuliert 1959: „Jesus Christus spricht, schafft ja diese Gleichnisse, redet vom Reich und also vom Leben und also von sich selbst und tut das in Erzählungen von Vorgängen, die scheinbar auch jeder Andere so erzählen könnte – und nun doch nicht könnte, weil allein sein Wort das Reich mit diesem Vorgängen, diese Vorgängen mit dem Reich gleichsetzen kann, sodaß das Reich ihnen und sie dem Reich, indem er sie erzählt, tatsächlich, real, gleich werden und sind, sodaß die Erzählung von ihnen gerade nicht nur ‚Bildrede', sondern enthüllende und verhüllende Offenbarung, Selbstdarstellung, Selbstdarbietung des Reiches, des Lebens und also seine eigene Selbstoffenbarung ist." (*KD* IV/3, 125) Dies unterscheidet sich deutlich von der Formulierung im Tambacher Vortrag von 1919, in dem Barth noch wesentlich allgemeiner formulieren konnte: „Bilder aus dem Leben, wie es ist, sind die Gleichnisse, Bilder, die etwas bedeuten. Denn das Leben, wie es ist, bedeutet etwas. Und wer das Leben, wie es ist, nicht versteht, kann auch seine Bedeutung nicht verstehen." (Barth, Der Christ in der Gesellschaft [Anm. 12], 57) Diese allgemeinere Perspektive, wie sie im Tambacher Vortrag von 1919 zum Ausdruck kommt, hängt auch damit zusammen, dass Barth zu diesem Zeitpunkt noch nicht über eine so konsequent durchgestaltete und christologisch zentrierte Offenbarungstheologie verfügt wie in der Kirchlichen Dogmatik – insbesondere nicht über eine Christologie, die es erlaubt, die Gleichnisse als konkrete Ausdrucksformen der realen Präsenz Christi zu verstehen.

der Gott selbst sich unter den Bedingungen von Raum und Zeit kenntlich macht und in der die Kirche exemplarisch – inmitten der Welt – an diesem Erkennen teilhat. Die Gleichnisse verweisen somit auf die tieferliegende epistemische Struktur der Versöhnung: Sie sind Ausdruck der göttlichen Selbsterschließung, die sich ihrer weltlichen Vermittlungsformen nicht schämt, sondern sie geradezu in Dienst nimmt, um sich erkennen zu lassen.

Dabei ist festzuhalten, dass es sich bei der durch die Gleichnisse vermittelten Erkenntnis um keine objektivierbare oder empirisch zugängliche Form des Wissens handelt. Vielmehr geht es um eine spezifisch theologische Weise des Erkennens, die sich aus der Teilhabe am Offenbarungsgeschehen selbst ergibt. Christian Link deutet die Gleichnisse des Himmelreichs bei Barth als eschatologisch strukturierte Gestalten, in denen die kommende Wirklichkeit Gottes bereits im Hier und Jetzt aufleuchtet. Ihr Erkenntnischarakter erschließt sich nicht durch distanzierte Beobachtung, sondern durch eine partizipatorische Wahrnehmung, die die Hörenden existenziell in das Dargestellte hineinzieht. Es handelt sich um eine Erkenntnisform, die nicht von der Analyse des Gegebenen, sondern von der Verheißung des Kommenden her verstanden werden muss. In diesem Sinne verkörpern die Gleichnisse eine analogia fidei in der Gegenwart und Zukunft, Subjekt und Objekt im Vollzug des Glaubens zusammenkommen. Die Welt wird dadurch nicht unter den Bedingungen analytischer Distanz, sondern im Modus der Hoffnung zur „gelesenen" Zeichenfläche des kommenden Reiches Gottes.

4. Zum Vergleich gemeindlicher und profaner Gleichnisse

Nachdem nun klar ist, dass Barth das Gleichnismotiv bereits früher in der KD eingeführt hat, gilt es, im Anschluss an seine ausführliche Analyse der profanen Gleichnisse (KD IV/3 § 69) auch die Gemeinde als Gleichnis (KD IV/3 § 72.2) in den Blick zu nehmen, um das Verhältnis dieser beiden „Gleichnisse des Reiches" – ihre Konvergenzen und Divergenzen – herauszuarbeiten und so ihre missionarische Tragweite präzise zu bestimmen.

Barth nimmt in KD IV/3 eine differenzierte Unterscheidung zwischen verschiedenen Formen des Gleichnisses des Reiches Gottes vor. Einerseits versteht er die Kirche als irdisch-geschichtliche Existenzform Christi in besonderer Weise als ein geordnetes Gleichnis der Versöhnung: Sie ist jener spezifische Raum, in dem das Wort Gottes bewusst gehört, bekannt und verkündigt wird. Andererseits erkennt er auch analoge Gleichnisse außerhalb der Kirche an – spontane, weltliche Gestalten, in denen Christus sich in Freiheit manifestiert und das Wort Gottes implizit zur Geltung bringt.

Diese Gleichnisse sind keine Ableitungen kirchlicher Vermittlung, sondern eigenständige Ausdrucksformen der Selbstoffenbarung Christi. In dieser Perspektive ist die Kirche weder Ursprung noch Maßstab anderer Gleichnisse, sondern selbst Teil des umfassenderen göttlichen Handelns in der Welt. Barth wendet sich damit gegen jeden Ekklesiozentrismus oder Klerikalismus, der die Präsenz Christi ausschließlich an kirchliche Strukturen bindet.

Die Kirche ist dabei nicht Trägerin, sondern Zeugin der Gegenwart Christi – wie auch andere Gleichnisse, allerdings in einzigartiger Weise: Sie ist der primäre Ort, an dem Christus im Wort und Sakrament ausdrücklich empfangen und bekannt wird. Sie unterscheidet sich von anderen Gleichnissen durch ihre bewusste Teilhabe: Sie ist nicht nur Erscheinungsform, sondern auch Subjekt der Korrespondenz mit dem Reich Gottes – im Glauben, im Bekenntnis und im Gehorsam.

Gleichzeitig bleibt die Kirche vorläufig: Sie ist nicht das Reich Gottes selbst, sondern dessen Zeichen. Ihr Zeugnis steht unter dem göttlichen Gericht und bleibt an Christus gebunden. So wahrt Barth die Spannung zwischen exklusiver Teilhabe und geteilter Verweisung: Die Kirche hat Anteil an der Präsenz Christi, aber steht damit nicht allein.

Theologisch gesprochen verweist dieses Verhältnis auf eine analogia relationis, die in der analogia fidei konkret wird: In der Glaubensbewegung wird das Verhältnis zu Christus nicht nur strukturell bestimmt, sondern als Erkenntnis- und Teilhabegeschehen vollzogen.

Diese Beziehung ist bei der Kirche explizit und bekenntnishaft, bei anderen Gleichnissen oft verborgen – doch beide können, sofern sie mit dem Wort Gottes korrespondieren, Zeugen der Versöhnung sein, die Christus in der Welt Gestalt verleiht.

In diesem Sinn ist die Kirche einerseits das exemplarische Gleichnis – durch ihren missionarischen und bekennenden Charakter –, andererseits ein Gleichnis unter anderen, abhängig von der Freiheit Christi. Zusammenfassend entfaltet Barth in KD IV/3 eine theologisch nuancierte Ekklesiologie: Die Kirche ist nicht Maß des Reiches, sondern dessen Zeugin – ausgezeichnet durch ihre Bindung an das Wort, und zugleich offen für das vielfältige Wirken Christi auch außerhalb ihrer Grenzen.

5. Missionarische Konsequenzen eines ekklesiologischen Bildes

Nachdem das Bild der Gemeinde als Gleichnis und ihr Verhältnis zu den profanen Gleichnissen in ihren Grundzügen entfaltet wurde, lässt sich nun der missionarische Gehalt dieses Bildes näher bestimmen. Dies soll in drei Schritten geschehen: Zunächst wird die epistemologische Funktion des Gleichnismotivs betrachtet; sodann folgt eine Analyse des Verhältnisses von Kirche und Reich Gottes; abschließend sollen einige Überlegungen zur Beziehung zwischen Kirche und Welt angestellt werden.

5.1 Gleichnis und Erkenntnis: Die Gemeinde als Medium göttlicher Selbsterschließung

Zunächst besitzt das Bild der Kirche als Gleichnis des Reiches Gottes bei Barth eine prägnante erkenntnistheoretische Funktion. Erkenntnis Gottes ist nach Barth nicht das Ergebnis menschlicher Vernunft oder religiöser Intuition, sondern allein möglich durch die freie Selbstoffenbarung Gottes in Jesus Christus. In diesem Sinne ist Erkenntnis immer ein geschenktes Geschehen, das sich in bestimmten geschichtlichen und weltlichen Gestalten vollzieht.

Die Kirche hat in diesem Zusammenhang eine doppelte erkenntnistheoretische Stellung: Sie ist einerseits selbst Gestalt der Offenbarung – geordnet durch Wort, Sakrament und Amt – und andererseits der primäre Raum, in dem diese Offenbarung gehört, bekannt und verkündigt wird. Sie ist also nicht nur Objekt göttlicher Selbsterschließung, sondern auch Subjekt des Erkennens, insofern sie in Glauben, Bekenntnis und Gehorsam auf die Gegenwart Christi antwortet.

Erkenntnistheoretisch fungiert das Gleichnis damit als analoger Vermittlungsbegriff: Es vermittelt nicht nur Information über Gott, sondern realisiert in seiner performativen Struktur den epistemischen Akt selbst – die in Christus begründete Teilhabe an der Wahrheit Gottes. Darin unterscheidet es sich von rein kognitiven Symbolen: Ein Gleichnis ist schon Geschehen der Selbsterschließung und macht die Kirche zum „mitreflektierenden" Medium der Offenbarung.

Wie bereits oben im Anschluss an Christian Links erkenntnistheoretische Deutung der „Gleichnisse des Reiches" gezeigt wurde, handelt es sich bei dieser Form von Erkenntnis nicht um objektivierbares Wissen im Sinne empirisch-wissenschaftlicher Methodik, sondern um eine eschatologisch bestimmte Wahrnehmung, die sich nur in Teilhabe vollzieht. Das gilt in besonderer Weise auch für die Kirche als Gleichnis des Reiches: Ihre Wahrheit und ihr Zeugnis erschließen sich nicht durch distanzierte Analyse oder äußerliche Beobachtung, sondern allein per participationem, also durch die konkrete Mitbewegung im Strom der göttlichen Selbstoffenbarung, die in Christus gegenwärtig ist. Das Gleichnis, das die Kirche ist, lebt davon, dass sie andere zur Teilhabe an der versöhnenden Wirklichkeit Gottes einlädt – jener Wirklichkeit, die sie selbst empfangen und zu bezeugen hat.

Der Gleichnisbegriff erhält damit eine erkenntnistheoretisch vermittelnde Funktion: Er macht deutlich, dass Gottes Wahrheit nicht direkt, sondern nur in analoger, zeitlich-konkreter Gestalt erkannt werden kann. Durch das Gleichnis wird Erkenntnis relational, partizipativ und geschichtlich. In dieser Weise verbindet Barth eine kritische Ekklesiologie mit einer offenen Hermeneutik der Selbstoffenbarung – jenseits jeder Vereinnahmung der Wahrheit durch die Kirche selbst.

Gerade darin liegt ihre missionarische Aufgabe. Die Kirche hat nicht zuerst zu erklären oder zu behaupten, sondern Teilnahme zu ermöglichen: am Hören des Wortes, am gelebten Glauben, an der Hoffnung auf das kommende Reich. In dieser einladenden Bewegung – in Gemeinschaft, Dienst und Zeugnis – wird sie selbst zu einem lebendigen Gleichnis, das nicht sich selbst, sondern den kommenden Christus sichtbar macht. Ihre missionarische Präsenz besteht nicht in religiöser Überlegenheit, sondern in der transparenten Verweisung auf den Herrn, der sie trägt – und der schon in der Welt gegenwärtig ist.

5.2 Kirche und Reich Gottes im Verhältnis

Daraufhin hat Barths Bild von der Gemeinde als Gleichnis des Reiches Gottes eine dezidiert apophatische und kritische Funktion: Es schützt die Kirche davor, sich mit dem Reich Gottes zu identifizieren. Denn „Jesus selbst ist dieses Reich in seiner ganzen Vollkommenheit" – nicht die Kirche. Das Reich ist in seiner Realität allein in Christus gegenwärtig, nicht in kirchlichen Institutionen, Traditionen oder Kulturen. Die Kirche ist nicht das Reich, sondern dessen Zeichen, Hinweis und Gleichnis – real, aber nicht identisch.

Wie Bender zeigt, überträgt Barth das chalcedonische Muster von Einheit und Differenz auf das Verhältnis von Christus und Kirche. Die Kirche entspricht dem Reich Gottes, aber sie geht darin nicht auf. Die Analogie darf nicht zur Identität werden – eine ekklesiologische Eutychianisierung wäre ebenso verfehlt wie ein doketischer Rückzug ins rein Unsichtbare. Das Bild des Gleichnisses hält diese Spannung bewusst offen: es sichert die bleibende Differenz zwischen dem Reich Gottes als göttlicher Realität und der geschichtlichen Kirche als ihrem begrenzten, zeichenhaften Gegenüber.

Diese chalcedonische Struktur ist in Barths Ekklesiologie tief verankert. Die Kirche besitzt kein Eigenleben, keine selbstständige ontologische oder geistliche Substanz.[18] Ihr Sein ist vollständig abhängig vom Sein Christi: Sie hat ihre Wirklichkeit nicht aus sich selbst, sondern allein „in ihm". Dadurch wird deutlich, dass jede konkrete Gestalt der Kirche – ihre Liturgie, ihre Ämter, ihre Frömmigkeit, ihre kulturellen Ausdrucksformen – relativ ist und unter dem Vorbehalt der lebendigen Präsenz Christi steht.

Gerade daraus ergibt sich die kritische Funktion des Gleichnisbegriffs: Weil die Kirche nicht aus sich selbst lebt, sondern sich nur im Gehorsam gegenüber dem einen Wort Gottes behaupten kann, steht sie beständig unter dem Anspruch göttlicher Wahrheit. Das bedeutet: Die Wahrheit ihres Bekenntnisses, ihrer Struktur und ihrer Praxis wird kontinuierlich gemessen an ihrer Übereinstimmung mit Christus. Das Gleichnis verweist nicht nur, es fordert heraus. Die Kirche ist nicht der Maßstab, sondern sie wird gemessen – nicht nur in der Freiheit des Glaubens, sondern auch im Licht des göttlichen Gerichts.

In diesem Sinn ist die Kirche zugleich Objekt der Gnade und des Gerichts: Sie lebt von der Zuwendung Christi und steht dennoch unter seiner richtenden Wahrheit. Deshalb kann sie ihre eigene Kultur, ihre Formen, Traditionen oder Institutionen niemals heiligen oder absolut setzen. Ihre Existenz bleibt bedingt, relativ, vorläufig – abhängig von der lebendigen Präsenz Christi durch Wort und Geist. Das Gleichnis wahrt diese Spannung: Es sichert die Kirche gegen sakrales Selbstverständnis und öffnet sie zugleich für das vielfältige Wirken Christi – innerhalb wie außerhalb ihrer Grenzen.[19]

---

18 Vgl. Bender, *Karl Barth's Christological Ecclesiology* (Anm. 3). Barth entwickelt, so Bender, auf Grundlage des chalcedonischen Christusmodells auch eine anhypostatisch-enhypostatische Ekklesiologie, in der die Kirche ihr Sein allein in der Person Christi empfängt und dadurch in der Spannung von Teilhabe und Differenz theologisch verortet wird. Dass Barth ein chalkedonisches Muster verwende, hat Bender von Hunsinger übernommen. Vgl.: Hunsinger, *How to Read Karl Barth* (Anm. 14), 85ff.

19 Geyer formuliert es folgendermaßen: „Das Gleichnis, als das die christliche Gemeinde in der Geschichte zu existieren hat, ist weder ein Zustand noch gar eine invariante Form,

Gerade in dieser Offenheit liegt auch die missionarische Relevanz des Gleichnisbegriffs. Weil die kirchlichen Formen nicht heilsnotwendig, sondern relativ und geschichtlich bedingt sind, eröffnet sich der Kirche die Freiheit, nach neuen und kontextuell angemessenen Ausdrucksformen ihres Zeugnisses zu suchen. Die Gestalt des Gleichnisses bindet die Kirche nicht an eine bestimmte historische Form, sondern ermutigt sie, kreativ, hörend und lernbereit auf die Zeichen der Zeit zu reagieren. Sie darf und soll fragen, wie sich das Evangelium unter veränderten kulturellen Bedingungen leibhaft zur Darstellung bringen lässt – in liturgischen, gemeinschaftlichen, diakonischen oder ästhetischen Formen, die dem Gleichnischarakter ihrer Existenz entsprechen. Der Verzicht auf sakrale Selbstabsolutierung setzt Energien frei für eine missionarische Präsenz, die nicht auf Selbsterhalt, sondern auf Teilhabe, Einladung und Übersetzung zielt. So verstanden, ist die Kirche als Gleichnis nicht nur ein kritisches Korrektiv, sondern auch eine theologische Ermöglichungsform für eine bewegliche, offene und kontextuell sensitive Mission im Heute.

5.3 Kirche in der Welt – eine Verhältnisbestimmung

Schließlich ermöglicht das Bild der Kirche als Gleichnis des Reiches Gottes bei Barth eine theologisch tief fundierte Neubestimmung des Verhältnisses von Kirche und Welt. Anstelle einer strikt dichotomen oder apologetisch-defensiven Gegenüberstellung eröffnet der Gleichnisbegriff eine Haltung der wachen Offenheit: Die Kirche ist nicht Selbstzweck oder heilsmonopolistischer Raum, sondern zeichenhafte Entsprechung zu einer göttlichen Realität, die sie nicht besitzt, sondern bezeugt. In dieser Perspektive kann die Welt nicht pauschal als profan oder gottfern verstanden werden, sondern als Raum, in dem sich das Reich Gottes auf vielfältige und überraschende Weise andeutet – in Formen, Geschichten und Bewegungen, die als Gleichnisse jenseits der Kirche ernstgenommen werden müssen.

Barth rehabilitiert auf diese Weise das Säkulare nicht als autonome Offenbarungsquelle, wohl aber als Ort möglicher indirekter Christusbegeg-

---

sondern das Dasein der Gemeinde als Gleichnis kann nur ein höchst *bewegter Prozeß* sein. In einer ständigen Bewegung und Beweglichkeit gilt es, gleichnishafte Einstellungen und Einrichtungen, Entscheidungen und Handlungen immer wieder neu zu realisieren: auch unter Abstoßung ausgelebter, dunkel und undeutlich gewordener Existenzbestimmungen der Gemeinde." Geyer, *Andenken* (Anm. 2), 403. (Hervorhebung im Original)

nung. Das bedeutet auch eine missionarische Neuorientierung: Nicht durch Abgrenzung, sondern durch Hören, Unterscheidung und Mitgehen wird die Kirche ihrer Sendung gerecht. Die Fähigkeit, in der Welt Gleichnisse des Reiches zu erkennen, stärkt nicht nur die Demut der Kirche, sondern erweitert zugleich ihren Horizont: Sie darf Christus auch dort vermuten, wo sie selbst nicht spricht, sondern lernt zu hören. Diese Offenheit birgt einen erheblichen missionarischen Gehalt: Sie ermöglicht Zeugnis ohne Überheblichkeit, Präsenz ohne Herrschaftsanspruch, und Dialog ohne Angst vor Identitätsverlust.

So wirkt Barths Gleichnisbegriff gegen jede ekklesiologische Selbstverabsolutierung und macht eine theologisch verantwortete Freundschaft mit der Welt möglich – nicht durch Anpassung, sondern durch das Vertrauen, dass Christus selbst in Freiheit in die Welt hinausgeht und der Kirche stets voraus ist. Die missionarische Aufgabe der Kirche besteht dann nicht darin, das Reich zu bringen, sondern die Augen offen zu halten für jene Spuren, in denen es bereits aufscheint.

5.4 Zum Schluss

Zusammenfassend lässt sich sagen, dass das Bild der Kirche als Gleichnis des Reiches Gottes bei Barth nicht nur eine theologische Tiefendimension besitzt, sondern auch eine bedeutende missionarische Tragweite entfaltet. Es erlaubt, die Kirche in einer Haltung des Hörens, Zeugnisses und der Teilhabe zu denken – als eine offene, kritische und zugleich einladende Gestalt der göttlichen Versöhnung. Indem es jede Identifikation von Kirche und Reich Gottes zurückweist, schützt es die Kirche vor Selbstüberhöhung und dogmatischer Erstarrung. Gleichzeitig eröffnet es ihr neue kreative Spielräume, um im Licht der Gegenwart Christi stets neue, kontextuell angemessene Ausdrucksformen kirchlicher Präsenz zu entwickeln. Gerichtet auf das Reich Gottes, das in der personalen Herrschaft Jesu Christi gegenwärtig ist, wird die Gemeinde – wie bereits in ihrer vierfachen Bestimmung als Gerufene, Versammelte, Erbaute und Gesandte sichtbar wird – zur lebendigen Gleichnisgestalt dieser Königsherrschaft in der Welt.

Jan Martijn Abrahamse

God's Ordering Presence

A Reassessment of Holiness in Conversation with K.H. Miskotte

> "The Bible, however, constantly connects holiness with revelation, nearness, action, industriousness, election, covenant; with joining and being led by the Lord. The 'Holy One' is the God to whom there is no road – but this is just the negative side of the positive, saving message: through God's acts, God distinguishes God's self in the world, from the world, and God thereby travels the road to humankind."[1]

The Dutch Reformed theologian K.H. Miskotte (1894–1976) offers a compelling account of holiness in his *Biblical ABCs*, written in 1942 during the war and occupation of the Netherlands. For Miskotte, holiness names God's turning toward the world as a liberating force that disrupts and disenchants oppressive powers. It does not merely denote divine moral otherness or separation, as often emphasized in Reformed theology, but signifies God's perceptible activity within creation. This perspective invites a return to the biblical texts, where holiness encompasses not only human conduct but also times, places, people, and objects. Miskotte's dialectical approach – understanding holiness as both a negation of the world and a presence within it – more faithfully reflects the ambivalence found in many biblical texts and, as argued in this article, allows holiness to be meaningfully predicated of both God and creation.

Over the past decade, several scholars within the analytic tradition have sought to recalibrate the concept of holiness, addressing the ambiguity between holiness as a divine property and its application to places, things and persons. Alan Mittleman, writing from a Jewish perspective, argues for an ontological valuation of holiness that connects – rather than reduces – it

1 Kornelis H. Miskotte, *Biblical ABCs: The Basics of Christian Resistance*, trans. Eleonora Hof and Collin Cornell, Lanham (1941) 2021, 91f.

to moral value.[2] For Mittleman, moral worth is imputed to things based on an underlying goodness within reality. Mark Murphy's *Divine Holiness and Divine Action* (2021) departs from moral and metaphysical categories altogether, drawing on Rudolf Otto to distinguish between God's "primary" holiness and the "secondary" holiness of creatures.[3] For Murphy, holiness belongs to the affective sphere – as something to which one feels both unworthy to relate and yet deeply drawn. And, most recently, James Arcadi, in *Holiness: Divine and Human* (2023), builds on Mittleman and critiques Murphy's sharp dualism by proposing a panentheistic framework, which allows for creaturely participation in divine holiness without undermining divine transcendence.[4]

Although holiness is a central category in Christian theology, articulating an account that does justice both to its application to God and to its relation to earthly entities associated with God remains a challenge. The concept is often absolutized in relation to God, which renders its application to persons, objects, or places merely formal. However, when the holiness predicated of God and that predicated of creation are allowed to converge too closely, the asymmetry between Creator and creature is in danger of being obscured.[5] This article seeks to contribute to the ongoing systematic-theological conversation by, following Miskotte's example, engaging biblical theology through a phenomenologically informed lens, in a manner comparable to Murphy and Arcadi, while giving particular attention to the cultic sphere as the semantic field in which holiness assumes its spatial and material expression in Scripture.[6] Operating within a Reformed theological framework, Miskotte

2 Alan Mittleman, The Problem of Holiness, in: *Journal of Analytic Theology* 3 (2015), 29–46.

3 See Mark C. Murphy, *Divine Holiness and Divine Action* (Oxford Studies in Analytic Theology), Oxford 2021, 9–21, 22–44, 60–73. This article addresses only Murphy's treatment of holiness, not his broader case for perfect being theology.

4 James M. Arcadi, *Holiness: Divine and Human*, Lanham 2023, 1–14.

5 Reformed theology consistently upholds the categorical distinction between God as Creator and creation, a commitment that later twentieth-century theology framed in explicitly dialectical terms regarding the relation between human speech about God and God's self-communication. See notably Cornelis van der Kooi, *As in a Mirror: John Calvin and Karl Barth on Knowing God* (Studies in the Histories of Christian Traditions 120), Leiden/Boston 2005, 417–453.

6 Murphy discusses the cultic framework (Murphy, *Divine Holiness and Divine Action* [Anm. 3], 125–32) mainly to support his interpretation of divine action through holiness, but does not explore how the cultic context might itself enrich our understanding of holiness as a biblical concept.

approaches the biblical texts as canonical Scripture and therefore as the primary guide for understanding holiness, an approach I likewise adopt. This involves attending to language about God as embedded within the unfolding narrative and contextual fabric of these texts, which in turn shapes the meaning of holiness and informs contemporary theology regarding appropriate and inappropriate applications of the concept.[7] While not denying the moral implications of holiness, I extend Miskotte's dialectic by arguing that holiness is more fundamentally a non-moral category – one that names the dynamic movement of God's life-giving presence within immanent reality, wherein humanity is reordered in relation to God.

Before turning to Miskotte's insights, I briefly address the often-dominant etymological approach, which defines holiness primarily as "separateness" or "being set apart," and argue that it is insufficient as a theological foundation, thereby underscoring the need for sustained theological reflection – both biblical-exegetical and systematic-theological. After outlining Miskotte's approach to holiness, I situate his evocative but deliberately unsystematic account within a broader analysis of the dynamics of proximity, contagion, and accessibility, seeking to recover its layered significance within a canonically attentive framework. This perspective brings into view the dual character of holiness as both life-giving presence and fearsome power. Building on Miskotte's insights, I conclude by proposing a typology of holiness intended to contribute constructively to contemporary theological reflection on its nature and significance.

1. Holiness and the Limits of Etymology

Scholarly explorations of holiness often begin with the etymology of the Hebrew root *qdš*, commonly rendered as "to set apart".[8] Yet this explanation, while widespread and not entirely without merit, remains imprecise and

---

7 Cf. Arnold Huijgen/Koert van Bekkum/Hans Burger, Biblical Exegesis and Systematic Theology: Toward Mutual Benefit, in: *Journal of Reformed Theology* 16, no. 3 (2022), 182–185, 189–90.

8 See David J. A. Clines, Alleged Basic Meanings of the Hebrew Verb *qdš* "Be Holy": An Exercise in Comparative Hebrew Lexicography, in: *Vetus Testamentum* 71, no. 4–5 (2021), 483–487, who traces the etymology of *qdš* to W. Graf von Baudissin's influential yet speculative 1878 monograph. However, the interpretation of *qdš* as "separation" or "setting apart" predates Baudissin, appearing in Johannes Reuchlin's work as early as 1505, though later falling into obscurity.

conceptually limiting. Marilyn Burton, in her semantic study, highlights the tension between holiness as a divine attribute and its application to "things" seeing that *qdš* frequently designates specific places (e.g., Lev. 10:17–18) or objects (*qodashim*), questioning whether these reflect distinct uses or share a common conceptual core.[9] Furthermore, she notices that when *qōdēš* appears with *kābōd* (e.g., Isa. 6:3), it refers exclusively to the divine presence, not material objects.[10] While Burton acknowledges a concrete and an abstract sense of holiness, she cautions against drawing too sharp a distinction between them.[11] Earlier, Baruch Schwartz proposed two meanings: *qdš I*, referring to the transcendent deity and meaning "separated" or "belonging to" God, and *qdš II*, meaning "clean" or "purified", which denotes a cultic status attributed to persons or objects.[12]

More recently, David Clines rejects fixed meanings for *qdš* entirely, arguing it lacks a stable semantic core and derives meaning solely from usage.[13] With the exception of Leviticus 20:26, he finds no biblical evidence linking holiness directly to separation and he strongly refutes moral or ritual purity as essential to its meaning.[14] Holiness, rather, emerges within cultic contexts as a status distinct from *ḥōl* (common), aligned with *ṭāhôr* (pure), and opposed to *ṭāmē'* (impure) as contrasting forces.[15] In the end, Clines concludes, that the best way forward would be "an inductive approach, based on the typical and most frequent occurrences of the term."[16] Paul Hosle, engaging Clines, critiques tautological renderings of holiness (e.g., "belonging to God") and, drawing on Rudolf Otto, proposes understanding it as a *sui generis* category:

---

9 Marilyn E. Burton, *The Semantics of Glory: A Cognitive, Corpus-Based Approach to Hebrew Word Meaning* (SSN 68), Leiden/Boston 2017, 64f.

10 A.a.O., 65, 167f.

11 A.a.O., 64.

12 Baruch J. Schwartz, Israel's Holiness: The Torah Traditions, in: *Purity and Holiness: The Heritage of Leviticus* (JCPS 2), Leiden/Boston 2000, 47f.

13 Clines, Alleged Basic Meanings (Anm. 8), 481; similarly noted, though more briefly, by Philip Jenson, Holiness in the Priestly Writings of the Old Testament, in: *Holiness: Past and Present*, Edinburgh 2002, 98f.

14 Clines, Alleged Basic Meanings (Anm. 8), 487: "As for Lev 20:26, I explain the separation not in connection with holiness but in connection with belonging to Yahweh."

15 Cf. Jacob Milgrom, Purity in the Priestly System, in: *Purity and Holiness* (Anm. 12), 29–30.

16 Clines, Alleged Basic Meanings (Anm. 8), 496.

a quality proper to the divine but not identical with divinity itself.[17] On this account, creaturely holiness is intelligible only in relation to divine holiness.

Taken together, these insights affirm the limitations of etymological methods for determining theological meaning. As Wittgenstein famously argued, meaning is determined primarily by use – a view echoed by James Barr and Vincent Brümmer.[18] For Brümmer, defining a concept requires attention to its "conceptual function" within specific speech acts and contexts.[19] While the language of being "separateness" expresses the otherness of holiness, it remains vague about the concrete reality in which creation comes to share when it is made holy. As Mark Murphy has noted, this line of reasoning remains imprecise, failing to clarify the nature or implications of the separation it presupposes.[20] In what follows, I seek to reconsider the concept of holiness in light of Miskotte's attentive Reformed engagement with the biblical Scriptures, whose dialectical understanding of holiness as both separate and near yields significant theological insight.

2. K.H. Miskotte on Holiness

Holiness as a divine force confronting a world under the shadow of death is richly developed in the Reformed theology of Kornelis Heiko Miskotte. Writing *Biblical ABCs* during the Nazi occupation of the Netherlands, Miskotte presents holiness as an anti-mythical power that resists idolatrous claims on creation and dismantles false sacralities.[21] This section of my article does not aim to provide a comprehensive account of Miskotte's work, as others have done, but presents his unpolished reflections on holiness as a catalyst for a biblical-theological reorientation of systematic theology, highlighting how he links the biblical dynamic of holiness as the order of life, and impurity as

17 Paul K. Hosle, Understanding *Imitatio Dei* in the Holiness Source, in: *Vetus Testamentum* 73, no. 4–5 (2022), 628.

18 James Barr, *The Semantics of Biblical Language*, Oxford 1961, 107; and Vincent Brümmer, *Wijsgerige begripsanalyse: Een inleiding voor theologen en andere belangstellenden*, Kampen 1989, 83, 86.

19 A.a.O., 80, 91, 96f.

20 Murphy, *Divine Holiness and Divine Action* (Anm. 3), 12.

21 See the introduction by Eleonora Hof and Collin Cornell in Miskotte, *Biblical ABCs* (Anm. 1), ix–xiv. Quotations are from this English edition, with references given in parentheses in the text.

the order of death, to the cosmic conflict between God and pagan religiosity.[22]

In *Biblical ABCs*, Miskotte develops a theological framework centered on key "basic words" ("grondwoorden") drawn primarily from the Hebrew Bible.[23] He argues that these words mediate revelation, embodying the foundational pattern of God's ordering presence, and are intimately linked to the divine Name – the Tetragrammaton – guiding humanity into life with Israel's God (39, 42, Exod. 3:14).[24] Holiness is among these and, for Miskotte, should be interpreted dynamically – as a verb: *to sanctify* ("heiligen", 88). While acknowledging its etymological root, holiness should be understood in light of God's turn toward creation, a movement (described by Miskotte in Dutch as *bemoeienis*, 'meddling') that stands in opposition to pagan notions of sacrality. As he puts it: "The Name of God signifies the disenchantment of the world" (89, 94). According to Miskotte, this divine act of disenchantment disrupts humanity's tendency to re-sacralize the world, thus making holiness an act of liberation. He pointedly uses the word *sabotage* to describe this divine incursion (89). Through His sanctifying presence, God frees people from the pagan impulse to create their own salvation. "People whom God has requisitioned," he writes, "are therefore called holy" (90).[25] For Miskotte, holiness is *actus purus* – pure divine action ("God approaches us in God's acts", 94) – that places a divine claim upon creation and calls forth human sanctification in response.[26]

---

22 See, e.g., Martin Kessler, *Kornelis Miskotte: A Biblical Theology*, Selinsgrove/London 1997.

23 Miskotte emphasized Christianity's profound indebtedness to Israel's vocation, especially through its stewardship of the Hebrew Scriptures, particularly in contrast to pagan traditions – a theme most fully developed in his *Edda en Thora: Een vergelijking van Germaansche en Israelitische religie*, Nijkerk 1939. See also Mirjam Elbers, The Name as "Anti-pagan" Monument: Central Theme(s) in Miskotte's Biblical ABCs, in: *Journal of Reformed Theology* 16, no. 4 (2022), 311–25.

24 Miskotte consistently grounds his theology in the revelation of God's Name – YHWH – as the defining encounter and language for God, rejecting abstract or philosophical notions in favor of God's particular self-disclosure, see Miskotte, *Biblical ABCs* (Anm. 1), 17f.; *Als de goden zwijgen: Over de zin van het Oude Testament*, Haarlem 1966, 99–111; cf. Jan Muis, De Naam in het midden, in: *Zo de ouden zongen...*, Baarn 1996, 121f.

25 In my view, a better translation is: "People under his seizure ('onder zijn beslag') are therefore called holy."

26 Although K.H. Miskotte primarily construes holiness in terms of divine action – understanding God's presence as act (Als *de goden zwijgen* [Anm. 24], 164: "Want de Tegenwoordigheid is dáád, is *actus purus*, die op de toekomst zich richt") – he sets aside the

Interestingly, Miskotte already grappled with the standard definition of holiness as "being set apart", recognizing the difficulty of applying it to God, who resists static spatial abstraction. Rather than dismissing the etymology, he reconfigures the concept by emphasizing a biblical dialectic between divine otherness and nearness, drawing especially on Isaiah 6 and Hosea 11:9. By revealing Himself not as universal but as uniquely present in a specific place, God's presence in the world reveals His distinctness from it (19, 91).[27] Holiness is not God's distance from the world but His presence within it – a simultaneous act of distinction and accompaniment through which God redeems humanity from the false order of this world that claims to live without Him (105f.). This leads Miskotte to his strikingly ambivalent claim, drawn directly from his reading of Isaiah 6 and Hosea 11: "God distinguishes God's self in the world, from the world, and God thereby travels the road to humankind" (92). Holiness has no source apart from God; the earth itself does not produce it, yet God's holiness nonetheless shapes the world as the recipient of that divine presence. From the same texts, he concludes that creation, though not divine, is "saturated with the radiance of divine nearness" (92). Miskotte illustrates this with biblical imagery: Jacob's encounters at Bethel and Penuel demonstrate holiness as transformative proximity. The God who sanctifies "a day; a loaf of bread; a land, a people, a house" is the same God who reveals Himself as wholly other (93). The materiality of holiness, in its concrete manifestations, serves to disclose God's uniqueness in contrast to all rival powers. Holiness, then, is divine "meddling" oriented toward liberation (94–96). Miskotte interprets Leviticus 19:2 as safeguarding reciprocity between God and humanity: it breaks the grip of "lesser gods" and reorients humanity toward God's redemptive purpose. Sanctification is thus an act of divine initiative, in which God reaches out, grasps humanity, and reveals "the divine order called the 'Reign' or 'Kingdom' of God" (115).

Importantly, this act does not stand in contrast to divine mercy or love; it works in tandem with God's *ḥesed* – His steadfast covenantal loyalty. Holiness structures the reciprocal relationship between God and humanity. Morality, in this framework, is not synonymous with holiness but its outgrowth. Holiness signifies abiding in God's presence, a reality that extends outward to permeate and transform all of life, overcoming human alienation

Thomist-Aristotelian concept of *actus purus* in its classical metaphysical sense, namely as God's pure actuality in contrast to potentiality.

27 Cf. Philip Ziegler, Kornelis H. Miskotte's *Biblical ABCs*: A Theological Provocation, in: *Journal of Reformed Theology* 16, no. 4 (2022): 336, 339–341.

(John 3:16; 17:17, 19) by upholding the covenant that sustains liberated life (95–97), as expressed in the command: "*Be holy because I am holy*" (Lev. 19:2).[28] As Miskotte writes: "In response to the sanctification that is an act of God, humans know that they are called to sanctify the day, the congregation, the tithes, the offerings, the war, the body – and to sanctify themselves, which is to say, to set themselves apart for service to God, *this* God, whose Name they know and whose virtues they praise" (98). Holiness thus assumes a *pneumatological* dimension: it is the Spirit's work within social, economic, and political life: "In that place, I am at work, the Holy Spirit, and no human ghost" (101). God's sanctifying power actively interferes in the world, transforming human life from the outside in. For Miskotte, human beings are not "cultic objects" but "moral beings" – thus, while holiness is not reducible to morality, it necessarily has moral effect (99). It signifies surrender to God's active presence.

This leads Miskotte to propose a revision of the traditional Reformed *ordo salutis*. Rather than treating sanctification as a subsequent stage after justification, he argues that it precedes all: "The entire sequence is placed within the brackets of sanctification."[29] Faith is the recognition of God's holiness and redemptive work, centered on the Holy Spirit, a wholly other presence that sanctifies and sets humans apart for God's purposes. Holiness, then, is not a natural but a pneumatological reality pointing toward an eschatological life aligned with God's coming reign, revealing that nothing exists apart from God's sustaining presence. Miskotte resists moralizing holiness, instead recovering its biblical vitality as divine initiative and final expectation: "sanctification of all things can be understood as the ordering and alignment of human life on the *pre*supposition of *final* expectation" (116). This means that Miskotte places the cultic dimension of holiness prior to its moral implications. Holiness first concerns active involvement in worship and its attendant structures, and only subsequently moral correspondence to God in everyday life (104). Disenchantment, in Miskotte's account, is understood precisely in this way: God's sanctifying work, in which, from his holy presence, he liberates the earth, his own creation, from "the world", that is, from the chaotic forces that enslave and bewitch it (105–106).

28 In Miskotte's format, the text of Leviticus 19:2 is also presented in capital letters.

29 In the Dutch version, it says, "hier wordt die hele reeks achter de *accolade* van de heiliging gezet" (Kornelis H. Miskotte, *Bijbels ABC*, Amsterdam 1966, 151), a sentence omitted in the English translation.

Miskotte's ambivalent depiction of holiness as both saving and threatening highlights the liberating power of God's presence, which is at once disruptive and intimate. This presence is mediated by the Spirit and encountered materially, for example in bread and wine, where it transforms life and summons a response, drawing all things back under the order of God's rule and away from the forces of chaos. In this sense, Miskotte articulates the dialectic as God distinguishing God's self in the world from the world.

3. Holiness and the Cultic Mediation

Holiness emerges in Miskotte's presentation as an ambiguous force, both beneficent and dangerous, intimately bound to God's presence in the world. Within this dynamic exchange between God and his people, the system of ritual mediation functions to regulate that presence, making it both accessible and bearable. In what follows, I examine more closely the tension between humanity's incapacity to approach God's holiness and God's desire to dwell within creation, as mediated through the cultic dynamics of purity and impurity.[30] This tension is explored along three interrelated axes: proximity and mediation, contagion and ritual, and accessibility and spatiality. The aim is not to survey the entire conversation on holiness, but to build on Miskotte's insights using recent biblical theology, in order to advance a systematic-theological discussion.

3.1 Proximity and Mediation

According to Stuart Lasine, a crucial shift occurs between Genesis and the post-Exodus narratives with regard to the nature and consequences of human contact with YHWH. While the danger of encountering God is already intimated in Genesis (cf. Gen. 28; 32), it becomes fully explicit in Exodus, where divine presence is increasingly experienced as potentially lethal (Exod. 4:24–26).[31] This danger is closely bound up with YHWH's self-disclosure as Israel's exclusive divine suzerain, most notably in the perilous encounter at Sinai, where Israel is constituted as a holy nation (Exod. 19:6). That same

30 Cf. Burton, *The Semantics of Glory* (Anm. 9), 122f.

31 Cf. Stuart Lasine, Everything Belongs to Me: Holiness, Danger, and Divine Kingship in the Post-Genesis World, in: *Journal for the Study of the Old Testament* 35, no. 1 (2010), 31–62 (esp. 40f.).

holiness subsequently takes material form in the indwelling presence of God in the tabernacle (Exod. 25:8). God's nearness in and through the tabernacle sanctifies all that comes near it (Exod. 29:43f.).[32] Holiness is thus portrayed as divine proximity that both invites approach and demands mediation. This tension is especially evident in texts concerning the ark of the covenant, where nearness to God's holiness entails real danger (Exod. 25:14f.; cf. 1 Sam. 4; 6:19; 2 Sam. 6:8–9). Taken together, these passages depict holiness as mediated divine presence that is simultaneously life-giving and perilous, akin to Miskotte's ambivalent depiction.

Although the Pentateuch presents a somewhat diffuse usage of holiness,[33] it consistently links divine proximity with mediation, sustaining Israel as God's covenant people.[34] This is emphatically the subject of the book of Leviticus, developing with particular intensity the mediated character of contact with the holy through two emphases traditionally distinguished as the Priestly source (P, Lev. 11–15) and the Holiness Code (H, Lev. 17–26).[35] The Priestly sections emphasize ritual purity, specifying who may approach God and under what conditions. Impurity, from contact with unclean animals, childbirth, disease, or bodily discharges, requires separation to protect from the sanctity of God's presence.[36] The danger of approaching God improperly is vividly illustrated in the deaths of Nadab and Abihu, who offered unauthorized fire before the Lord, violating the prescribed cultic order (Lev. 10:1–3).[37] By contrast, as Paul Hossle shows, the Holiness Code shifts the focus from ritual purity to ethical and communal holiness, emphasizing imitation of God (*imitatio Dei*) and extending the call to holiness to all Israel,

32 Schwartz, Israel's Holiness (Anm. 12), 53: "the very Presence of God in His earthly dwelling . . .automatically exudes holiness."

33 For example David P. Wright, Holiness in Leviticus and Beyond, in: *Interpretation* 53, no. 4 (1999), 351–364; and Lasine, Everything Belongs to Me (Anm. 31), 32–42.

34 The mediating function of these regulations does not preclude their social significance in sustaining cohesion and belonging. On the contrary, this dimension has been emphasized by Joseph Blenkinsopp, Sacrifice and Social Maintenance in Ancient Israel, in: *Treasures Old and New: Essays in the Theology of the Pentateuch*, Grand Rapids 2004, 53–66.

35 For discussion of the relationship between the Priestly source (P; Lev. 1–16) and the Holiness Code (H; Lev. 17–26), see e,g, Naphtali Meshel, P1, P2, P3, and H, in: *Hebrew Union College Annual* 81 (2010): 1–15.

36 See John E. Hartley, Holy and Holiness, Clean and Unclean, in: *Dictionary of Old Testament Pentateuch*, Downers Grove 2003, 420–431.

37 Although these texts warrant special attention, a similar example of holiness's perilous nature occurs in 2 Samuel 6:6–8, where Uzzah is struck down for touching the Ark.

not just the priests or the tabernacle.[38] This section opens with Leviticus 19:2 – "Be holy, for I am holy" – Miskotte's favored text, which frames holiness as a moral and social imperative. It is not about replicating God's actions but about the community's faithful observance of His statutes, thereby making the people eligible to dwell in His presence. The Holiness Code employs the term *ḥālal* ("desecration") to name practices that disrupt life in God's presence, such as profaning sacrifices, false oaths, or sexual exploitation (Lev. 19:8, 12, 29). Holiness thus concerns the orientation of life toward God and away from practices that invite death and chaos, as mediated by obedience to the law.[39] The Priestly concern with ritual purity and the Holiness Code's emphasis on moral conduct should, as Robert Kugler has argued, be seen as complementary: temple cult and bodily purity (P) reinforce and support the broader ethical framework of communal holiness (H), which mediates God's proximity (cf. Lev. 22:31–32).[40]

In prophetic literature too, proximity and mediation play an important role in relation to God's holiness. Most prominently in the two examples offered by Miskotte: Isaiah's temple vision in Isaiah 6 and the divine monologue in Hosea 11.[41] In Isaiah 6:1–6, God's presence is depicted indirectly, with the fiery seraphim evoking the ineffable mystery of His being. Their thrice-repeated cry of "holy" (the Trisagion) is echoed by the repeated verb "to fill" (Isa. 6:3).[42] It suggest a holiness that permeates and saturates creation, drawing it toward its intended fullness – reminiscent of the *kābōd* of YHWH

38 Hosle, Understanding *Imitatio Dei* in the Holiness Source (Anm. 17), 4, 9. On its composition, see notably Jacob Milgrom, *Leviticus 17–22*, New York 2000, 1596.

39 The association of ritual impurity with death in P (cf. Milgrom, Purity in the Priestly System [Anm. 15], 31) is essentially mirrored in H, albeit more symbolically, where moral impurity or sin is closely linked to death (cf. Mark W. Scarlata, *The Theology of the Book of Leviticus* [Old Testament Theology], Cambridge 2025, 49–75).

40 See Robert A. Kugler, Holiness, Purity, the Body, and Society, in: *Journal for the Study of the Old Testament* 22, no. 76 (1997), 9, 14, 19, 22–23, 25. In P, impurity arises from bodily processes and contact with uncleanness, without moral connotation, whereas H extends the concept to include moral transgressions such as illicit sex, occult practices, and child sacrifice. As Kugler observes, "The legislation of Leviticus 17–26 controverts the holiness system of 1–16 – which serves as a model of the ideal society – by making it society itself" (26).

41 On the vision, see Joseph Blenkinsopp, *Isaiah 1–39* (Anchor Yale Bible Commentary), New Haven 2000, 223–226; and Walter Moberly, "Holy, Holy, Holy": Isaiah's Vision of God, in: *Holiness: Past and Present* (Anm. 13), 127–129, 138f.

42 Cf. Burton, *The Semantics of Glory* (Anm. 9), 129f., who argues that is one of the few texts in which *kābōd* receives concrete identity.

filling the tabernacle in Exodus 40:34.[43] Isaiah's vision precipitates a crisis of impurity (Isa. 6:5; cf. 5:16).[44] The encounter with holiness exposes a qualitative chasm that requires mediation, represented in the text by the seraphim touching the prophet's lips with a live coal. Similarly, in Hosea, where the title "the Holy One" serves as a theological key, God affirms His distinctness without creating distance from Israel (Hos. 11:9; 12:1). Contrary to dominant interpretations of holiness as separation or distance, Joy Philip Kakkanattu emphasizes that God in Hosea "is Holy in that he is near to his people and continues to love them even when they are unfaithful and rebellious."[45]

Significantly, this cultic world of proximity and mediation also forms the backdrop for interpreting Jesus' actions, which unfold within contexts shaped by concerns about purity and unclean powers.[46] Both Jesus' halakhically ordered way of life and his acts of healing, exorcism, restoration of the ritually impure, and raising of the dead take place within and engage these structures of defilement and mediation (Mark 1:23–27, 40–45; 5:6–13, 25–29, 39–42; Matt. 9:20; 11:5; 12:9–13; Luke 7:22; 8:26–32, 43f., 54–56). Notably, John Barton argues that holiness in the New Testament is tied to "*who*

43 See Andrew H. Bartelt, Isaiah 6: From Translation to Proclamation, in: *Concordia Journal* 39, no. 1 (2013), 18, arguing that the antiphon reveals God not only as sovereign but "incarnate", aiming to establish and fill his kingdom on earth beyond its original boundaries.

44 See notably Walter Moberly, Whose Justice? Which Righteousness? The Interpretation of Isaiah V 16, in: *Vetus Testamentum* 51, no. 1 (2001), 63, 65, 67; and Moberly, "Holy, Holy, Holy" (Anm. 41), 127, who emphasizes the reciprocity between God's holiness – revealed in the exaltation of His righteousness (*wayyigbah*, 5:16) – and the corresponding response of the people, providing crucial background for understanding the Isaian vision.

45 Joy Philip Kakkanattu, *God's Enduring Love in the Book of Hosea: A Synchronic and Diachronic Analysis of Hosea 11,1–11* (FAT 2, vol. 14), Tübingen 2006, 90 (cf. 131–136); cf. Page H. Kelley, The Holy One in the Midst of Isael, in: *Review and Expositor* 72, no. 4 (1975), 467.

46 Cf. James D. G. Dunn, Jesus and Holiness: The Challenge of Purity, in: *Holiness: Past and Present* (Anm. 13), 169–172. Dunn understands biblical holiness, particularly in the New Testament's appropriation of Old Testament categories, as grounded in the "mysterious otherness and awesome power of the divine" (169), which exposes human purity and impurity, with impurity obstructing holiness. While I broadly follow Dunn, I diverge from his critique of E. P. Sanders's *Judaism: Practice and Belief 63 BCE–66 CE*, London 1992, especially concerning the minimization of the Jesus-Pharisee conflict. Dunn contends that Jesus "sat loose to many purity restrictions" (187) and prioritized moral over ritual purity. See further Lutz Doering/Jörg Frey/Laura von Bartenwerffer (eds.), *Purity in Ancient Judaism: Texts, Contexts, and Concepts* (WUNT 528), Tübingen 2025, and Susan Haber/Adele Reinhartz (eds.), "They Shall Purify Themselves": *Essays on Purity in Early Judaism* (Early Judaism and Its Literature 24), Atlanta 2008.

God is and where God is to be found", claiming that God is present in Jesus as the Son of God.[47] Jesus is presented as the tabernacle (John 1:14; 6:69) and the "Holy One of God" (John 6:69; cf. Mark 1:24; Luke 5:8f.),[48] whose presence surpasses yet does not diminish the significance of holy places (John 2:18–21; 4:20–24), enabling a deeper and more immediate encounter with God. Around Jesus, a new holy community emerges, through which God's sanctifying presence flows by the Spirit from Jerusalem to the ends of the earth (Rev. 1:6; cf. 1 Pet. 2:9f.; cf. Zech. 14:20f.).[49] In Revelation 4:8, Isaiah 6 reappears, framing divine holiness in judgment. Through the slain Lamb, God purges the world of impurity (Rev. 17:4f.; 21:27), culminating in the "holy city" where God's presence unmediated fully indwells creation (Rev. 21:2).[50]

3.2 Contagion and Ritual

With her seminal work *Purity and Danger* (1966), anthropologist Mary Douglas initiated a critical discourse on the symbolic logic behind purity and impurity practices, showing their embeddedness in broader systems of order and disorder. She demonstrated that holiness transcends purely spiritual or moral categories, instead embodying a nexus where the physical and metaphysical profoundly intersect. Building on and critically engaging Douglas' insights, Yitzhaq Feder emphasizes the role of contagion, a phenomenon both physical and psychological, in the biblical understanding of impurity. He defines it as "the perceived transfer of a negative essence from a source to a target", a dynamic thoroughly codified in the book of Leviticus, which

47 Stephen Barton, Dislocating and Relocating Holiness: A New Testament Study, in: *Holiness: Past and Present* (Anm. 13), 195 (italics original).

48 Markus Bockmuehl, "Keeping It Holy": Old Testament Commandment and New Testament Faith, in: *I Am the Lord Your God: Christian Reflections and the Ten Commandments*, Grand Rapids: 2005, 112–117; and Dirk van der Merwe, Conceptualising Holiness in the Gospel of John: The Mode and Objectives of Holiness (part 1), in: *HTS Teologiese Studies/Theological Studies* 73, no. 3 (2017), https://doi.org/10.4102/hts.v73i3.3421.

49 See the contributions in Kent E. Brower/Andy Johnson (eds.), *Holiness and Ecclesiology in the New Testament*, Grand Rapids 2007; and Nijay K. Gupta, A Spiritual House of Royal Priests, Chosen and Honored: The Presence and Function of Cultic Imagery in 1 Peter', in: *Perspectives in Religious Studies* 36, no. 1 (2009), 61–76.

50 Richard Bauckham, *The Theology of the Book of Revelation* (New Testament Theology), Cambridge 1993, 127f., 136, 141.

distinguishes between major and minor impurities in order to protect access to the divine presence.[51] Corpse impurity – described by Philip Jenson as the "father of fathers of impurity" – is especially severe, requiring mediation through time, water, or the ashes of a red heifer.[52]

"God's holiness is contagious. Wherever He is present, that place becomes holy", writes John Hartley, drawing on Leviticus.[53] Similarly, Feder describes "contagious holiness" as a divine, life-giving force – an "otherworldly" power entering the mundane as "emanations of light".[54] This physical and affective dimension of holiness brings a striking clarity to Miskotte's notion of God's holiness as a disenchanting power. He also highlights a tension in the Hebrew Bible between ontological and behavioral views of sanctity: holiness as a transmissible, material quality (e.g., sacred oil in Exod. 30:25; Lev. 8:10) versus holiness as a status attained through obedience to divine commandments. Yet, Feder argues that even this performative dimension is rooted in an ontological reality mediated by ritual. Accordingly, priestly texts use *q-d-š* to describe the transfer of sanctity from YHWH to the sanctuary, its objects, and its personnel, a transfer that functions as a positive contagion – a divine essence conveyed through ritual contact.[55] Similarly, Michael Hundley describes holiness as a potent and dangerous force, closely tied to God's essence, with potentially fatal consequences for those who approach it unprepared (e.g., Exod. 28:35, 43; Lev. 16:2; Num. 1:51). Such texts attest to its overwhelming power – greater than that of impurity.[56]

Matthew Thiessen has recently argued that Jesus likewise understood ritual impurity as a tangible force.[57] Contrary to some interpretations, Jesus

51 Yitzhaq Feder, *Purity and Pollution in the Hebrew Bible: From Embodied Experience to Moral Metaphor*, Cambridge 2022, 3; cf. Eveline van Staalduine-Sulman, Impurity, in: *Das heilige Herz der Tora: Festschrift für Hendrik Koorevaar zu seinem 65. Geburtstag*, Aachen 2011, 237–256, who also underlines the corporeal character of impurity, yet which is then extended metaphorically to idolatry, sin etc.

52 Philip Jenson, *Graded Holiness: A Key to the Priestly Conception of the World* (JSOTSup 106), Sheffield 1992, 45f.

53 John E. Hartley, *Leviticus* (WBC 4), Dallas 1992, 307–312 (esp. 312).

54 Feder, *Purity and Pollution in the Hebrew Bible* (Anm. 51), 244f.

55 A.a.O., 252.

56 Cf. Michael B. Hundley, Sacred Spaces, Objects, Offerings, and People in the Priestly Texts, in: *Journal of Biblical Literature* 132, no. 4 (2013), 749–767 (esp. 753, 763); Scarlata, *The Theology of the Book of Leviticus* (Anm. 39), 14. Thus, *contra* cf. Wright, Holiness in Leviticus and Beyond (Anm. 33), 352.

57 Matthew Thiessen, *Jesus and the Forces of Death: The Gospel: Portrayal of Ritual Impurity within First-Century Judaism*, Grand Rapids 2020, 1f., 9–20; *contra* Eric Ottenheijm's

does not abolish the purity system but addresses its underlying sources, manifestations of death that threaten the integrity of life. His holiness, in this sense, emerges as a healing force more powerful and more contagious than death itself. "The Jesus of the Gospel is the holy one of God," writes Thiessen, "a man who embodies a contagious power or force that is opposed to and ultimately destroys the powers that create impurity and death."[58] Drawing on episodes from Mark's Gospel, Thiessen highlights Jesus' contact with individuals rendered impure under Levitical law: a leper, a hemorrhaging woman, a dead child, and a demon-possessed man (cf. Lev 12–15; Num 5:2f.). In each encounter, Jesus releases a healing power that overwhelms impurity – whether associated with disease, death, or demonic affliction – thereby restoring access to the holy.[59] Importantly, according to Thiessen, Jesus underscores the distinction between impurity and sin. Impurity, though it excludes individuals from holy space and ritual participation, does not signify moral defilement but results from contact with death. Jesus' body, he argues, is "ontologically holy, oozing holiness even apart from any effort or intention on his part", such that the hemorrhaging woman's impurity is nullified upon contact.[60]

Much like in Miskotte's portrayal, holiness emerges as an active, conquering force that either destroys impurity or reverses the effects of sickness, death, and sin. As Robson notes, YHWH's holy presence is both dangerous and life-giving, serving as the source of blessing in a world marked by death.[61]

---

claim that Jesus and the Hillelite Pharisees denied the inherent power of ritual impurity, prioritizing human intention instead, see his Impurity Between Intention and Deed, in: *Purity and Holiness* (Anm. 12), 129–147.

58 Thiessen, *Jesus and the Forces of Death* (Anm. 57), 20; cf. Bart J. Koet, Purity and Impurity of the Body in Luke-Acts, in: *Purity and Holiness* (Anm. 12), 93–106, also acknowledges Luke's positive valuation of ritual purity and Jesus' affirmation of its significance. *Contra* Barton, Dislocating and Relocating Holiness (Anm. 47), 199; and Arseny Ermakov, Purity in the Synoptic Gospels, in: *Purity: Essays in Bible and Theology*, Eugene 2014, 89–113.

59 Thiessen, *Jesus and the Forces of Death* (Anm. 57), 51, 75, 99.

60 A.a.O., 93.

61 James E. Robson, Forgotten Dimensions of Holiness, in: *Horizons in Biblical Theology* 33, no. 2 (2011), 121–146 (esp. 143); cf. Schwartz, Israel's Holiness (Anm. 12), 59: "Holiness is an emanation from the Godhead outward, radiating from the divine abode to whatever is in range and tuned in to receive it."

3.3 Accessibility and Spatiality

The distinction between holy and impure does not imply uniformity in holiness; rather, as Philip Jenson persuasively shows in his study *Graded Holiness*, holiness exists along a "Holiness Spectrum" ranging from extreme holiness to extreme impurity, encompassing holy objects and persons alike.[62] Rather than strict opposites, holiness and impurity are better understood as points along a continuum defined by proximity to God's presence. As Jenson summarizes, holiness – and its counterpart, the profane – pertains primarily to the cultic sphere (for example, the tabernacle and the temple) and governs God's relation to what lies beyond it: the domestic sphere, where purity and impurity regulate life, as in cases of skin disease or bodily discharge, shaping everyday existence in relation to God's holy presence.[63] The relationship between holiness and impurity therefore has a spatial dimension that shapes Jewish social and religious life, with holiness manifesting in varying degrees or "zones", a term used by Michael Hundley.[64] This spatial dimension is also noteworthy in relation to Miskotte, who describes God's holiness as God's advance into the world (cf. "God thereby travels the road to humankind").

Within this spatial framework, distinctions exist even among holy realms – from "holy" to "most holy" – alongside the categories of pure and impure.[65] Since purity regulates the connection between the sanctuary and the domestic, access is restricted to those who hold a pure status. This generates a topography of holiness in which spaces are hierarchically ordered, moving from Gentiles variously regarded as morally or ritually impure, through progressively holier zones, culminating in the Holy of Holies with its associated objects and offerings.[66] Holiness is a divine movement – an ongoing

62 Jenson, *Graded Holiness* (Anm. 52), 36, 38; Ders., Holiness in the Priestly Writings of the Old Testament (Anm. 13), 107–110, 121.

63 Jenson, *Graded Holiness* (Anm. 52), 47.

64 Hundley, Sacred Spaces, Objects, Offerings, and People in the Priestly Texts (Anm. 56), 751.

65 According to Hundley, the terms "holy" and "most holy" do not merely mark two discrete levels (cf. Jacob Milgrom, The Compass of Biblical Sancta, in: *The Jewish Quarterly Review* 65, no. 4 [1975], 205), but also indicate gradations within each, creating a more nuanced hierarchy of holiness. See Hundley, Sacred Spaces, Objects, Offerings, and People in the Priestly Texts (Anm. 56), 755–758.

66 Cf. A.a.O., 754–759, who presents a taxonomy of P's sacred discourse as a coherent system illustrating how holiness language structures priestly space and ritual privilege. For an extensive discussion of ritual and moral impurity attributed to Gentiles in ancient

sanctifying force that consecrates whatever comes near God's presence (cf. Exod 40:9–15). Jenson further distinguishes between objects and persons: holy objects cannot revert to profane status, even if contaminated (e.g., the tabernacle), whereas priests may lose their holy status and become profane.[67] Holiness functions chiefly within the cultic context, and outside the sanctuary, priests could become unclean without penalty. This graded holiness explains the demand in Leviticus 19:2 that all Israel be holy, set apart through purity laws (Lev 11:44f.), dietary laws (Lev. 20:24–26), and moral ordinances (Lev 19). On special occasions, ritual participation (e.g., the Nazirite vow, Num 6) enabled the community to attain a higher holiness akin to that of the high priest. Holiness also entails the risk of profanation – serious breaches of cultic law that rebel against God – thus creating an ongoing dynamic of sanctification and profanation.[68]

The differentiating power of holiness regulates human access to divine space, distinguishing holy from mundane realms. Purity functions as a prerequisite for approaching holiness, and its absence placed individuals outside the community and denied them access to the temple, as implied in the story of the hemorrhaging woman (cf. Mark 5). Jesus' holiness, rather than opposing the temple, represents a higher power that transcends impurity's barriers, extending access to those traditionally excluded. As Matthew Thiessen notes, this holiness is "mobile", able to enter impure spaces and restore purity, thereby granting those previously denied access due to impurity "to have greater access to the realm of the holy".[69] Hundley emphasizes that restrictions around holy sites do not primarily exclude but rather ensure appropriate correspondence with degrees of holiness.[70] Access is governed by a graded principle: ordinary individuals may enter the outer court – though not termed "holy", it is nonetheless part of the sanctified temple space; priests may enter the more sacred areas; and only the high priest is permitted to en-

Jewish thought, see Jonathan Klawans, Notions of Gentile Impurity in Ancient Judaism, in: *AJS Review* 20, no. 2 (1995), 285–312; and Christine E. Hays, *Gentile Impurities and Jewish Identities: Intermarriage and Conversion from the Bible to the Talmud*, Oxford 2002.

67 There is a notable difference between P and H on this point: whereas P is unaffected by impurity, in H all of Israel is holy, so that "since holiness is pervasive, any impurity in the land of Israel profanes it" (Kugler, Holiness, Purity, the Body, and Society [Anm. 40], 14f., 20).

68 Philip Jenson, *Graded Holiness* (Anm. 52), 51.

69 Thiessen, *Jesus and the Forces of Death* (Anm. 57), 149f., 178, 179.

70 Hundley, Sacred Spaces, Objects, Offerings, and People in the Priestly Texts (Anm. 56), 759.

ter the Holy of Holies, and then only once a year (Lev. 16; Exod. 39:10). Thus, purity functions as a criterion for mediating access, regulating how closely the sanctuary may be approached and shielding the ordinary world from the overwhelming force of divine holiness. At the same time, proximity enables a more intense communion with Israel's God, through which Israel's identity as a priestly people is affirmed.

Holiness challenges the notion of uniformity among places and entities, as Miskotte repeatedly emphasizes, designating certain locations, objects, and persons as especially manifesting God's presence. This graded holiness underpins the biblical emphasis on "approaching God" (cf. Psalm 73:23; James 4:8), affirming transcendence while allowing layered connection with the immanent. These gradations are not barriers but invitations to sanctification, simultaneously mediating and shielding access to God's presence. Reflecting both the beneficial and threatening aspects of God's holiness, they make life in proximity to God possible.

4. Tracing Holiness: A Theological Typology

Having examined biblical theology alongside Miskotte's contribution, it is now timely to take stock. Holiness emerges as a complex and multifaceted concept that calls for renewed systematic-theological reflection. In light of this exploration, I propose to reconsider holiness through five key dimensions: divine primacy, ontological participation, proximity to God, sensory and affective engagement, and bodily alignment.

First and foremost, holiness originates in God. It is not the product of action or merit, but the expressive power intrinsic to God's being, whose presence exerts a transformative effect on all that is not God. Overemphasizing transcendence however, as Bernie Van De Walle does in *Rethinking Holiness* (2017), risks confining holiness entirely within the Godhead and thereby obscuring its communicative dimension.[71] Holiness should not be classified as one of God's absolute (transcendent) or relative (immanent) attributes in the conventional sense – such as omnipotence or mercy – but rather as the mode of God's presence, a quality that affects everything it touches.[72] God's

71 Bernie A. Van de Walle, *Rethinking Holiness: A Theological Introduction*, Grand Rapids 2017, 44, as he describes holiness as "*the transcendence or absolute otherness that is basic to God's being.*" (italics original)

72 Cf. Arjan Markus, *Beyond Finitude: God's Transcendence and the Meaning of Life* (Contributions to Philosophical Theology 11), Frankfurt am Main 2004, 51–60, 67–69, 85f., 333,

holiness, then, appears more as a divine act than as a static attribute.[73] It manifests as a distinctive life force concurrent with God's *kābôd* – His glorious presence – which becomes perceptible in God's engagement with the world. As Miskotte remarks in the quotation that opens this article, God journeys the road toward humanity *within* this world. Far from distancing God from creation, holiness signifies divine nearness and confrontation. It is like the sun: its very nature is to radiate light, warmth, and rhythm – an outpouring that brings not only awe but also life.[74] This perspective clarifies the debate over whether holiness is essential or relational by presenting it as a divine quality inherent in God's very being that coheres with his presence.[75] In this way, holiness is both essential to God and communicable in the world, resolving the apparent contradiction. From a Christian theological standpoint, holiness is therefore not a universal category applied to God, but the mode of YHWH's self-expression – a divine quality that affects creation.

Second, holiness is not restricted to God alone but can be shared by times (e.g., the Sabbath), places, objects, and persons. This sharing is not reducible to mere function or cultic utility, as Van de Walle suggests,[76] nor should it be described simply in terms of divine "ownership," as Arcadi proposes.[77] Rather, the effect of divine holiness on created beings constitutes genuine participation in God's own holiness. Following Kathryn Tanner, I under-

who identifies divine holiness as the clearest expression of transcendence – conceived not as the negation of immanence but as an engaged form of supremacy and otherness. Markus, however, overlooks the sensory and material dimensions of holiness within creation. By collapsing holiness into transcendence, he risks obscuring its communicable character – its capacity to be manifest and shared within the immanent order. See also Emmanuel Durand, God's Holiness: A Reappraisal of Transcendence, in: *Modern Theology* 34, no. 3 (2018), 419–433, who argues that separating transcendence and immanence distorts holiness and the Creator-creation relationship.

73 Cf. Jan Muis, *Onze Vader: Christelijk spreken over God*, Zoetermeer 2016, 230, who argues that properties and actions are distinct in that properties designate a state of affairs, whereas actions refer to events that bring about change.

74 See Kevin J. Vanhoozer, *Remythologizing Theology: Divine Action, Passion, and Authorship* (Cambridge Studies in Christian Doctrine 18), Cambridge 2010, 247–251, who uses the metaphor of light to explain holiness.

75 See Van de Walle, *Rethinking Holiness* (Anm. 71), 43, 88, 140, who understands holiness as both essential (absolute) and relational in the same sense – a position James Arcadi rightly critiques as logically inconsistent, see his *Holiness* (Anm. 4), 7f.

76 Cf. Van de Walle, *Rethinking Holiness* (Anm. 71), 31f., 35f., 43, 50f., 62f.

77 Arcadi, *Holiness* (Anm. 4), 9f. Arcadi acknowledges that the phrase 'God owning God' carries tautological implications.

stand this as a "strong" participation, an attachment to God's presence that deepens our initial, "weak" participation as creatures, transforming us to correspond more fully to God.[78] In Tanner's account, this notion of participation preserves the fundamental categorical distinction between God and creation. Just as the sun is the source of light and the earth merely reflects or receives it, so God's holiness is the originating source from which all secondary holiness flows. I therefore agree with Mark Murphy's distinction between primary (divine) and secondary (created) holiness. However, I diverge from his conclusion that there is no ontological connection between them. Murphy contends that the holiness of created things only points to God's *tremendum* and *fascinans*, lacking inherent significance – "the objects [...] do not have anything about them."[79] Such a view overlooks how created realities are transformed by God's holiness. Just as our skin, while sunbathing, partakes in the sun's radiant energy generated by nuclear fusion at its core, so creation "bathes" in God's holiness. As Miskotte puts it, created things can be saturated with the radiance of divine nearness. Although beyond the scope of this article, sacramental theology may offer a fruitful framework to explain how created things participate in and convey divine presence in intensified ways, preserving the asymmetry between Creator and creation while affirming ontological continuity through that presence.[80]

Third, secondary holiness, building on the previous point, is characterized less by separation from impurity than by communion with YHWH (cf. Lev. 18:5), mediated through the divine presence in Christ or the Spirit, and extending through places, objects, and people. Hence, as Murphy and Miskotte observe, the notion of "separation" or "otherness" alone is insufficient to grasp the fullness of holiness. Holiness entails spatiotemporal and affective

78 Kathryn Tanner, *Christ the Key* (*Current Issues in Theology*), Cambridge 2010, 7–10, 21–23, 37.

79 Murphy, *Divine Holiness and Divine Action* (Anm. 3), 67, and 62, compares primary and secondary holiness to health, distinguishing between a healthy person and healthy food. I propose a different analogy. Holiness is not merely a status or cluster concept but a divine vitality, more akin to light: something creatures genuinely participate in yet never possess independently. Unlike "healthy" food, which promotes health without embodying it, holy persons or objects are truly affected by divine holiness, comparable to skin that becomes visible and even tans only through exposure to light.

80 Cf. Bruce D. Marshall, What is the Eucharist? A Dogmatic Outline, in: *The Oxford Handbook of Sacramental Theology*, Oxford 2015, 500f. It is striking that the terms Marshall employs – presence, efficacy, affectivity, disclosure, togetherness – resonate closely with the biblical phenomenon of holiness.

impact.[81] John Webster is therefore correct to emphasize: "God the thrice Holy is the Holy One *in our midst*."[82] Holiness is both God's exalted distance from creation and God's active power, embodying the dialectic Miskotte identifies: simultaneously threatening ("disenchanting") and awe-inspiring, yet reconciling and life-giving. This transformative power is what Scripture often refers to as sanctification: the manifestation of God's ordering presence in the world.[83] In this context, holiness names the reality in which God's order is disclosed, a counterforce to the chaos of sin and death. Mircea Eliade's notion of the holy as the realm of cosmic order finds resonance here. Van de Walle is thus correct in opposing holiness to sin,[84] but holiness should therefore not be defined as merely as sin-lessness. More accurately, as Miskotte observes, holiness is the divine order that interrupts human godlessness and enchantment by other powers. Similarly, the healings of ritually impure bodies in the Gospels manifest not only the holiness of Jesus but also the transformative reordering of creation, restoring life to be eligible for communion with God.

Fourth, holiness is encountered sensorially, eliciting responses such as fear, humility, reverence, trembling, and awe. These affective reactions signify human recognition of creaturely finitude before divine otherness – what Miskotte terms the disenchanting yet sanctifying effect. Mark Murphy similarly highlights this paradoxical experience, referring to it as both "unfittingness" and "desirability"[85]. Holiness evokes a sense of being out-of-place before the divine, yet simultaneously draws one in through its overwhelming allure. This dynamic is central to any robust theology of holiness. Definitions limited to "separation" or "otherness" often overlook this experiential

81 See Arcadi, *Holiness* (Anm. 4), 23–25, 28–31. While commendable in its attempt to account for holy places and objects as loci of intensified divine presence, Arcadi's appeal to "deflationary panentheism" ultimately proves unconvincing. Despite his efforts to uphold the Creator-creation distinction, the model risks ontological overlap. As Rowan Williams has cautioned, such approaches may reduce God to a "thing" among other things within creation (*Christ the Heart of Creation*, London 2018, xiii–iv, 226–228). Though the metaphysical question of how God 'is' – distinct from creaturely being – is pertinent to holiness, it lies beyond the scope of this inquiry.

82 John Webster, *Holiness*, London 2003, 9 (italics added). This does not necessarily imply that holiness is a relational quality, as Webster concludes; rather, it means that its effects become perceptible.

83 Cf. Tanner, *Christ the Key* (Anm. 78), 264, 297–301.

84 Cf. Van de Walle, *Rethinking Holiness* (Anm. 71), 91–108.

85 Murphy, *Divine Holiness and Divine Action* (Anm. 3), 28, 38, cf. 62f.

quality. Encounters with the holy, such as those of Moses, Israel at Sinai, or Isaiah, reveal a recurring tension between distance and nearness. The closer one comes to the divine, the more intense – and potentially perilous – the experience becomes. Yet it is precisely in this intensity that the desire for communion is kindled. Arcadi, like Miskotte, rightly emphasizes the role of the Holy Spirit in bridging this distance, enabling sanctification where ritual observance alone proves insufficient (cf. Matt. 3:11).[86] Nevertheless, his focus on divine "ownership" underplays the sensuous and affective ways holiness is encountered and perceived.

Fifth, the life-giving force of holiness is accessible through bodily alignment: humans enter God's presence by attuning to life within His realm. Miskotte's focus on ordering highlights that holiness is less about moral perfection and more about liberation from impure orders of death and sin, where humans falsely believe they can live apart from God. This attunement involves both ritual preparation and moral formation through imitation of Christ (*imitatio Dei*). As divine holiness resonates within creaturely holiness, it finds its fullest expression in worship, which signifies creation rightly ordered to God's presence. As Luco van den Brom observes, holiness inherently calls forth and engages human inclinations to worship.[87] Thus, holiness is actively enacted, not just admired. Markus Bockmuehl therefore rightly critiques Otto's strict separation of holiness from morality, noting the Abrahamic tradition's close link between awe of God and practical obedience.[88] Holiness, while signifying divine ordering presence, also summons an embodied, ethical, and liturgical human response.

5. Holiness Reconsidered: A Conclusion

Holiness, when shared by creaturely entities, is not simply a matter of "separateness", whether morally or as "belonging to God", but involves attunement to God's presence in time and space, which sanctifies and indwells creation while confronting chaos and death. Miskotte's strong emphasis on holiness as a disenchanting force is understandable in light of the destructive powers unleashed during World War II. While this article has focused primarily on Miskotte's conceptual framework, he was undoubtedly acutely aware of what

86 Arcadi, *Holiness* (Anm. 4), 63, 65, 137–150.

87 Luco J. van den Brom, *Divine Presence in the World* (Studies in Philosophical Theology 5), Kampen 1993, 15–17, 20, 39.

88 Bockmuehl, "Keeping It Holy" (Anm. 48), 98.

was at stake in terms of the powers that might claim the church – whether it would seek correspondence with God's ordering presence that brings liberation, or align itself with the deadly powers of National Socialism that had seized the zeitgeist. Through his rereading of the biblical texts, Miskotte retrieves a counternarrative: a vision of holiness marked by cultic, spatial, and sensory dimensions, in which God's life-giving power is extended into the world, ordering all things in accordance with his will. The etymology of "set apart" is therefore theologically insufficient, as it misses God's dangerous yet life-giving nearness. Through this presence, impurity is overcome, creation redirected, and communion with God made possible. To affirm God's holiness is to recognize His active, disruptive, and gracious work in time and space. Holiness draws the world into God's sanctifying orbit and is thus central to understanding divine action in creation, covenant, sacrament, and new creation. This divine ordering entails human transformation – turning from false orientations and dismantling idolatry and aligning all things with God, whether through judgment or salvation.

Johannes von Lüpke

„Wegkameradschaft von Exegese und Systematik“

Zum Gedenken an Georg Eichholz[1]

1. Georg Eichholz als Schüler und Gesprächspartner Karl Barths

„Unter allen Studenten“, die ihm „bis jetzt begegnet“ seien, sei Georg Eichholz „der erste“, dem er „mit unbedingter Zuversicht die Fähigkeit zutraue und den Rat gebe, sich der akademischen Laufbahn zuzuwenden.“ So formuliert es Karl Barth in einem am 19. Februar 1932 ausgestellten Zeugnis.[2] Am selben Tag wendet er sich dem damals 22jährigen Studenten in einem seelsorglichen Brief[3] zu, in dem er noch einmal betont, dass es ihm „nur um die Sache gehe, für die ich mir von Ihrer Mitarbeit wirklich Förderung verspreche“, um dann freilich hinzuzufügen, dass er die ins Auge gefasste

1 Die Titelformulierung ist einem Aufsatz entnommen, den Georg Eichholz 1956 Karl Barth zum 70. Geburtstag gewidmet hat und in dem sich auch die Weggemeinschaft beider reflektiert: Der Ansatz Karl Barths in der Hermeneutik, wieder abgedruckt in: Georg Eichholz, *Tradition und Interpretation. Studien zum Neuen Testament und zur Hermeneutik* (TB 29), München 1965, 190–209, hier 206. Der hier vorgelegte Beitrag geht zurück auf einen Vortrag, der am 10.11.2009 anlässlich des 100. Geburtstags von Georg Eichholz an der Kirchlichen Hochschule Wuppertal gehalten und für diese Veröffentlichung noch einmal überarbeitet und erweitert wurde. Zum Verständnis und zur Würdigung der Theologie von Eichholz sind ergänzend vor allem die folgenden Studien heranzuziehen: Bertold Klappert, Hören und Fragen. Georg Eichholz als theologischer Lehrer, in: *EvTh* 36 (1976), 101–121; Gerhard Sauter, Vorwort zu: Georg Eichholz, *Das Rätsel des historischen Jesus und die Gegenwart Jesu Christi* (TB 72), München 1984, 7–13, Jürgen Seim, Georg Eichholz – Lehrer des evangelischen Rheinlands, in: *Monatshefte für Ev. Kirchengeschichte des Rheinlands* 59 (2010), 179–194; Erich Gräßer, Georg Eichholz – Neutestamentler zwischen Barth und Bultmann, in: *ZNW* 100 (2010), 300–306.

2 Aufbewahrt im Karl-Barth-Archiv unter der Signatur KBA 9232.68.

3 KBA 9232.69, daraus die im Text folgenden Zitate. Im Karl-Barth-Archiv finden sich noch weitere Briefe vor allem von Eichholz an Barth, deren Auswertung im Blick auf das theologische Gespräch zwischen den beiden lohnend sein dürfte.

wissenschaftliche Arbeit auch als „Hygiene“ für den „inneren Haushalt“ des damals offenbar in einer Krise befindlichen Studenten empfehle. So wie Barth auf die Situation des jungen Studenten eingeht, wird deutlich, wie eng beides in seinem Theologieverständnis zusammengehört: das Interesse an der „Sache“ und die Sorge um den Menschen, der sich ihr mit allen Kräften seines seelischen Haushalts widmet. Die folgende Briefpassage ist dafür exemplarisch:

> „Ich durchschaue ja lang nicht Alles, weder Ihre ganzen Verhältnisse zuhause, noch Ihren psychischen noch gar Ihren physischen Zustand. Ich kann Ihnen nur sagen, dass mein Gesamteindruck der ist, dass Sie ein wenig dem Mann im Evangelium gleichen, der sich die Frage: Willst du gesund werden? stellen und gefallen lassen sollte. Sie stehen vielleicht an einem ganz gefährlichen Punkt Ihrer Entwicklung, an dem einfach Alles darauf ankäme, dass Sie sich auf keinen Fall sinken lassen. Ich spüre irgendetwas bei Ihnen von einem Ihnen schicksalhaft aufgelegten Schwergewicht, das Sie zu Boden ziehen möchte. Gerade diese Schwergewichte pflegen es nun aber auch zu sein, auf deren Fruchtbarmachung im Leben Alles ankäme. Es muss sicher nicht so sein, dass Sie sich nun von dem Schatten, in dem Sie zu stehen scheinen, erdrücken lassen, sondern Sie müssen verstehen, dass es Ihnen bestimmt ist, von diesem Schatten aus in ganz besonders deutlicher Weise in das Licht zu sehen, von dem aller Schatten umgeben ist. Ich glaube ganz bestimmt Ihnen sagen zu können, dass der Ausweg für Sie nur nach vorne gesucht und gefunden werden kann: in der Richtung eines männlich-entschlossenen Wollens und Handelns.“

Es wäre gewiss lohnend, von diesem Beispiel ausgehend Barths Praxis der Seelsorge weiter zu erkunden. Hier lasse ich es bei dem Hinweis, dass sein Theologieverständnis offenbar auch der Erfahrung Raum lässt, die Luther unter dem Begriff der Anfechtung gefasst hat.

Versuchen wir nun die „Sache“, für die Barth den jungen Studenten gewinnen wollte, genauer zu bestimmen, so werden wir auf das Promotionsprojekt verwiesen, das Eichholz schon im folgenden Jahr zum Abschluss bringen konnte: „Die Geschichte als theologisches Problem bei Lessing“[4], so lautet der Titel der Dissertation. Die Wahl gerade dieses Themas steht zweifellos im Zusammenhang mit den Interessen des Doktorvaters. Im Wintersemester 1932/33 hielt Barth den ersten Teil seiner theologiegeschichtlichen

4 Georg Eichholz, *Die Geschichte als theologisches Problem bei Lessing*, Diss. theol. Bonn 1933, auszugsweise veröffentlicht in: *Theologische Studien und Kritiken* 107 (1936) NF II,6, 377–421; hier zitiert nach einem Separatdruck mit der Paginierung 3–47.

Vorlesung, in der er sich intensiv auch mit Lessing auseinandergesetzt hat.[5] Wie Barth in seinem Gutachten schreibt, habe er dem Doktoranden eine dezidiert „theologische Frage“ – „zur Nachprüfung meines eigenen Urteils“ – gestellt, auf die dieser freilich „nur eine bis aufs letzte Wort *philosophische* Antwort“ finden konnte:

> „‚Theologie‘ ist bei Lessing *nicht* Theologie; Offenbarung in einem nicht nachweisbar philosophischen Sinn des Begriffs liegt *nicht* in seinem Gesichtskreis; die Lessingsche Entgegenstellung von Vernunftwahrheit und Geschichtswahrheit hat mit dem theologischen Begriff von Offenbarung und Geschichte *nichts*, mit dem Synthesisproblem der Metaphysik (in einer Mitte zwischen Leibniz und Hegel) *Alles* zu tun.“[6]

Nach diesem Urteil, in dem Lehrer und Schüler übereinstimmen, werden Geschichte und Offenbarung von Lessing identifizierend zusammengedacht: „Die Geschichte ist die Offenbarung“[7], eine besondere geschichtliche Offenbarung im Sinne eines Eingreifens Gottes in die Geschichte wird jedoch so gerade ausgeschlossen.

In der Auseinandersetzung mit Lessing stehen mithin Grundfragen der Geschichtsphilosophie und des theologischen Geschichtsverständnisses auf dem Spiel. Um Klarheit zu gewinnen, stellt Eichholz Lessings Geschichtsverständnis in einen weiten geistesgeschichtlichen Gesprächsraum, in dem Gnosis und Metaphysik, Theodizee und Dichtung verhandelt und Leibniz, Spinoza und Hegel als Gesprächspartner einbezogen werden. Eichholz macht es sich selbst und seinen Lesern nicht einfach. Man ist geneigt zu sagen: all das ist zu viel für eine Dissertation, zu viel, um es auf 40 Seiten einigermaßen befriedigend zu bearbeiten.

---

5 Veröffentlicht 1946: Karl Barth, *Die protestantische Theologie im 19. Jahrhundert. Ihre Vorgeschichte und ihre Geschichte*, Zürich [3]1960, 209–236; zu Barths Lessing-Interpretation vgl. ausführlich: Marco Hofheinz, „Geschichte muss doch wohl allein auf Treu und Glaube angenommen werden“. Gotthold Ephraim Lessings Theologie-Liebhaberei nach Karl Barths Urteil, in: Georg Plasger / Marco Hofheinz / Peter Opitz (Hg.), *Karl Barth als Theologie-Geschichtler der Neuzeit. Kritische Würdigungen* (Forschungen zur Reformierten Theologie, Bd. 18), Göttingen 2025, 155–178.

6 Karl Barth, *Bericht über die Dissertation „Die Geschichte als theologisches Problem bei Lessing“ von cand.theol. Georg Eichholz*, abgedruckt im Anhang des Aufsatzes von Seim, Georg Eichholz (Anm. 1), 191–194.

7 Barth, *Protestantische Theologie* (Anm. 5), 235.

Freilich sollte man, um nochmals Barth zu zitieren, diese Arbeit als „historisches Prolegomenon zu einem theologischen Entwurf"[8] verstehen, der – und das gilt nochmals für den Lehrer ebenso wie für den Schüler – der weiteren Ausarbeitung bedarf. Karl Barth attestiert seinem Schüler die dafür erforderliche Begabung, sieht aber auch manche Passagen in ihrer Kürze als „zu geheimnisvoll" an, „um recht einleuchtend zu werden"[9]. „An die Diktion des Verfassers muss man sich gewöhnen und den unheimlich lebhaften Gebrauch von Klammersätzen und Anführungszeichen darf er sich abgewöhnen. Er ist ein Autor, den man studieren muss. Aber es lohnt sich ihn zu studieren."[10]

2. Das theologische Problem der Geschichte im Gespräch mit Lessing

Das Problem der Geschichte verbindet sich bei Lessing mit dem Problem der Vernunft. Eben darauf richtet sich das besondere Augenmerk des Lessinginterpreten Georg Eichholz. Man kann diese Verbindung so verstehen, dass die Vernunft ihre Geschichte hat und dass die Geschichte eben jener Prozess ist, in dem die Vernunft zu sich selbst kommt. Und man kann in dieser Entwicklung oder auch „Erziehung" (Lessing) der Vernunft dann auch den vernünftigen Gehalt der Geschichte erkennen. Weil und insofern der Mensch in der Geschichte zur Vernunft kommt, geht es in ihr vernünftig zu. So verstanden und so „gelöst", verschärft sich allerdings noch einmal das Problem der Geschichte. Oder anders gesagt: Dieses Verständnis und diese Lösung des Rätsels der Geschichte greifen an ihrer Wirklichkeit vorbei. Genau darauf zielt die theologische Kritik, die Eichholz an dem aus seiner Sicht allzu philosophischen Geschichtsverständnis Lessings übt. Diese Kritik hat ihre Spitze im Begriff der Gnosis, dem „Metaphysik" und „Theodizee" als weitere Begriffe assistieren. Erkenntnis der Geschichte im spezifischen Sinne der Gnosis heißt dann: der Geschichte einen Sinn zu unterlegen, die Wege Gottes in ihr zu rechtfertigen, aber eben damit sich über die Widersprüche und die Not der Geschichte hinwegzusetzen.

8 Barth, *Bericht* (Anm. 6), 194.

9 Ebd.

10 Ebd.

Deutlich wird diese Stoßrichtung in einer Reihe von Fragen, mit denen Eichholz das theologische Problem, das er in der „gnostischen" Geschichtsauffassung bei Lessing diagnostiziert, herausstellt:

> „Zeichnet sich nicht *alle* Gnosis dadurch aus, dass sie die echte Not der Geschichte zerdeutet und in einem dialektischen Spiel auffängt – dass die Geschichte in ihr in sich selber schwingt? Ist der Geschichtsphilosoph nicht Poet und lebt seine Poiesis nicht in sich selber, in der er alles Geschehen als ein Ganzes begreift, weder lächelnd noch zürnend, in der überlegenen Ruhe des Zuschauers? Ist nicht auch das ‚große Rad der Geschichte' *der* proleptische Griff aller Gnosis nach dem immanenten Sinn der Geschichte?"[11]

In der Rekonstruktion eines „immanenten Sinns der Geschichte" übernimmt die Vernunft genau die Funktionen, die im theologischen Verständnis der Geschichte dem „jüngsten Richter" und dem gekreuzigten Christus vorbehalten bleiben. Das Selbstverständnis der Vernunft wird eschatologisch aufgeladen. Und die Christologie wird „zu einem Kapitel der Metaphysik", sie wird „metaphysisch zur Theodizee, zum Theodizeeprinzip, zerdehnt"[12].

Wie Eichholz scharfsinnig erkennt, ist die Kehrseite dieser Prolepsis, die auf das Ganze der Geschichte ausgreift, die Poiesis. Der Sinn, der in der Geschichte aufgewiesen wird, erweist sich als Entwurf, als Dichtung, die in die Geschichte hineingelegt wird. Im poetischen Entwurf einer „möglichen Geschichte" verstellt sich diese von Eichholz kritisierte Geschichtsphilosophie den Zugang zu ihrem Gegenstand: Sie verfehlt die Geschichte, sie überspringt „die Härte der Existenzproblematik"; zu fragen sei, ob in dieser „Dialektik der Geschichte" überhaupt „noch etwas geschieht, oder ob in ihr nicht alles zum Spiel geworden ist?"[13] Mit dieser Frage ist zugleich die andere Frage aufgeworfen, was denn die Geschichte ‚wirklich' ist und was die Theologie zum Verständnis der Geschichte beiträgt.

Wenn es so ist, dass im dichterischen Entwurf der Philosophie die Kontingenz der Geschichte „verdrängt"[14] wird, dann ist es die Aufgabe der Theologie, das Verdrängte zur Geltung zu bringen. Und das heißt für Eichholz: die wirkliche Geschichte gegenüber den Konzeptionen des Möglichen und

11 Eichholz, *Geschichte* (Anm. 4), 45.

12 A.a.O., 26, bei Eichholz in Frageform.

13 A.a.O., 45.

14 A.a.O., 12.

vermeintlich Notwendigen zur Geltung zu bringen.[15] Lessings Einsicht in die Heterogenität im Verhältnis von „zufälligen Geschichtswahrheiten“ und „notwendigen Vernunftswahrheiten“ kann hier durchaus aufgenommen werden: „Zufällige Geschichtswahrheiten können der Beweis von notwendigen Vernunftswahrheiten nie werden.“[16] Strittig aber ist, auf welcher Seite der Kanon, das Richtmaß liegt: ob die „notwendigen Vernunftswahrheiten“ oder auch die Wahrheiten der Metaphysik das Forum bilden, vor dem die „zufälligen Geschichtswahrheiten“ auf ihren Wahrheitsgehalt geprüft und beurteilt werden, oder ob umgekehrt von Seiten der „zufälligen Geschichtswahrheiten“ der Anspruch der metaphysischen Vernunft in Frage gestellt wird.[17] Eben das Letztere sucht Eichholz zu denken, wenn er gegen die „Synthesis zwischen Geschichte und Vernunft“ für die Erhaltung der „echten Kontingenz“ eintritt:

> „Echte Kontingenz müsste heißen: der metaphysischen Deutung entzogene, nein: widersprechende Geschichte, in seiner Konkretheit hinzunehmendes Geschehen, gänzliche Verborgenheit und eigentliche Transzendenz eines Telos, in dem es um das Sinnproblem der Geschichte ginge. Die Metaphysik des Kosmos dürfte nicht nur nicht durchzuziehen sein bis zur Metaphysik der Geschichte, die Geschichte müßte mit ihren Problemen auch die Metaphysik bedrängen und von ihrer Kontingenz her angreifen. Und weil mit dem allen das Problem der Existenz in ihrer Konkretheit gemeint ist: die metaphysische Antwort auf die Sinnfrage müßte zerbrechen vor der in der Härte ihrer Problematik erhaltenen Existenz selber.“[18]

---

15 Von daher ist es zu verstehen, dass Eichholz im Gespräch mit Barth die Exegese ebenso wie die systematische Theologie auf die historische Arbeit am Text verpflichtet, wobei es eben in der konkreten menschlichen Gestalt des Textes die Begegnung mit dem Wort Gottes wahrzunehmen gilt (vgl. dazu vor allem den oben in Anm. 1 zitierten Aufsatz aus der Barth-Festschrift von 1956).

16 Gotthold Ephraim Lessing, Über den Beweis des Geistes und der Kraft, in: *Werke und Briefe in 12 Bdn.*, hg. von Wilfried Barner, Bd. 8: Werke 1774–1778, hg. von Arno Schilson, Frankfurt/M. 1989, 441.

17 Parallel dazu: Eichholz, *Der Ansatz Karl Barths* (Anm. 1), 200: „Das Problem dürfte dies sein: ob der Historiker den Text mit seinen mitgebrachten Maßstäben mißt und so seine Aussage-Ebene verkennt oder ob sie ihm begegnet. Verkennt er die Aussage-Ebene, so wird er, ‚abstrahierend vom Text‘, am Text vorbei danach fragen, ‚wie es gewesen ist‘. Er wird hinter die Aussage des Textes zurückgehen wollen und eine Historie nach seinen Maßstäben konstruieren.“

18 Eichholz, *Geschichte* (Anm. 4), 10f.; wie in einer Fußnote ebd. bemerkt, war sich Eichholz in diesem Zusammenhang der Nähe zu Johann Georg Hamann durchaus bewusst: „Der, für den die Geschichte in dem angedeuteten geladenen Sinn ‚kontingent‘ war, dürfte im

So von der Geschichte her theologisch zu denken, hieße nicht zuletzt auch, den Text ernstzunehmen, der in der „gnostischen" Konstruktion der Geschichte überschrieben oder verdrängt wird.

Für den jungen Eichholz meldet sich hier „eine letzte Fraglichkeit, in der es um die Möglichkeit und das Recht der gnostischen Exegese selber ginge, in der, wenn wir so reden dürfen, der Text selber durch alle verkürzende und übermalende Exegese durchbräche und sich, trotz der ihn wegschiebenden Gnosis, selber zum Reden brächte". Was hier noch als Frage und Desiderat formuliert ist, wird von Eichholz später in zweifacher Hinsicht konkretisiert und zugleich zugespitzt.

Zum einen deutet sich in der Metaphysikkritik bereits an, was er später, am prägnantesten wohl in seiner „Theologie des Paulus im Umriss", als *theologia crucis* zur Geltung bringt:

> „Das Wort vom Kreuz" verlangt „von jedem, der es vernimmt, ein Umdenken"; es bedeutet, „daß jeder Maßstab aufgegeben werden muß, den wir handhaben, wenn wir uns an unser Vorverständnis halten. Wir müssen von vorn anfangen, wenn wir begreifen wollen, wer Gott ist. […] Im Kreuz erscheint Gott in seinem Handeln, während wir hoffen, Gott auf den Spuren der Macht und der Weisheit zu begegnen. […] Die Zensuren, mit denen wir Gottes Handeln im Kreuz Jesu Christi bedenken, fallen auf uns selbst zurück, weisen unsere Ferne von Gott aus."[19]

Gottes Handeln in Jesus Christus im Zeichen des Kreuzes wahrzunehmen, heißt, unser Vorverständnis, unsere Begriffe von Gott und Mensch in Frage stellen zu lassen. Es heißt aber auch – und damit ist ein zweiter Gesichtspunkt benannt –, in neue Verhältnisse hineingestellt zu werden. Wirkliche Geschichte ist die Geschichte der Begegnungen, weil Jesus Christus uns auf den Nächsten verweist, auf den „Bruder", mit dem er sich identifiziert und ohne den er nicht ist.[20] Auch das ist noch einmal ein Stück Metaphysikkritik und zugleich ein Stück Geschichtstheologie. Programmatisch heißt es dazu schon in der Dissertation: „Theologiegeschichte ist ein nicht

---

Jahrhundert Lessings nicht Herder, sondern der Herder an Einsichten und paradoxer Rätselhaftigkeit überlegene Hamann sein."

19 Georg Eichholz, *Die Theologie des Paulus im Umriß*, Neukirchen-Vluyn 1972, 61.

20 Vgl. dazu ausführlich die Studie: Georg Eichholz, Christus und der Bruder, in: *Rätsel des historischen Jesus und Gegenwart Jesu Christi* (Anm. 1), 15–78. Grundlegend dazu die Auslegung von Lk 10,25–37: Georg Eichholz, *Jesus Christus und der Nächste. Eine Auslegung des Gleichnisses vom Barmherzigen Samariter*, Neukirchen 1952.

abbrechendes Hören auf den Nächsten in der Geschichte."[21] Dieses Hören allerdings setzt den „Text" voraus, den es zu hören und auszulegen gilt. In welcher Weise sich Eichholz dieser Aufgabe gestellt hat, soll abschließend noch kurz beleuchtet werden.

3. Systematische Theologie und Exegese in ihrer Verwiesenheit aufeinander

Theologie ist in sich dialogisch verfasst; sie ist im Zusammenspiel von Exegese und systematischer Theologie wesentlich Sprachlehre. Mit dieser These verbindet sich zunächst eine Kritik theologischer Systematik: „Theologische Systematik muß sich immer wieder auflockern und sprengen lassen von der Exegese her"[22]. Die Exegese weist den Theologen, die Theologin ein in die Haltung des Hörens. Es geht um Schülerschaft, bezogen auf ein vorgegebenes, zuvor gesagtes Wort. Und dieses Wort gilt es so auszulegen, dass das vermeintliche Objekt der Auslegung zum Subjekt, zur Autorität wird, durch die sich ihre Hörer und Schüler in Frage gestellt und ausgelegt erfahren. „Die theologische Sprache ist nicht in sich selber zu begreifen, sondern nur in ihrem Bezogensein auf die Schrift, paradox geredet: in ihrem Exegesiertwerden durch die Schrift, deren Exegese sie selbst sein möchte."[23] In dieser doppelten Bewegung gewinnt die Theologie „einen exegetischen Zug"[24], der sie prägt und lebendig hält. Das Hören des Wortes allerdings genügt sich nicht selbst; es erschöpft sich nicht in einer Rezeption, die das zuvor Gesagte lediglich speichert und wiederholt. Das „Gehörthaben" kann sich vielmehr und soll sich bewähren „im Anderssagen"[25]. In dieser Hinsicht wird nun die Systematische Theologie zum Gewissen der Exegese. Sie fordert den Exege-

21 Eichholz, *Geschichte* (Anm. 4), 46. Der Gedanke findet sich weiter ausgeführt in Eichholz' Beitrag zur Festschrift für Karl Barth: Georg Eichholz, Das Problem des theologischen Schülers, in: *Theologische Aufsätze. Karl Barth zum 50. Geburtstag*, München 1936, 1–24, insbes. 9–11. Im „Hören auf den Nächsten in der Geschichte" trägt die Theologie auch dem Liebesgebot Rechnung; und es bewährt sich eine dialogische Haltung der „Freundlichkeit und Menschenliebe Gottes" (Tit 3,4), wie sie auch für Barths Umgang mit der Theologiegeschichte charakteristisch ist; vgl. dazu den einleitenden Beitrag der Herausgeber zu dem oben nachgewiesenen Sammelband: Plasger / Hofheinz / Opitz (Hg.), *Karl Barth als Theologie-Geschichtler der Neuzeit* (Anm. 5), 11–35, insbes. 21–23.

22 Eichholz, Problem des theologischen Schülers (Anm. 21), 23.

23 A.a.O., 18.

24 A.a.O., 6.

25 A.a.O., 20.

ten, die Exegetin dazu heraus, den auszulegenden Text so in die Gegenwart zu übersetzen, dass das Wort der Schrift verantwortet und neu gesagt wird. „*Nicht etwas anderes* sagt der Schüler, sofern er auch nur das Wort sagen wollen kann, er sagt es aber *anders*, weil er es *selber* zu sagen hat."[26]

Damit ist die Aufgabe einer theologischen Sprachlehre klar umrissen. Ihr theologischer Charakter und zugleich ihr Risiko wie ihre Verheißung mögen an der Aufgabe der Übersetzung noch deutlicher werden. Die gemeinsame Aufgabe von Exegese und systematischer Theologie liegt darin, „jede Übersetzung der biblischen Texte daraufhin zu befragen [...], ob sie beim Übersetzen (im Sinn des bekannten Wortes von Jakob Grimm, Übersetzen sei ein Übersetzen von Ufer zu Ufer) ihre Fracht bewahrt oder verliert."

> „Ich bin", so bekennt Eichholz, „mit Jacob Grimm ‚zur Seefahrt aufgelegt'. Das Wagnis aller Übersetzung ist mir nicht verborgen. Aber die Sprache, in die hinein ich übersetze, kann die Aussagen der Bibel nicht sozusagen in die Hand nehmen bzw., da Sprache mehr als ein Vokabular ist, im Schema ihres Verstehens begrenzen. Vielmehr dürfte notwendig ihre eigene Grenze spürbar werden, wenn sie das Wort nachzusagen versucht, das von Haus aus im Horizont keiner Sprache vorkommt, die der Mensch von sich aus spricht. [...] Diese Einsicht kann doch nicht verloren gehen? Und darüber muß das Gespräch zwischen Exegese und Systematik möglich sein. Exegese und Systematik treffen sich hier im Problem der Sprache, ist dies Problem doch so alt – wie Zeugenschaft alt ist, gerade wenn es nicht mit dem Konzept einer heiligen Sprache lösbar ist, sondern immer neu aufgegeben bleibt."[27]

Exegese und systematische Theologie kommen freilich nur dadurch zusammen, dass sie dem besonderen Text der Bibel den Vorrang lassen und von ihm her sich immer wieder neu in Frage stellen und zur Verantwortung rufen lassen. „Sprache" ist dann nicht nur ein allgemeines philosophisches Problem, sondern das Kernproblem der Theologie überhaupt. Wenn Theologie dem Wortsinn nach Rede von Gott ist, so kann sie doch nur gelingen, wenn Theologinnen und Theologen sich bereit finden, beständig und immer wieder neu auf die Stimme Gottes, wie sie im menschlichen Wort der Bibel vernehmbar wird, zu hören. Eben als Schüler „vor der aufgeschlagenen Schrift"[28] sitzen Theologinnen und Theologen – ob sie sich exegetisch oder

26 A.a.O., 22.

27 Georg Eichholz, Die Grenze der existentialen Interpretation. Fragen zu Gerhard Ebelings Glaubensbegriff (1962), in: *Tradition und Interpretation* (Anm. 1), 210–226, 223f.

28 Eichholz, Problem des theologischen Schülers (Anm. 21), 1: „Vor dem theologischen Schüler liegt die Schrift aufgeschlagen [...]."

systematisch theologisch um das Verständnis biblischer Texte mühen – in derselben Klasse, in derselben Reihe, „zu Füßen" der Apostel und Propheten.[29]

Nicht zuletzt finden sie in der Bibel einen Spiegel, in dem ihr eigenes Unternehmen theologischer Lehre kritisch reflektiert wird. Für Eichholz war in dieser Hinsicht die „Theologie" des Paulus besonders lehrreich. Aber auch an der Person des Nikodemus (Joh 3) konnte er die Fragwürdigkeit aller Theologie zu bedenken geben:

> „Ist nicht unsere Theologie wie die des Nikodemus damit belastet, daß wir die Schrift in Händen haben und doch ihr gegenüber versagen, nicht wissen, was in ihr steht – daß wir so und so oft nicht einmal wissen, welches Wagnis die Theologie ist? Daß wir ihre Gewagtheit nur im Horizont menschlichen Erkenntnisbemühens begreifen, aber zu wenig auf die viel abgründigere Verlegenheit stoßen, in die ihr Gegenstand sie bringt [...] ich wage zu sagen: Gottes Reden, wie es sich im Menschenwort seiner Zeugen bricht?"[30]

> „Das heißt offenbar, daß auch alle Theologie – oder sagen wir: aller Umgang mit der Schrift, alle Einübung im Hören auf ihr Zeugnis von Gottes Handeln [...] noch nicht den Glauben garantiert, noch nicht die Offenheit für Gottes Handeln mit sich bringt, sondern immer noch und immer neu [...] den Glauben nötig macht, jedem Wort gegenüber, das Gott spricht, weil Gottes Wort und Gottes Handeln – Gottes Wunder ist und Gottes Wunder bleibt."[31]

29 Vgl. dazu die klassische Ortsanweisung bei Martin Luther, *Vorrede zum ersten Band der Wittenberger Ausgabe der deutschen Schriften* (zit. nach der Deutsch-Deutschen Studienausgabe, Bd. 1: Glaube und Leben, hg. von Dietrich Korsch, Leipzig 2012, 659–669, hier 661, 30–33) : „[...] wenn wir selig werden sollen", müssen „wir die Propheten und Apostel auf ihrem Pult sitzen lassen [...] und hier unten zu ihren Füßen hören, was sie sagen und nicht wir sagen, was sie hören müssen." Ebenso Karl Barth, *Einführung in die evangelische Theologie*, Zürich 1962, 40f. Zur Schule gehören freilich auch die Mitschüler: „Ist die heilige Schrift allein der göttliche Lehrer in der Schule, in der wir uns befinden, wenn wir uns in der Kirche befinden, so können wir uns doch auch nicht in dieser Schule der Kirche befinden wollen ohne unsere Mitschüler, nicht ohne die Zusammenarbeit mit ihnen und besonders nicht ohne die Bereitschaft, uns von unseren älteren und erfahreneren Mitschülern belehren zu lassen: als von Mitschülern, aber belehren lassen" (Karl Barth, *Kirchliche Dogmatik*, Bd. I/2, 1938, 677f.).

30 Georg Eichholz, *Vernehmen und Staunen. Biblische Besinnungen*, Neukirchen-Vluyn 1973, 60.

31 A.a.O., 60f.

In diesen tastenden, sich selbst gleichsam ins Wort fallenden Formulierungen wird man das Vermächtnis der Theologie von Georg Eichholz gerade in ihrem unabgeschlossenen Charakter erkennen können. „Theologie kann sich nur *begeben*, wenn der, von dem sie ihrem Namen nach reden soll, *selbst* redet – geredet hat, redet und reden wird – und sie mit seinem Reden *zum Reden auffordert* ... wenn also der Gott, von dem die Theologie reden soll, ein *redender* Gott ist [...]."[32] Unsere Theologie, wie wir sie ein halbes Jahrhundert später treiben, ist gefragt, ob sie solchem geduldigen Hören und Vernehmen genügend Raum und Zeit gewährt – damit sich Theologie, die diesen Namen verdient, „begeben" kann.[33]

32 Eichholz, *Theologie des Paulus* (Anm. 19), 109; als zusammenfassendes Votum zitiert auch von Klappert, Hören und Fragen (Anm. 1), 120f.

33 Dass die Kirchliche Hochschule Wuppertal, an der Eichholz seit 1952 als theologischer Lehrer gewirkt hat, zum Ende des Sommersemesters 2026 geschlossen wird, sollte zu denken geben: Verabschiedet sich die evangelische Kirche damit auch von einer Epoche der Theologiegeschichte, als deren Repräsentant Georg Eichholz zu würdigen ist?

Verzeichnis der Autoren

Dr. Jan Martijn Abrahamse, Associate Professor of Theology, Ede Christian University of Applied Sciences, jmabrahamse@che.nl

Dr. Niels van Driel, Archivar

Dr. Niels (C.C.) den Hertog, Professor für öffentliche Theologie und christliche Ethik, Theologische Universität Apeldoorn, ccdenhertog@tua.nl

Dr. Rein (R.G.) den Hertog, Associate Researcher in der Forschungsgruppe für Missionswissenschaft in Apeldoorn (MIRTE) und Pfarrer in Amsterdam, rgdenhertog@tua.nl

Dr. Dirk van Keulen, Research Associate, Theologische Universität Utrecht, dirk.vankeulen@tuu.nl

Dr. Johannes von Lüpke, emeritierter Prof. für Systematische Theologie an der Kirchlichen Hochschule Wuppertal, johannes@vonluepke.com

Dr. Rinse H. Reeling Brouwer, emeritierter Professor am Miskotte/Breukelman-Lehrstuhl für theologische Hermeneutik der Bibel, Protestantische Theologische Universität, rhreelingbrouwer@pthu.nl

Dr. G. van Zanden ist Pfarrer der reformierten Gemeinde Katwijk aan Zee (Niederlande) ds.vanzanden@hervormdkatwijk.nl